本书系国家社科基金项目“云南边境少数民族民生改善的问题与对策研究”（12BMZ079）成果
本书出版受到云南师范大学一流学科建设经费资助

云南边境少数民族民生改善的问题与对策

◎ 张曙晖 张媚玲 著

科学出版社
北 京

内 容 简 介

云南省边境线长达4060千米，有16个少数民族跨境而居。在党的民生政策指引下，云南边境少数民族地区持续实行了兴边富民、边疆解“五难”等惠民工程，民生状况有了很大改善。然而，受特殊自然环境及历史条件等方面的制约，云南边境少数民族民生改善仍面临着许多亟待解决的问题。

本书以民生理论为基础，从民族的视角，通过问卷调查和深度访谈，对云南边境少数民族地区的教育、就业、医疗、养老、住房等重要民生问题进行了系统研究，展示了云南边境少数民族的民生改善状况，揭示了其存在的问题，提出了对策建议，为进一步保障和改善云南边境少数民族民生提供了依据。

本书适合民族学、社会学、人类学等领域的研究者、学习者和爱好者阅读参考。

图书在版编目（CIP）数据

云南边境少数民族民生改善的问题与对策 / 张曙晖，张媚玲著．—北京：科学出版社，2020.10

ISBN 978-7-03-062382-9

Ⅰ.①云… Ⅱ.①张…②张… Ⅲ.①少数民族-人民生活-研究-云南 Ⅳ.①D669.3

中国版本图书馆CIP数据核字（2019）第208699号

责任编辑：卢 淼 黄雪雯 / 责任校对：何艳萍

责任印制：李 彤 / 封面设计：正典设计

科学出版社 出版

北京东黄城根北街16号

邮政编码：100717

http://www.sciencep.com

北京建宏印刷有限公司印刷

科学出版社发行 各地新华书店经销

*

2020年10月第 一 版 开本：720×1000 B5

2020年10月第一次印刷 印张：15 1/2

字数：300 000

定价：99.00元

（如有印装质量问题，我社负责调换）

前 言

民生问题与百姓生活密切相关，党的十七大明确指出要建立一个“学有所教、劳有所得、病有所医、老有所养、住有所居”的“五有”民生社会。[①]2012年，党的十八大进一步指出，“加强社会建设，必须以保障和改善民生为重点。提高人民物质文化生活水平，是改革开放和社会主义现代化建设的根本目的。要多谋民生之利，多解民生之忧，解决好人民最关心最直接最现实的利益问题，在学有所教、劳有所得、病有所医、老有所养、住有所居上持续取得新进展，努力让人民过上更好生活”[②]。2013年11月12日，中共十八届三中全会通过了《中共中央关于全面深化改革若干重大问题的决定》，该决定指出，“紧紧围绕更好保障和改善民生、促进社会公平正义深化社会体制改革……确保社会既充满活力又和谐有序”[③]。2017年，习近平总书记在十九大报告中明确指出，“坚持在发展中保障和改善民生”，这是新时期对民生建设的新部署，把民生建设置于更高的位置，突出了民生建设的动态性和发展性，十九大报告指出，“增进民生福祉是发展的根本目的。必须多谋民生之利、多解民生之忧，在发展中补齐民生短板、促进社

---

① 胡锦涛：《高举中国特色社会主义伟大旗帜　为夺取全面建设小康社会新胜利而奋斗——在中国共产党第十七次全国代表大会上的报告（2007年10月15日）》，《人民日报》，2007年10月25日，第1版。

② 胡锦涛：《坚定不移沿着中国特色社会主义道路前进　为全面建成小康社会而奋斗——在中国共产党第十八次全国代表大会上的报告（2012年11月8日）》，《人民日报》，2012年11月18日，第1版。

③ 《中共中央关于全面深化改革若干重大问题的决定》，2013-11-12，http://www.mfa.gov.cn/ce/cejm/chn/zggk/t1101725.htm[2014-03-16]。

会公平正义……”[①]。十九大报告为我国的民生保障和改善工作指明了更加具体的方向。2018年，习近平总书记在庆祝改革开放40周年大会上进一步指出，“40年来，我们始终坚持在发展中保障和改善民生，全面推进幼有所育、学有所教、劳有所得、病有所医、老有所养、住有所居、弱有所扶，不断改善人民生活、增进人民福祉……忍饥挨饿、缺吃少穿、生活困顿这些几千年来困扰我国人民的问题总体上一去不复返了”[②]。

根据我国边疆地区的历史、现实条件以及发展需要，2007年、2011年、2017年国务院连续出台了兴边富民行动“十一五”“十二五”“十三五”规划。通过实施兴边富民行动规划，“边境地区综合经济实力明显增强，基础设施和基本公共服务体系不断健全，边民生产生活条件大幅改善，对外开放水平持续提高，民族团结和边防巩固效果突出，各族群众凝聚力和向心力显著增强，为边境地区全面建成小康社会奠定了坚实基础”[③]。云南省根据自身情况与特色，也相继制定了《云南省加快少数民族和民族地区经济社会发展“十二五”规划》《云南省全面打赢“直过民族”脱贫攻坚战行动计划》等，这些政策的出台对云南边境少数民族民生的改善具有重要的推动作用。然而，由于特殊的自然、历史原因，云南边境少数民族民生改善仍存在诸多问题，亟待开展进一步的深入研究。探究能够更好地改善云南边境少数民族地区的教育、就业、医疗、养老、住房保障的路径，关系到边疆民族关系的和谐、边疆稳定和边疆安全。

本书基于云南省边境少数民族经济社会发展规划及云南民生研究，首先，从宏观上阐述了云南边境少数民族民生改善的背景、举措及现状。其次，选择了云南边境11个村或村小组作为调查对象，开展了7次正式调查，通过问卷调查及个案访谈，分别阐述了滇缅边境、滇老边境、滇越边境少数民族民生改善存在的问题及原因。问卷调查旨在了解民生的基本情况和收集民生问题的基础数据。在问卷调查的基础上，进行个案访谈，访谈是对问卷的补充，包括对

① 习近平：《决胜全面建成小康社会　夺取新时代中国特色社会主义伟大胜利——在中国共产党第十九次全国代表大会上的报告（2017年10月18日）》，《人民日报》，2017年10月28日，第1版。

② 《习近平在庆祝改革开放40周年大会上的讲话》，2018-12-18，http://cpc.people.com.cn/n1/2018/1219/c64094-30474974.html[2018-12-29]。

③ 《国务院办公厅关于印发兴边富民行动“十三五”规划的通知》，2017-06-06，http://www.gov.cn/zhengce/content/2017-06/06/content_5200277.htm[2019-09-23]。

调查点的教育情况、收入情况、就业情况、医疗状况、养老状况、住房状况、贫困问题、安全问题、环境问题等的了解。在访谈过程中，通过当地人的视角去了解他们所关心的、实际存在的问题，与问卷调查相结合，通过“浅描”“深描”，既有局外人的观察探索，又有当地人自己的描述，立体透视民生问题。最后，以前述分析为基础，从民生改善中最基本的问题出发，分别提出了关于教育、就业、医疗、养老、住房等方面有针对性的对策建议。

需要说明的是，本书没有明确的理论假设，也没用采用具体的理论工具，而是通过问卷调查与个案访谈相结合的方式，按照收集、整理资料—分析数据和个案—发现问题—分析问题—提出对策建议的整体思路展开研究的。为避免产生先入为主的乱贴标签、乱套理论的问题，用具体的事实和数据说话，这样对问题的发现与解决更加具有现实意义。与已有研究相比较，本书在研究维度上不是单一、片面地针对民生的某一个方面或者民生的某一个维度进行研究的，而是从整体观的视角，对云南边境少数民族地区的教育、就业、医疗、养老、住房等方面的民生情况进行系统研究，力求做到全面、客观地体现云南边境少数民族地区民生发展及存在的问题，从而提出有针对性的对策建议。

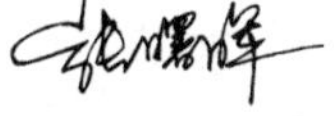

2019年5月4日
于云南昆明

目　录

第一章
云南边境少数民族民生改善的背景、举措及现状

"2018年，我国国内生产总值突破90万亿元，位居世界第二。综合国力的不断增强，为保障和改善民生奠定了雄厚物质基础。现阶段，我国农村养老、医疗、社会救助等社会保障主要项目已经建立起来，并与城镇居民相关保障项目走向并轨，过去长期存在的社会保障的城乡二元格局正在破解。"[①] 云南边境少数民族的民生发展状况是在特定的自然地理环境及特定的行政区划范围内呈现的，在中央及云南省各级政府的指导下，云南边境少数民族的民生改善取得了巨大成绩，边境各族人民的生活水平及精神状态有了明显改善。

第一节　云南边境少数民族民生改善的背景

一、云南边境概述

云南边境少数民族地区位于云南省西北部、西部、西南部、南部以及东南边缘。云南省边境区域范围相对比较广，包括怒江傈僳族自治州（以下简称

① 李迎生：《以积极稳妥的社会政策保障和改善民生》，《光明日报》，2019年05月31日，第16版。

怒江州）、保山市、德宏傣族景颇族自治州（以下简称德宏州）、临沧市、西双版纳傣族自治州（以下简称西双版纳州）、普洱市、红河哈尼族彝族自治州（以下简称红河州）、文山壮族苗族自治州（以下简称文山州）8 个边境州（市）、25 个县（市）（表 1-1），占云南省州（市）数量的 45%，县（市）数量的 20%。①

表 1-1 云南边境州（市）、县（市）

州（市）	县（市）
怒江州	贡山独龙族怒族自治县、福贡县、泸水市
保山市	腾冲市、龙陵县
德宏州	芒市、瑞丽市、盈江县、陇川县
临沧市	镇康县、耿马傣族佤族自治县、沧源佤族自治县
普洱市	江城哈尼族彝族自治县、西盟佤族自治县、澜沧拉祜族自治县、孟连傣族拉祜族佤族自治县
西双版纳州	景洪市、勐腊县、勐海县
红河州	金平苗族瑶族傣族自治县、绿春县、河口瑶族自治县
文山州	麻栗坡县、马关县、富宁县

这些边境州（市）、县（市）、乡镇、村位于滇缅边境、滇老边境和滇越边境。

滇缅边境：边境线长 1997 千米，与缅甸接壤的边境州（市）从北向南、由西往东分别是怒江州、保山市、德宏州、临沧市、普洱市、西双版纳州。

滇老边境：边境线长 710 千米，与老挝接壤的边境州(市）有西双版纳州、普洱市。

滇越边境：边境线长 1353 千米，与越南接壤的边境州（市）有普洱市、红河州、文山州。

在长达 4060 千米的云南省边境线上有 16 个少数民族沿边居住。这 16 个少数民族分别是壮族、傣族、布依族、苗族、瑶族、彝族、哈尼族、景颇族、傈僳族、拉祜族、怒族、阿昌族、独龙族、佤族、布朗族、德昂族。他们与居住在境外的同一民族居民有共同的历史渊源，跨境而居，“在长期的历史发展进程中，云南跨境民族与邻国边民长期保持着通婚互市、探亲访友等友好往来，对边境沿线地区的经济发展及与毗邻国家的睦邻友好作出了重要贡献”②。

① 潘建楠：《云南省 25 个边境县（市）经济社会协调发展性研究》，云南师范大学硕士学位论文，2015 年，第 15 页。

② 和少英等：《云南跨境民族文化初探》，北京：中国社会科学出版社，2011 年，第 2 页。

分布在云南省边境地区的这16个少数民族都是跨境民族（分布见表1-2），“中国的跨境民族，大致可分为跨境民族（狭义）与亲缘民族两种基本类型。所谓跨境民族（狭义），指居住在中国和邻国的同一民族，最早居住在同一地区，后来由于迁徙和国界变动等原因分别居住在两个或两个以上的国家，但主要分布区域仍然相连或相邻，语言和文化基本相同。亲缘民族，则指在我国及邻国的一些具有共同族源关系，但目前对其是否为同一民族尚有异议的民族群体。这些民族有共同的族源关系，后因迁徙或国界变动等原因，其中的主要部分逐渐向不同的方向发展，并产生了明显的差异，可称为中国与邻国的亲缘民族”①。本书中所说的云南边境少数民族指的是沿边居住的跨境民族，是狭义上的跨境民族。

表1-2　云南跨境少数民族分布情况

州（市）	跨境少数民族
怒江州	怒族、独龙族、傈僳族
保山市	傣族、傈僳族、苗族、彝族、布朗族、佤族、阿昌族、景颇族、德昂族
德宏州	傣族、景颇族、阿昌族、德昂族、傈僳族
临沧市	彝族、佤族、傣族、拉祜族、布朗族、德昂族
普洱市	傣族、瑶族、哈尼族、拉祜族、布朗族、佤族、景颇族、苗族、傈僳族、彝族
西双版纳州	傣族、哈尼族、彝族、拉祜族、布朗族、瑶族、苗族、壮族
红河州	哈尼族、彝族、苗族、傣族、壮族、瑶族、布依族、拉祜族
文山州	壮族、苗族、瑶族、彝族、回族、傣族

我们选择了11个村或村小组作为调查对象，一共开展了7次正式调查工作。在调查地点的选择上，主要遵循以下三个原则。

1）边境性。从宏观上来看，云南省地处西南边疆，西边与缅甸接壤，南边与老挝、越南相依，云南省本身就是一个边境省，研究云南边境少数民族的民生问题，其边境性本就具足。但为了更加突出研究的边境性特点，发现边境地区少数民族民生改善中存在的实际问题。我们把4060千米边境线上的8个州（市）、25个边境县（市）划分为滇缅、滇老、滇越三大边境片区，每个边境片区至少选择1～3个自然村或村小组作为调查对象。

2）民族性。在长达4060千米的边境线上有16个少数民族沿边居住，边境地区是典型的民族杂居区。我们选择的自然村或村小组的民族成分都是跨境民族，且基本都为单一民族自然村或村小组。

① 和少英等：《云南跨境民族文化初探》，北京：中国社会科学出版社，2011年，第2页。

3）共性与个性相结合。云南边境少数民族村寨大部分都有相似的自然环境及人文历史环境，且基本都是单一民族村，这些边境村的民生发展状况及存在的问题既有许多共性之处，也有各自的一些特点。在后面的分析中，我们以所调查的每个边境村为单位，以重要的民生问题为主要内容，一方面，尽量展现近年来边境一线少数民族民生改善取得的成绩；另一方面，凸显每个边境村最亟待改善的民生问题，从而达到立体揭示边境少数民族地区民生发展的客观情况的目的。

之所以这样来选择调查点，是在经过多次调查、总结及反复探讨的基础上最后确定的，主要理由有以下三个。

1）在4060千米的边境线上，分布着数千个村落，由于财力、人力、物力及研究时限等方面的限制，我们不可能把所有边境州（市）、县（市）、乡镇、村都纳入调查范围。

2）云南边境各州（市）少数民族的民生发展状况不可能都一模一样，但整体民生发展状况基本相似，即相较我国东部沿海及中部地区还存在较大的差距，与云南省内其他地方相比也都处于滞后的状态。

3）云南边境有相似的发展背景。其中包括相似的自然因素，主要表现在云南边境少数民族地区大多地处偏远，少数民族大多聚居在高海拔地区、高寒山区，生存环境恶劣；相似的历史因素，主要表现在社会发育程度低；相似的社会因素，主要表现在资源投入不足等；相似的经济因素，主要表现在经济发展滞后、财力有限等。

这11个边境村分属滇缅边境、滇老边境、滇越边境三大片区，其分布及问卷收发情况如表1-3所示。

表1-3 调查点及问卷收发情况

边境	州（市）	县（市）	调查点	民族	发放问卷/份	收回有效问卷/份
滇缅边境	保山市	腾冲市	猴桥镇猴桥村委会长塘自然村（以下简称“长塘村”）	傈僳族	29	29
	德宏州	盈江县	铜壁关乡三合村委会诗别自然村（以下简称“诗别村”）	景颇族	30	30
		陇川县	户撒乡芒炳村委会芒旦自然村（以下简称“芒旦村”）	阿昌族	37	37
		瑞丽市	户育乡户育村委会雷贡自然村（以下简称“雷贡村”）	德昂族	24	24
	临沧市	镇康县	军赛佤族拉祜族傈僳族德昂族乡忙吉利村委会新半山小组	佤族	60	60
	怒江州	福贡县	匹河怒族乡托坪村委会五湖小组	怒族	27	27

续表

边境	州（市）	县（市）	调查点	民族	发放问卷 / 份	收回有效问卷 / 份
滇老边境	西双版纳州	景洪市	基诺乡司土村委会回鲁小组	基诺族	70	70
		勐腊县	尚勇镇尚勇村委会（一组）	傣族	70	67
			尚勇镇尚勇村委会（二组）	傣族	53	52
			尚勇镇尚勇村委会（三组）	傣族	46	46
			尚勇镇尚勇村委会（四组）	傣族	34	34
			尚勇镇尚岗村委会王四龙克木人村（以下简称“王四龙村”）	布朗族（克木人）	注：调查时临时增加的村子，没有采用问卷法，主要采用访谈法	
滇越边境	文山州	富宁县	木央镇木贵村委会“下寨小组”“水头小组”	壮族	50	50
		麻栗坡县	猛硐瑶族乡铜塔村委会小坪寨自然村（以下简称“小坪寨村”）	瑶族	60	60

二、民生问题的历史演进

“民生”一词最早出现于《左传•宣公十二年》中“民生在勤，勤则不匮”①，强调人民辛勤劳作与生活幸福的内在关系，意为人民的生计在于勤劳，勤劳就不会缺少衣食。自此之后，有关“民生”的话语不绝于史。

中国古代思想家和政治家认为，人民的生计问题事关重大：第一，民生问题事关人类的生存；第二，民生问题事关百姓的幸福；第三，民生问题事关政治的稳定；第四，民生问题事关道德水平的提高。② 因此，对于如何解决民生问题，各家各派都提出了自己的主张。儒家、墨家和法家都强调以有为的方式解决民生问题。其中，儒家注重政府对解决民生问题的政策和道德的引导；墨家主张通过劳动、互助和节约来解决民生问题；法家强调统治者要以赏罚的手段来干预民生。道家和农家都主张以无为的方式解决民生问题，让老百姓自由地解决自己的生计问题，农家还主张运用农业技术提高农作物的产量和品质。③ 古代重视民生，本质上是为统治者服务，表现为政府对民众的“恩赐”，缺乏对改善民生的制度化保障。④20 世纪初，孙中山在《民报》发刊词中，第一次提出了民族、民权、民生的“三民主义”，孙中山指出，“民生就是人民的

① 郭丹，程小青，李彬源译注：《左传》，北京：中华书局，2012 年，第 805 页。

② 程潮，张金兰：《中国古代民生思想研究》，北京：社会科学文献出版社，2013 年，第 2 页。

③ 程潮，张金兰：《中国古代民生思想研究》，北京：社会科学文献出版社，2013 年，第 5 页。

④ 孙学玉：《当代中国民生问题研究》，北京：人民出版社，2010 年，第 3 页。

生活——社会的生存，国民的生计，群众的生命”；“民生就是政治的中心，就是经济的中心和种种历史活动的中心”;“民生是社会一切活动的原动力”①。如今，民生已经成为满足普通大众衣食住行及精神需要的一个综合整体，往往与民主、公平正义等联系在一起。

中国共产党成立后，在充分继承中国历史上“以民为本，民为邦本”思想的基础上，明确提出“全心全意地为中国人民服务”②。从第一代领导集体开始至今，中国共产党始终把改善和保障民生作为治理国家、保障和改善群众生活的根本。中国共产党对民生问题的探索从新民主主义革命时期就开始了，毛泽东思想始终把人民的利益放在首位，始终关注人民群众的物质利益。邓小平理论把解放和发展生产力作为解决民生问题的前提，“三个有利于”是体现社会主义制度优越性、改善民生的重要标准。“三个代表”重要思想把中国共产党要始终代表中国最广大人民的根本利益作为改善民生的最高标准。科学发展观以发展为第一要义，坚持以人为本为核心，无不体现了党保障和改善民生的系统安排。自党的十八大以来，习近平总书记多次阐述了我们党和政府的民生观，该民生观涵盖了百姓生活的方方面面，习近平总书记指出“我们党和政府做一切工作出发点、落脚点都是让人民过上好日子”；“要完善制度、改进工作，推动养老事业多元化、多样化发展，让所有老年人都能老有所养、老有所依、老有所乐、老有所安”；“让群众得到看得见、摸得着的实惠”；“就业是民生之本，解决就业问题根本要靠发展”；“各级党委和政府要加强组织领导，落实各项目标任务和政策措施，努力把住房保障和供应体系建设办成一项经得起实践、人民、历史检验的德政工程”；“保障和改善民生是一项长期工作，没有终点站，只有连续不断的新起点”。③

随着我国民生建设的不断推进，学界对民生问题的研究也越来越重视，许多学者从不同视角对“民生”的内涵进行了界定。邓伟志、卜佳慧认为，“民生是指民众的生存、生活、生计。具体说，就是社会全体成员的衣食住行和生老病死。从人的生活横断面讲是衣食住行；从人的一生的纵断面看就是生老病死。不过，这个传统的说法并不完善，各缺一个方面，应当是衣食住行用、生

① 孙中山：《孙中山选集》，北京：人民出版社，1981 年，第 802、825、835 页。

② 《毛泽东致七大开幕词——〈两个中国之命运〉》，2012-08-29，http://www.chinadaily.com.cn/dfpd/18da/2012-08/29/content_15715109.htm[2012-10-20]。

③ 《习近平的“民生观”：保障和改善民生没有终点站》，2014-08-14，http://news.cntv.cn/2014/08/14/ARTI1407980304697407.shtml[2015-09-26]。

长老病死”[①]。有学者则认为，“现代意义上的民生概念有广义和狭义之分。广义上的民生概念是指凡是同民生相关的，包括直接相关和间接相关的事情都属于民生范围内的事情。狭义上的民生概念主要是从社会层面上着眼的。从这个角度看，所谓民生，主要是指民众的基本生存和生活状态，以及民众的基本发展机会、基本发展能力和基本权益保护的状况，等等”[②]。另有学者认为，“民生既是一个关涉民众的生存、生活、生计的概念，又是一个与人权、与需求、与责任有关的概念”[③]。还有学者认为，“所谓民生，是以全体人们的物质生存为基本面向、以精神文化为内在需求、以良性发展为个体追求、以社会福利为现实保障的生活需要”[④]。

十七大报告对“民生”内涵进行了全面、深入的阐述，指出，“加快推进以改善民生为重点的社会建设”，“必须在经济发展的基础上，更加注重社会建设，着力保障和改善民生，推进社会体制改革，扩大公共服务，完善社会管理，促进社会公平正义，努力使全体人民学有所教、劳有所得、病有所医、老有所养、住有所居，推动建设和谐社会”[⑤]。学有所教、劳有所得、病有所医、老有所养、住有所居简称“五有”，这“五有”既指明了民生建设的基本内容和基本范围，即民众的基本生存和生活状态，民众的基本发展机会，民众的基本发展能力和民众的基本权益保护，同时又清楚地说明了民生是民众应享有的最基本权利。

党的十七大之后，我国以民生为本的社会主义和谐社会建设取得了长足进展：教育方面，从基础教育到职业教育再到高等教育取得了新突破，进入了新阶段；医疗方面，医药卫生体制改革再上新台阶，城镇职工基本医疗保险、新型农村合作医疗（以下简称“新农合”）、医疗救助得到初步完善；就业方面，城镇人口就业、农民工就业都有了不同程度的改善；住房方面，正在逐步推进满足城乡居民基本住房需求的保障体系的建立与完善；养老方面，养老保障制度正在逐步完善。但是，随着我国社会的进步和经济实力的不断增强，人民在满足温饱之后，越来越需要更高层次的民生保障和改善。目前，我国以民生为

① 邓伟志，卜佳慧：《民生论》，《上海大学学报（社会科学版）》2008 年第 4 期，第 5-15 页。

② 吴忠民：《民生的基本涵义及特征》，《中国党政干部论坛》2008 年第 5 期，第 33-35 页。

③ 柳礼泉：《新中国民生 60 年》，长沙：湖南大学出版社，2009 年，第 5 页。

④ 彭中礼，王亮：《“民生”的法哲学追问——以“权利—义务”范畴为视野》，《西南科技大学学报（哲学社会科学版）》2010 年第 4 期，第 18-22 页。

⑤ 胡锦涛：《高举中国特色社会主义伟大旗帜　为夺取全面建设小康社会新胜利而奋斗——在中国共产党第十七次全国代表大会上的报告（2007 年 10 月 15 日）》，《人民日报》，2007 年 10 月 25 日，第 1 版。

本的社会主义和谐社会建设尚面临着一系列急需解决的问题，如收入差距扩大，住房保障尚不能满足人民群众的需要，医疗卫生改革推进缓慢，老龄化问题严重、养老问题严峻，就业增收乏力，生活环境遭到破坏，等等。总之，老百姓的民生保障工程仍需不断推进。

因此，十九大报告把未来民生建设的内容进一步扩大为“七有”，即“幼有所育、学有所教、劳有所得、病有所医、老有所养、住有所居、弱有所扶”，表示“保证全体人民在共建共享发展中有更多获得感，不断促进人的全面发展、全体人民共同富裕”[①]。在“十三五”期间，国家更加注重以人为本，更加重视把保障和改善民生作为一切工作的根本出发点和落脚点，这是未来我国社会主义和谐社会建设的必然要求。

三、云南边境少数民族民生问题态势

近年来，云南省的民生建设虽然取得了很大的成绩，但与东部沿海及中部地区相比仍有较大的差距，主要问题集中体现在：边境少数民族收入偏低，贫困面大，贫困程度深；边境地区与内地经济社会发展不平衡；边境地区基础设施建设的瓶颈尚未突破；边境少数民族社会保障覆盖面窄；边境少数民族受教育程度低；边境生态文明建设尚处于起步阶段；边境少数民族基本医疗卫生服务水平较低；等等。

关于云南省民生问题的研究，大多散见于各种专题研究中，这些研究成果是零星的、不系统的，且主要是关于云南边境少数民族经济社会发展，如教育、就业、社会保障、医疗等方面的专题研究，迄今为止，除了云南省各级政府出台的一些政策文件以及由中共云南省委宣传部编写的《民生问题在云南》普及读本直接以民生为题之外，笔者尚未查到关于“云南边境少数民族民生改善”问题的专题研究。

（一）宏观层面

已有研究缺乏对云南边境少数民族民生问题系统性和整体性的考察。已有的大部分考察不是直接以民生为题，而是以局部地区的具体性问题为主题，内容涉及教育、就业、医疗、养老、住房等方面。显然，这样的考察是微观

① 习近平：《决胜全面建成小康社会　夺取新时代中国特色社会主义伟大胜利——在中国共产党第十九次全国代表大会上的报告（2017 年 10 月 18 日）》，《人民日报》，2017 年 10 月 28 日，第 1 版。

的、点式的，无法从整体上反映云南边境少数民族的民生状况，更不可能全面揭示民生改善中存在的问题。

（二）微观层面

第一，有关云南边境少数民族教育问题的研究成果很多，但重复性、共性的问题也较多，有些成果缺乏创新、深度不够。从现有的研究成果来看，云南边境少数民族教育研究有从宏观到微观、从以研究教育历史为中心到关心现代教育的转变趋势，但与时俱进、有针对性的研究还不够。因此，应该运用比较研究的方法对云南边境各民族的教育状况进行研究，同时，应该从综合学科的视角加大对民族教育的研究力度，加强对云南边境各民族传统文化中的教育因素的研究，以探索适合各民族发展的教育之路。

第二，对劳动就业问题的研究过于侧重某一具体问题，未能从云南边境少数民族就业情况的整体视角做出综合的归纳分析。研究思路比较单一，多为描述现状—分析原因—解决问题的对策模式，在创新研究模式和发展多元的研究方式方面仍需要进一步拓展；数据更新不及时，使用的数据较为陈旧，应根据时代的发展和政策的变动，进行一些追踪调查和回访，适时地调整研究角度并及时地更新数据；关于充分发挥云南边境少数民族地区的资源优势促进经济发展和就业方面的研究尚待加强。

第三，对云南边境少数民族医疗状况的研究虽然积累了一定的成果，但还有许多问题尚需进行深入研究：①对云南边境少数民族的传统医疗技术的挖掘太少或者研究得不够深入；②对很多人在生病时仍依赖于“超自然力量”的研究尚不充分；③关于民间医学的传承与保护的研究较少；④对各地区医疗服务体系的研究较少。

第四，已有关于养老问题的研究缺乏对云南边境少数民族养老问题的整体性研究，仅有的研究成果大多集中在对养老模式的探究、对养老政策的解读、对养老对策的探析，对云南边境少数民族养老的宏观研究或者在民生视野下的养老研究严重滞后。

第五，云南少数民族住房状况的研究成果多集中于民族民居建筑方面，主要包括少数民族传统建筑及居住格局、少数民族传统建筑历史演变及功能、少数民族传统建筑比较与保护、少数民族传统建筑与信仰仪式等方面。对云南边境少数民族的住房保障方面则鲜有涉及。

基于以上状况，本书选择云南边境少数民族为“线”，对生活在这条“线”上的少数民族的民生现状、存在的问题及发展趋势做系统、科学的调查研究，提出因地制宜地保障和改善云南边境少数民族民生的措施，对丰富云南民生问题的研究具有重要的意义。既可以为云南省各级政府进一步保障和改善边境少数民族的民生工作提供实证依据，又可以为建立和健全云南边境少数民族民生改善模式提供参考。

第二节　云南边境少数民族民生改善研究与政策举措

关于民生建设的实践及研究，国外已取得了巨大成效，如新加坡为解决住房问题实行的“组屋”制度；英国以及北欧、南欧各国在医疗领域实行的“国民健康服务模式”；韩国为了扩大就业实行的“劳资政三方合作新模式”；日本在教育领域实行的“法定义务教育”；加拿大在社会保障方面实行的“多层次福利体制”等。[①] 通过实施这些制度、模式，上述国家在改善民生方面取得了巨大成就。

国内关于民生问题的研究集中体现在三个方面。①民生问题的理论研究，如陈媚林等学者对民生的概念、内涵、本质、理论渊源以及民生问题形成的原因等基础理论问题进行了较为系统的研究。②民生问题的实践研究。这类研究从不同学科领域及视角出发探讨民生问题的解决之道，如政治学研究集中在民生问题与社会主义和谐社会建设之间的关系、通过体制改革与创新解决民生问题等方面；社会学研究集中于解决民生问题的社会政策；法学研究集中于立法与民生问题的关系上；经济学研究集中在发展经济与改善民生的关系等方面。③民生问题的专题研究。这类研究主要关注内地的就业、教育、收入分配、医疗、住房、社会保障、社会稳定等有关民生的重要问题及解决办法。

关于云南民生问题的研究，直接以民生为题的代表性成果是中共云南省委宣传部编写的《民生问题在云南》，该书于 2010 年由云南人民出版社出版。该书从学有所教、劳有所得、病有所医、老有所养、住有所居、贫有所助、安

① 吴丽丽：《发达国家解决民生问题的举措及对我国的启示》，《改革与战略》2015 年第 9 期，第 191-194 页。

有所保、境有所宜等八个方面解读了云南的民生问题，将中央和云南省委出台的主要惠民政策和云南省的实施情况清晰明白地呈现给大家。

云南边境少数民族的民生问题研究主要集中在专题研究中，也有些研究散见于大型民族问题研究丛书中，如“民族问题五种丛书”，这套丛书包括“中国少数民族”丛书、“中国少数民族简史丛书”、“中国少数民族语言简志丛书”、“中国少数民族自治地方概况丛书”、“中国少数民族社会历史调查资料丛刊”五种，系统地讲述了云南边境16个少数民族的历史、政治、经济、文化、社会等各方面的横向和纵向的发展状况，为本书的研究提供了坚实的基础；还有“中国少数民族现状与发展调查研究丛书”中有涉及云南边境少数民族的相关内容，如该丛书中的《瑞丽市傣族卷》《澜沧县拉祜族卷》《西盟县佤族卷》等；还有一些研究散见于云南省各州志、县志之中。

一、教育方面

（一）教育研究

关于云南边境少数民族教育方面的研究状况，现有的研究成果既体现了很多共性，也有其特殊性。就其共性而言，主要表现在四个方面：第一，研究内容上，主要集中在对云南边境少数民族的传统教育形式和现代教育状况的研究。各少数民族的传统教育形式大同小异，如都有家庭教育、宗教教育等。第二，研究分界点上，大都以中华人民共和国成立、改革开放为分界点进行研究。第三，大多数研究成果表明，云南边境少数民族教育水平普遍落后。第四，云南边境少数民族的教育存在不均衡现象。其特殊性主要表现在各少数民族传统教育的内容有所差别，尤其是口传文化教育的内容，各少数民族各有其特色。

1. 教育发展历史

马廷中的《民国时期云南民族教育史研究》一书阐述了民国政府时期的近代学校教育、云南少数民族传统文化教育、基督教教会的学校教育情况，并提出了具体建议，包括发展生产力、开展双语教学、发展职业技术教育、改善办学条件、加强民族教育管理。周世新在《云南7个人口较少民族近代教育探析》一文中论述了7个人口较少民族在近代的教育概况，分析了7个人口较少民族传统教育的特点，指出了影响7个人口较少民族教育发展的因素。[①]这些研究主要对云南少数民族教育的发展历史及制约因素进行了归纳和总结。

2. 教育现状与问题

李孝川的《云南边境地区民族教育考察》一书借鉴文化哲学、政治文化学、教育人类学和文化社会学等学科的理论和方法，对云南边境地区民族教育发展面临的现实困境进行了解读，对边境民族教育的发展路径进行了理性分析。《云南边境少数民族地区基础教育现状分析与对策研究——以江城县为例》一文对江城哈尼族彝族自治县的各级各类学校的教师数量和学生人数、当地民众对上学的态度进行了调查，分析了制约江城县基础教育入学率的因素，提出了提高江城县基础教育入学率和升学率的相应对策。[②]《云南边境民族地区义务教育均衡发展研究》一文提出，云南边境民族地区义务教育发展因山区、贫困、民族、边疆等因素，与全国、全省义务教育发展的整体水平相比，存在发展速度缓慢、水平滞后，区域、城乡、校际失衡状态十分突出等问题。该文作者期望通过公共产品理论和基本公共服务均等化理论研究相结合的方法，为制定云南边境民族地区义务教育均衡发展政策提供依据。[③]《云南边境地区农村基础教育发展状况与政策建议》一文以云南边境地区农村基础教育发展现状及其存在的问题为主线，以问卷调查为资料收集的主要方式，对云南边境县农村基础教育发展状况进行了调查，提出了树立正确的教育公平观和科学的教育质量观，加强边境教师队伍建设，转变教与学的方式等对策建议，为提高云南边境少数民族地区基础教育发展水平提供了现实依据。[④]

3. 教育发展特点、原因和建议

孙炎的《云南省少数民族地区农村教育公平发展研究》一书在对云南省少数民族地区农村教育公平发展的研究背景及理论研究成果进行概述的基础上，通过对云南省少数民族地区农村教育发展现状的分析，特别是第二章和第三章对少数民族地区教育现状和教育公平发展进行了实证分析，并对云南省少数民族地区农村教育公平发展的经验借鉴、制度构建进行了阐述，提出了构建

① 周世新：《云南7个人口较少民族近代教育探析》，《思想战线》2008年第S2期，第111-114页。

② 王自坤：《云南边境少数民族地区基础教育现状分析与对策研究——以江城县为例》，《教育现代化》2015年第8期，第19-22页。

③ 彭义敏：《云南边境民族地区义务教育均衡发展研究》，云南财经大学硕士学位论文，2014年。

④ 王景，杨楠：《云南边境地区农村基础教育发展状况与政策建议》，《学术探索》2017年第7期，第141-145页。

云南省少数民族地区农村教育公平发展的模式。中共云南省委宣传部课题组在《发展边疆民族地区教育与建设小康社会——对基诺、拉祜、佤、傣、哈尼等云南特有少数民族教育发展状况的调研》一文中阐述了发展边疆民族地区教育与建设小康社会之间的关系。[①] 李丽菊、胡发稳的《试论云南边疆地区民族教育的现状、成因及对策》一文指出了云南边疆地区民族教育的现状、成因，并提出了对策。[②] 李怀宇的《云南边境地区少数民族教育的困惑与反思》一文阐述了近些年云南边境地区少数民族教育的发展状况，包括云南边境地区少数民族教育面临的问题，以及问题存在的原因，并提出了对策与建议。[③] 柳谦、梁丽玲和梁顺意等的《西南边陲的教育国境线——云南边境国门学校现状研究》一文指出了云南边境国门学校的教育特色，包括丰富的民族文化教育，"有""无"之间的国民教育，具有针对性的对外教育等，体现了中国成就。[④] 舒慧敏在《西南少数民族教育发展现状及对策研究》一文中指出了西南少数民族教育的发展现状及问题，提出了加强民族地区特色文化教育，鼓励师范类院校学生到西南地区任教，加大双语教学力度等对策。[⑤]《云南少数民族地区多元文化与教育问题分析》一文指出，在云南少数民族地区多元文化交流与教育中存在着少数民族学生与汉族学生之间的学业成绩差距问题和民族之间互相隔离等情况，这些问题和情况导致了学生之间关系的疏远；提出需要在教学过程中调整学生心理压力，需要教师在多元文化环境中努力提高自己的认知水平的对策。[⑥] 曹能秀的《民族文化传承与教育——以云南省寻甸回族彝族自治县六哨乡为个案》一书以云南省寻甸回族彝族自治县六哨乡为个案研究，分析了教育在民族文化传承中发挥的作用和存在的问题，探讨了以教育促进民族文化传承的目标、内容和方法，并从理论上探讨了民族文化传承和教育的关系。

---

① 中共云南省委宣传部课题组：《发展边疆民族地区教育与建设小康社会——对基诺、拉祜、佤、傣、哈尼等云南特有少数民族教育发展状况的调研》，《云南民族学院学报（哲学社会科学版）》2002年第6期，第13-18页。

② 李丽菊，胡发稳：《试论云南边疆地区民族教育的现状、成因及对策》，《红河学院学报》2004年第4期，第89-92页。

③ 李怀宇：《云南边境地区少数民族教育的困惑与反思》，《民族教育研究》2004年第6期，第5-9页。

④ 柳谦，梁丽玲，梁顺意等：《西南边陲的教育国境线——云南边境国门学校现状研究》，《广西师范大学学报（哲学社会科学版）》2011年第6期，第104-109页。

⑤ 舒慧敏：《西南少数民族教育发展现状及对策研究》，《学园：教育科研》2012年第1期，第55-56页。

⑥ 李皓，朱陈露：《云南少数民族地区多元文化与教育问题分析》，《文艺生活（文艺理论）》2018年第11期，第175-177页。

4. 教育状况

古永继对明清时期云南傣族地区的教育状况进行了描述和分析，描述了边境地区学校设置的情况[①]；刘琴以西双版纳傣族基础教育当前存在的主要问题为切入点，在回顾西双版纳傣族自20世纪50年代以来基础教育发展概况的基础上，总结了西双版纳傣族基础教育当前存在的主要问题，并分析了产生这些问题的原因。[②]佛寺教育是傣族教育研究的重要组成部分，这方面的研究成果很多，如赵科的《德宏傣族佛寺教育浅探》[③]，程利、董慧秀和秦霖的《宗教背景下的傣族教育发展策略》[④]，程利的《传承与创新——西双版纳傣族佛寺教育刍议》[⑤]，岩香宰的《从赕佛到现代佛教教育的跨越——对云南西双版纳佛教教育的思考》[⑥]，陈荟的《西双版纳傣族寺庙教育与学校教育冲突现状及归因分析》[⑦]。这些研究成果主要论述了寺院教育方式及其对傣族文化和傣族群体社会的作用，既阐述了佛寺教育的正功能，也分析了佛寺教育带来的一些消极影响，并针对消极影响提出了相应的对策。

熊玉有的《苗族文化史》一书中关于教育的部分，把苗族教育分为了民间教育、学校教育、社会扫盲和苗语教学等几种情况。该书以麻栗坡县董干镇马崩村为例，具体分析了边境地区苗族教育的状况、存在的问题，并分析了原因，最后提出了一些具体的建议。对于瑶族的教育问题，徐祖祥在《瑶族文化史》一书中做了详细的介绍。作者以时间为线索，对从古代到近代再到现代的传统教育、学校教育进行了阐述，分析了瑶族的教育现状、存在的问题及原因。中央民族大学哈尼学研究所编写的《中国哈尼学（第三辑）》一书中论述了哈尼族教育的形式和内容，主要有传统教育和现代教育。研究表明，哈尼族的基础教育正在逐步发展，双语教育效果明显，职业教育已成体系，中等师范教育得到长足发展，高等教育经历了从无到有。传统教育主要包括家庭教育、家族教育和社会教育，其中，社会教育又包括专门职业教育、节庆中的传统教

---

① 古永继：《明清时期云南傣族地区的教育发展及特点》，《云南师范大学学报（哲学社会科学版）》2011年第2期，第142-150页。

② 刘琴：《“多元一体”文化视角下的西双版纳傣族基础教育研究》，云南师范大学硕士学位论文，2003年。

③ 赵科：《德宏傣族佛寺教育浅探》，《德宏教育学院学报》2005年第1期，第10-13，22页。

④ 程利，董慧秀，秦霖：《宗教背景下的傣族教育发展策略》，《黑龙江史志》2012年第10期，第70-72页。

⑤ 程利：《传承与创新——西双版纳傣族佛寺教育刍议》，《前沿》2012年第1期，第179-180页。

⑥ 岩香宰：《从赕佛到现代佛教教育的跨越——对云南西双版纳佛教教育的思考》，《中国宗教》2006年第3期，第60-61页。

⑦ 陈荟：《西双版纳傣族寺庙教育与学校教育冲突现状及归因分析》，《教育学报》2011年第2期，第89-100页。

育、同辈同事间的教育、男女青年间的教育和兄弟姐妹以及亲朋好友间的教育等。在《中国文化知识读本——景颇族》一书中，沈菲简要概述了景颇族民族教育的历史进程，把景颇族的民族教育分为了传统教育和现代教育，前者的形式主要是家庭教育、社会教育和宗教教育，后者的形式主要是兴办学校、特色教育和农村识字教育。祁德川在《中国景颇族》一书中论述了景颇族教育中存在的问题：办学条件落后，义务教育基础薄弱；教师队伍素质偏低；中小学基础设施危险，危房安全隐患严重；农村职业教育基本上处于空白，农村实用人才缺少；等等。

有关德昂族教育的研究，唐洁的《中国德昂族》一书在第三章民间文化的第一节中讲到了民间教育，在第七章文化传承的第一节中讲到了民族教育发展。民间教育包括家庭教育、社会教育、口传文化教育和宗教教育；关于民族教育发展，该书主要介绍了德昂族学校教育的历史和发展情况。该书收集了大量与德昂族教育相关的数据，如学校数、学生数等，并进行了定量分析，是研究德昂族教育的重要参考文献。铁木尔·达瓦买提的《中国少数民族文化大辞典（西南地区卷）》一书指出，在中华人民共和国成立之前，德昂族的民间教育主要通过口耳传授神话故事、民间传说的方式进行。正规的学校教育从中华人民共和国成立后才开始。王帅的硕士学位论文《基于德宏傣族德昂族初三学生英语图式清净能力族际比较研究》对云南省德宏州的傣族和德昂族部分初三学生的英语学科图式清净能力进行了自然实验的量化研究，以文化人类学、心理学等为视角进行了质性差异分析，并提出了建议。①周文娟的《德昂族独龙族聚居区义务教育生师比调控的比较》一文指出，德昂族和独龙族这两个民族聚居区都只有一所九年一贯制学校，即三台山德昂族乡九年制学校和独江乡九年一贯制学校，这两所学校的生师比都不是很合理，并分析了教师结构、师资流动和师资调控措施对这两所学校的影响，进而在此基础上，提出了制定因地制宜的生师比标准，优化教师队伍结构和生师比调控多元化的建议。②朱真莉的硕士学位论文《德昂族妇女扫盲教育研究》在了解德昂族妇女扫盲教育的基本情况的基础上，对存在的问题进行了分析、归因，并进一步对该民族妇女扫盲教育的目的、脱盲标准、内容、途径、方法等进行了探讨。③李军的硕士学

① 王帅：《基于德宏傣族德昂族初三学生英语图式清净能力族际比较研究》，中央民族大学硕士学位论文，2012年。

② 周文娟：《德昂族独龙族聚居区义务教育生师比调控的比较》，中央民族大学硕士学位论文，2011年。

③ 朱真莉：《德昂族妇女扫盲教育研究》，西南大学硕士学位论文，2009年。

位论文《德昂族受教育程度的现状、问题与对策研究——以潞西市三台山德昂族乡为个案研究》以德昂族主要聚居地——潞西市（2010年更名为芒市）三台山乡为研究个案，深入实地调查德昂族受教育程度现状，揭示出德昂族贫困面之广、程度之深的深层次原因之一是受教育程度低下，教育发展滞后于社会经济的发展，并针对教育现状和存在的问题提出了相应对策。①

其他研究还有鲁建彪的《傈僳学研究（一）》，该书指出，傈僳族群众因地理条件等因素的制约，教育事业发展相对滞后。所以，鲁建彪提出创建傈僳族文化班，势在必行。《拉祜族简史》一书介绍了1985年拉祜族的教育状况，如识字率、入学率、师资力量等。《阿昌族简史》一书介绍了阿昌族传统文化教育的形式、内容和方法，分别梳理了阿昌族在中华人民共和国成立前后的教育情况。杨将领在《中国独龙族》一书中，用两章内容阐述了独龙族教育的产生与发展、教育的类型以及教育的特点等，介绍了独龙族家庭教育、学校教育、社会教育等教育形式和内容，分析了教育问题产生的原因。陶玉明在《中国布朗族》一书中以中华人民共和国成立为分界点，介绍了布朗族的三种教育形式，即家庭教育、社会教育、学校教育。蔡红燕在《故园一脉——施甸县布朗族村寨和文化考察》一书中以布朗族村寨为研究对象，介绍了布朗族的教育状况。潘向明、李劲松的《后发教育跨越式发展的实证分析——以基诺族教育为例》对基诺族教育在跨越式发展前所处的社会背景、教育状况、实施条件进行了分析，并对“后发优势”理论在基诺族教育跨越式发展中的实证含义进行了研究。②杨洁的《以社会性别的视角分析基诺族女性的教育》一文指出，教育为基诺族女性走出大山奠定了基础。受过学校教育的基诺族女性与在传统的家庭、村落中接受教育的基诺族女性相比，具备了更高的参与社会竞争的能力，她们的言行对下一代基诺族孩子有着更深远的影响，也影响着整个基诺族的发展。③倪晓昉的硕士学位论文《基诺族小学生社会技能发展状况及其影响因素的模型建构》将基诺族小学生社会技能放入人际关系系统中，以年龄、性别和民族等人口学因素为自变量探讨了基诺族小学生社会技能的发展状况，

① 李军：《德昂族受教育程度的现状、问题与对策研究——以潞西市三台山德昂族乡为个案研究》，云南师范大学硕士学位论文，2007年。

② 潘向明，李劲松：《后发教育跨越式发展的实证分析——以基诺族教育为例》，《云南民族大学学报（哲学社会科学版）》2006年第5期，第241-244页。

③ 杨洁：《以社会性别的视角分析基诺族女性的教育》，《昆明大学学报》2006年第1期，第54-57页。

并建构了社会心理影响因素与社会技能之间的关系模型。① 罗利群的《礼与情——一个白族村落人神交往之馈赠礼俗的教育解读》一书以大德曰生为例阐述了人神交往之馈赠礼俗的教育解读，其中具体分析了馈赠礼俗的教育要素和教育意义。

（二）教育举措

“十二五”时期，云南省为了进一步促进教育公平，保障全省各族人民享有接受平等教育的机会，制定通过了《云南省学前教育条例》《云南省终身教育促进条例（草案）》《云南省少数民族教育促进条例》等，初步构建了符合云南省教育发展实际的地方教育法律体系。

在贯彻落实国家关于教育建设目标的基础上，云南省根据实际情况制定了《云南省加快少数民族和民族地区经济社会发展“十二五”规划》，该规划指出，要完善民族地区基本公共教育服务体系；基本普及学前教育，巩固提高九年义务教育普及成果；加强民族地区义务教育学校标准化建设、职教中心建设、重要通道和口岸的国门学校建设；加大寄宿制学校建设、薄弱学校改造力度，逐步提高寄宿生生活补助标准，扩大补助覆盖面，改善农村中小学生营养状况；加强双语教学师资队伍建设，支持少数民族聚居区实施双语教学，办好内地少数民族班；基本普及高中阶段教育，逐步扩大对普通高中家庭经济困难学生的补助面；大力发展职业教育，建设一批区域性职业教育中心和实训基地，逐步实行中等职业教育免费制度；支持民族地区高校优势学科和特色学科发展。②

基于云南边境少数民族地区教育事业发展基础差、底子薄，受历史及经济发展等方面的制约严重的实际情况，云南省在教育发展规划中对云南边境地区的教育做出了重要的政策倾斜。第一，免除7个人口较少民族和4个省定特困民族学生的各级各类教育学费。同时，提升边境地区教育水平。将国门学校建设纳入桥头堡建设工程，增加对其的投入，全面改善边境地区民族教育办学条件。第二，完成边境口岸中小学、幼儿园的标准化建设，优先支持25个边境县（市）的117个边境沿线乡镇中小学校标准化建设。第三，适当提高边境县（市）义务教育阶段学生生活费补助标准。第四，重点加强边境州（市）高校建设，

① 倪晓昉：《基诺族小学生社会技能发展状况及其影响因素的模型建构》，云南师范大学硕士学位论文，2004年。

② 《云南省加快少数民族和民族地区经济社会发展“十二五”规划》，《今日民族》2011年第9期，第9-28页。

提升边境州（市）高校办学水平和办学质量，增强对周边国家的吸引力。第五，在教育事业的重大项目中，重点支持边境、贫困地区。充分利用中小学区域布局富余的校舍和社会资源，改、扩建或新建乡镇和村级幼儿园等。①

为了进一步促进云南民族教育的发展，2013 年，云南省通过了《云南省少数民族教育促进条例》。该条例规定，县级以上人民政府及其教育行政部门，通过开展双语幼儿园、民族学校、民族部（班）、少数民族预科教育等多种办学形式，发展具有少数民族教育特色并能适应民族地区经济社会发展的学前教育、义务教育、普通高中教育、职业教育、高等教育、特殊教育，优先规划、建设标准化寄宿制民族中学。② 该条例还规定，要对民族教师给予生活补助，优先建设农村教师周转宿舍；对使用少数民族语言、文字教学有成效的教师予以表彰、奖励；在边远地区工作满 5 年的中小学老师、幼儿园老师的子女在报考普通高中和中等职业学校时，应当享受当地少数民族考生待遇；民族预科生的生均拨款应当与本科生的一致；等等。这些规定把云南的民族教育工作引入了规范化和法制化的轨道，对云南民族教育起到了巨大的推动作用。

此外，云南省制定了《云南省国民经济和社会发展第十三个五年规划纲要》，并对振兴民族教育提出了新的要求。该纲要指出，在“十三五”期间，民族教育工作要想得到进一步深化，必须做好下述工作：一是在民族地区加快普及学前教育的进程；二是加大对民族贫困地区中小学的扶持力度；三是提高民族生生均公用经费；四是支持迪庆州、怒江州率先实施 14 年免费教育；五是完善少数民族和民族地区高考加分录取政策，建立健全省内高校对口帮扶民族地区的长效机制；六是加强民族特色重点学科和专业建设；等等。③ 这些工作涉及国家政策扶持、幼儿教育、免费教育、学科建设等各个方面，将对云南民族地区的教育，尤其是边境少数民族地区的教育有极大的推动作用。

二、劳动就业方面

（一）劳动就业研究

关于云南边境少数民族劳动就业方面的研究主要包括了就业情况及就业

① 《云南省中长期教育改革和发展规划纲要（2010—2020 年）》,《中国教育报》，2011 年 5 月 31 日，第 9 版。
② 《云南省少数民族教育促进条例》，《云南日报》，2013 年 7 月 29 日，第 5 版。
③ 《云南省国民经济和社会发展第十三个五年规划纲要》，《云南日报》，2016 年 5 月 18 日，第 8 版。

结构、就业能力与指导、就业歧视与就业心理以及就业中存在的问题与对策等方面。

1. 就业情况及就业结构

在《傣族社会历史调查（西双版纳之十）》一书中，陈云中、包勇在“景洪曼卖竜货币情况调查报告”中通过对西双版纳的景洪曼卖竜货币情况的调查和分析指出，傣族人的职业不再以生产稻谷为主，而是主要从事手工业，因为手工业解决了很大一部分人的就业问题。[①] 钱振伟的《市场化和投资对就业增长影响比较分析——以边疆少数民族地区与东部发达地区的比较为例》一文认为，边疆少数民族地区的投资就业弹性比东部地区大，通过投资促进就业增长有两种方法：一是加大投资促进就业增长；二是应用银行信贷和产业政策等宏观政策引导投资方向、改善投资结构。[②] 杨林、利经纬的《现代人力资本理论视野：边疆少数民族地区人力资源开发途径》一文从人力资源的角度对少数民族地区人力资源现状进行了分析，并提出了边疆少数民族地区人力资源开发的有效途径。在该文中，作者还指出边疆少数民族地区的人力资源配置表现为就业结构单一，分工程度低。[③]

钱振伟、陈镘亲的《产业结构对就业增长影响比较分析——边疆少数民族地区与东部发达地区的比较》一文从产业结构对就业影响的角度出发，提出边疆少数民族地区在注重发展以文化产业为主的第三产业，以更快增加就业量解决就业问题的同时，也更应该根据各自的资源优势和区位优势发展第二产业，把资源优势和区位优势转化为经济优势，走具有边疆少数民族地区特色的工业化之路。[④] 邹杰的硕士学位论文《云南少数民族地区劳动力就业结构问题研究——以红河哈尼族彝族自治州为例》着重分析了云南少数民族地区劳动力就业结构矛盾的特殊性及其对社会发展的影响，并分析了存在特殊性的原因，提出了对解决云南少数民族地区劳动力就业结构矛盾的思考。[⑤]

---

① 云南省编辑组：《傣族社会历史调查（西双版纳之十）》，北京：民族出版社，2009 年。

② 钱振伟：《市场化和投资对就业增长影响比较分析——以边疆少数民族地区与东部发达地区的比较为例》，《经济问题探索》2004 年第 12 期，第 84-87 页。

③ 杨林，利经纬：《现代人力资本理论视野：边疆少数民族地区人力资源开发途径》，《云南师范大学学报（哲学社会科学版）》2007 第 1 期，第 34-39 页。

④ 钱振伟，陈镘亲：《产业结构对就业增长影响比较分析——边疆少数民族地区与东部发达地区的比较》，《云南民族大学学报（哲学社会科学版）》2005 年第 1 期，第 84-88 页。

⑤ 邹杰：《云南少数民族地区劳动力就业结构问题研究——以红河哈尼族彝族自治州为例》，昆明理工大学硕士学位论文，2010 年。

2. 就业能力与指导

刘海君的《云南边疆少数民族地区职业教育现状分析与发展对策》一文对云南边疆少数民族地区的职业教育基本情况进行了分析，并指出了其中所存在的问题，提出了加强对农村职业教育的有效宣传，以使地方政府和社会更加理解和支持职业教育的发展；通过转移支付的措施，保证政府对边疆地区职业教育的投入等对策建议。[①] 刘安波、李杰和席林的《新农村建设视野下边疆少数民族职业技能培训模式探讨——以云南省腾冲县明光乡自治村傈僳族村民乌龙茶技能培训为例》一文从受教育程度、技能水平和思想水平等方面分析了傈僳族与当地汉族的差距，并引出该村特色产业——乌龙茶的栽培技术培训模式与启示。在腾冲县政府的大力支持下，乌龙茶产业发展被纳入腾冲兴边富民工程实施范畴。[②] 翟玉龙的博士学位论文《人力资本与少数民族就业能力关系研究》论述了少数民族的人力资本与就业能力之间的关系，指明了提高人的劳动能力和素质是提高生产力及提升人的就业能力的最为有效的手段，并从人力资源的角度论述了少数民族地区的发展与教育的发展，少数民族文化多样性与就业多元性，提出了提升少数民族就业能力的制度结构与路径安排。[③]

3. 就业歧视与就业心理

杨国才的《边疆少数民族妇女流动的特征及变化》一文对边疆少数民族妇女流动的现状进行了分析，他指出，大部分少数民族女性，因受个体条件的限制以及社会性别规范的约束，自身素质没有得到发展，在流动中处于弱势地位。[④] 植凤英的《西南少数民族心理压力与应对：结构、特征及形成研究》一文以西南少数民族群众的实际生活为出发点，多角度、多层面、多学科地对西南少数民族的心理进行了系统的研究，主要包括四个部分：其一，探讨了农民外出务工对少数民族心理压力结构的影响；其二，对少数民族应对压力的方式进行了探讨；其三，社会比较方式对少数民族心理压力的影响机制；其四，实地考察，深入分析原因。这些分析对研究少数民族地区的就业问题提供了心理

---

① 刘海君：《云南边疆少数民族地区职业教育现状分析与发展对策》，《中国职业技术教育》2006 年第 23 期，第 12-14 页。

② 刘安波，李杰，席林：《新农村建设视野下边疆少数民族职业技能培训模式探讨——以云南省腾冲县明光乡自治村傈僳族村民乌龙茶技能培训为例》，《经济师》2010 年第 9 期，第 54，56 页。

③ 翟玉龙：《人力资本与少数民族就业能力关系研究》，云南大学博士学位论文，2011 年。

④ 杨国才：《边疆少数民族妇女流动的特征及变化》，《云南民族大学学报（哲学社会科学版）》2008 年第 6 期，第 46-52 页。

层面的参考。[①]

4. 就业中存在的问题与对策

杨雪梅、张宗敏的《少数民族地区农村剩余劳动力就业的现状、问题与对策》一文指出，云南少数民族地区缺乏高素质、高层次的人力资源。就业观念落后，竞争意识薄弱，素质和技能水平与省外差距较大，就业空间狭小等是解决云南民族地区农村剩余劳动力的难题。可以通过调整农村产业结构，鼓励第三产业发展，增加对外劳务输出等措施来缓解云南民族地区农村剩余劳动力的压力。[②] 廖元昌的《边疆少数民族人力资本存量短缺问题研究——以云南省德宏傣族景颇族自治州为例》一文阐述了边疆少数民族人力资本存量短缺的表现，分析了其原因，并提出了相应的解决措施，认为解决问题的关键还是要提高少数民族地区的教育水平。[③] 王洪、周峰的《云南边疆特有少数民族人力资源开发的措施及意义》一文分析了云南边疆特有少数民族人力资源开发现状，并就此提出了人力资源开发的措施：发展经济，提高城市化水平，支持特有少数民族整体脱贫；优先发展教育，实施“送出去”“引进来”战略；鼓励适龄青年参加职业教育与培训，落实大学生村官政策。[④]《少数民族地区农村劳动力转移培训现状及对策——以云南大理白族自治州为例》一文以云南大理白族自治州农村劳动力转移培训为例，分析了培训过程中出现的资源分散、劳务输出多头管理、劳动力素质普遍偏低等问题，并根据出现的问题逐条给出了对策，以促进农村劳动力培训工作的新发展。[⑤]《少数民族地区农村剩余劳动力转移对策》一文指出，随着少数民族地区县域城镇化的推进和少数民族地区劳动者文化素质和技能水平的提高，农村出现了大量的剩余劳动力，大批的农村剩余劳动力开始不断向城市和经济发达地区转移。该文分析了少数民族地区县域农村剩余劳动力的转移现状，并提出了改革少数民族地区户籍制度，大力发展少数民族地区第三产业等促进少数民族地区县域农村剩余劳动力转移的对

① 植凤英：《西南少数民族心理压力与应对：结构、特征及形成研究》，西南大学博士学位论文，2009 年。

② 杨雪梅，张宗敏：《少数民族地区农村剩余劳动力就业的现状、问题与对策》，《云南财贸学院学报（社会科学版）》2005 年第 2 期，第 104-105 页。

③ 廖元昌：《边疆少数民族人力资本存量短缺问题研究——以云南省德宏傣族景颇族自治州为例》，《思想战线》2007 年第 5 期，第 96-101 页。

④ 王洪，周峰：《云南边疆特有少数民族人力资源开发的措施及意义》，《法制与经济（中旬刊）》2012 年第 1 期，第 98-99，101 页。

⑤ 王燕华，罗建华，彭永华等：《少数民族地区农村劳动力转移培训现状及对策——以云南大理白族自治州为例》，《北方经贸》2012 年第 12 期，第 57-59 页。

策，从而解决少数民族地区的就业压力。[①]《边境少数民族地区农村劳动力转移就业的现状与对策研究——以云南省文山壮族苗族自治州麻栗坡天保镇为例》一文以中越边境云南省文山壮族苗族自治州麻栗坡县天保镇为例，对该镇劳动力转移就业中存在的基本问题进行了探讨，发现在该镇劳动力转移就业中存在劳动力转移就业组织化程度低，以“松散型”劳务输出为主，难以发挥劳务输出的规模效应等问题；提出了加大劳动力就业转移的调控力度，提高劳动力转移的组织化程度；规范劳务市场秩序，为输出务工人员提供综合性信息服务；强化技能培训，创新培训方式；转变贫困劳动力思想观念，激发农民脱贫的内生动力的对策。[②]

（二）劳动就业举措

2012 年 11 月，十八大报告把就业提升至“民生之本”的地位，并指出，要“实施就业优先战略和更加积极的就业政策。引导劳动者转变就业观念，鼓励多渠道多形式就业”，要“加强职业技能培训，提升劳动者就业创业能力，增强就业稳定性”，要“加强劳动保障监察和争议调解仲裁，构建和谐劳动关系”[③]。这些规定是我国为提升就业质量和保持就业稳定做出的新的顶层设计，对保障民众的基本生存权做出了实际承诺。2017 年，十九大报告指出，“就业是最大的民生。要坚持就业优先战略和积极就业政策，实现更高质量和更充分就业。大规模开展职业技能培训，注重解决结构性就业矛盾，鼓励创业带动就业。提供全方位公共就业服务，促进高校毕业生等青年群体、农民工多渠道就业创业。破除妨碍劳动力、人才社会性流动的体制机制弊端，使人人都有通过辛勤劳动实现自身发展的机会”[④]。这些规定进一步为劳动就业保障指明了前景。

在贯彻落实国家关于劳动就业建设目标的基础上，云南省根据实际情况，制定了《云南省加快少数民族和民族地区经济社会发展“十二五”规划》，该规划指出，按照“立足当前改变一代人，着眼长远培养一代人”的思路，实施

① 穆艳，穆智：《少数民族地区农村剩余劳动力转移对策》，《财经界（学术版）》2015 年第 2 期，第 276-278 页。

② 刘芳，徐兴文：《边境少数民族地区农村劳动力转移就业的现状与对策研究——以云南省文山壮族苗族自治州麻栗坡天保镇为例》，《现代营销（下旬刊）》2019 年第 4 期，第 210-211 页。

③ 胡锦涛：《坚定不移沿着中国特色社会主义道路前进 为全面建成小康社会而奋斗——在中国共产党第十八次全国代表大会上的报告》，《党建》2012 年第 12 期，第 13-30 页。

④ 习近平：《决胜全面建成小康社会　夺取新时代中国特色社会主义伟大胜利——在中国共产党第十九次全国代表大会上的报告（2017 年 10 月 18 日）》，《人民日报》，2017 年 10 月 28 日，第 1 版。

少数民族劳动者素质提高工程；重点开展农村实用技术、农村劳动力转移、新型农民、致富带头、经营管理、当家理财、妇幼保健、健康生活习惯等方面的培训；增加就业机会，大力开展职业技能培训和引导性培训，积极引导农村劳动力向城镇转移就业。①

《云南省国民经济和社会发展第十三个五年规划纲要》指出，要坚持就业优先战略，建立健全公共就业服务平台，统筹人力资源市场，打破城乡、地区、行业分割和消除身份、性别歧视，维护劳动者平等就业权利，构建统一规范、灵活的城乡一体化人力资源市场体系。坚持居民收入增幅高于经济增长速度；劳动报酬增长和劳动生产率提高同步；规范初次分配，加大再分配调节力度，持续增加城乡居民收入等。② 这些政策举措为云南边境少数民族地区劳动就业发展提供了重要保障。

三、医疗卫生方面

（一）医疗卫生研究

1. 传统医疗方式

云南边境的一些少数民族在生孩子、生病的时候仍会采取传统医疗方式来救治，已有研究成果印证了这方面的真实状况。例如，生活在红河州金平县的布朗族的莽人③，“生孩子不去医院，民间也没有专门的接生婆，妻子生育，由丈夫担任接生任务。莽人妇女初孕者不知道自己什么时候分娩，有的孕妇在半路上分娩，有的孕妇在家里无人时分娩。胎儿出生后，用没有消毒的铁刀和竹片来断脐，并用冷水为婴儿洗浴，所以莽人的婴儿死亡率较高，莽人的人口增长速度非常缓慢”④。

《中国哈尼族》一书指出，“哈尼族又有传统的民间医药，其具有以地域医药、神医合一、经验医药、药材植物为主，动物为辅，矿石次之的特点”⑤。

---

① 《云南省加快少数民族和民族地区经济社会发展“十二五”规划》，《今日民族》2011 年第 9 期，第 9-28 页。

② 《云南省国民经济和社会发展第十三个五年规划纲要》，《云南日报》，2016 年 5 月 18 日，第 8 版。

③ 2009 年，经国家民委和云南省人民政府批复同意，将莽人归属为布朗族。本书中提到的莽人均特指为布朗族的莽人。

④ 杨六金：《一个鲜为人知的族群——莽人的过去和现在——十六年跟踪实察研究》，昆明：云南教育出版社，2004 年，第 25 页。

⑤ 李泽然，朱志民，刘镜净：《中国哈尼族》，银川：宁夏人民出版社，2012 年，第 92 页。

杨久云与诸锡斌的《哈尼族传统医疗技术考述》一书指出，哈尼族传统医疗技术是哈尼族依据其民族习俗和生产生活特征，利用生存环境的资源探索出来的防病、治病的独特方法。该书的第四章阐述了哈尼族民间医生现状，第五章阐述了哈尼族医事传统和医疗技术传承。该书作者通过实地调查的方法，从历史与现状、自然环境、医疗技术特点等方面对哈尼族医药进行了综合性梳理。

张劲夫的硕士学位论文《从“页尼登”到“哈空”——拉祜族一种医疗的文化表达》认为，治疗仪式是拉祜族地区普遍存在的一种社会文化现象，蕴含着具有民族特性的宗教文化逻辑和治病原则等，并指出拉祜族村落中的信仰和实践，与拉祜族村落中关于自然、社会、道德的秩序思想相关。①

郭少妮在其硕士学位论文《西双版纳基诺社会的疾病分类体系与“梦医生”神谕治疗》中指出，在基诺族人看来，个体可能会因为外部的突发事件而患病。虽然现代医疗在少数民族地区占主导地位，但西双版纳基诺山乡扎吕村迄今还大范围存在传统医疗技术等。②

2. 民族民间医药

云南少数民族在长期的历史发展进程中，总结出了许多行之有效的民族民间医药及治疗经验，学界关于这方面的研究成果很丰富，如蔡屏江在《重视傣医临床工作加快西双版纳傣医药发展》一文中指出，傣医，既有较完善的傣医理论——“四塔、五蕴”，又有较丰富的临床经验实录总结——《档哈雅》。据贝叶经记载，傣医至今已有2500多年历史。半农半医为傣医传统行医和传承方式，重视临床工作是发展傣医药的关键。③刘远、赵斌的《傣族民间验方介绍》一文详细介绍了傣族民间各种验方，如治疗胆囊炎、胆石症的验方，其中，治疗胆石症的验方全方由8味药组成。④

莽人知道许多可以治病的药草，《探访“莽人”部落的神秘生活》一文中说：“莽人熟知山中各种草木的性能和功效，哪些有毒，哪些能治病。若是寨子里有人病了，他们自己就会到茫茫林海之中采集对症的草药回来，捣碎了内服和外用，疾病很快就好了。这里的人个个都是会治病的高明医生。”⑤

张绍云、付开聪和倪亚等的《拉祜族民间医治疗外伤药用植物的调查》

---

① 张劲夫：《从“页尼登”到“哈空”——拉祜族一种医疗的文化表达》，广西民族大学硕士学位论文，2008年。

② 郭少妮：《西双版纳基诺社会的疾病分类体系与“梦医生”神谕治疗》，云南大学硕士学位论文，2012年。

③ 蔡屏江：《重视傣医临床工作加快西双版纳傣医药发展》，《中国民族医药杂志》2007年第6期，第72-73页。

④ 刘远，赵斌：《傣族民间验方介绍》，《中国民族民间医药杂志》2004年第2期，第121页。

⑤ 张德强：《探访“莽人”部落的神秘生活》，《民族论坛》2011年第5期，第30-33页。

一文收集和整理了民间草医治疗外伤的药用植物，并对其生长习性、药用部位、功效及使用方法进行了概述。[①]彭朝忠、祁建军和李先恩的《沧源县佤族医治骨折验方录》一文指出，骨折在沧源县是常见症，用当地西医方法很难治，当地佤族草医就用当地药用植物来治，有些药方从古传到今，药效好，有特色。[②]郭绍荣、段华和里二等在《基诺族民间医药调查研究》一文中详细介绍了基诺族医药的历史及其丰富的民间医学知识。[③]

龚济达的《云南省德宏州景颇族医药传统知识传承与发展现状研究》一文着重从景颇族传统医生的传承与发展现状，传统医生利用动植物的医药传统知识，以及景颇族传统医药惠益分享中可行性案例的三个方面入手，整体和系统地对景颇族医药传统知识的传承和发展现状进行了分析和研究。[④]

杨玉琪、贺铮铮和方路等的《云南跨境民族傈僳族医药现状调查》一文显示，随着经济社会的发展，我国的医疗事业也得到了发展，许多地方的傈僳族民间医药已差不多不存在了。目前，腾冲市中和乡傈僳族民间医疗还尚存一些，但龙陵县木城彝族傈僳族乡的傈僳族医疗已渐渐流失，当地已无有名气的傈僳族民间医学家。[⑤]

通过文献分析，我们可以发现，前人对各个少数民族地区民间草药学及其影响进行了深入研究，让我们了解到了云南边境少数民族草药学的发展概况，了解到其民间医学传统，但是，关于现代医疗技术是如何被介绍到少数民族地区的，这些少数民族又是如何看待现代医疗技术的，现代医疗技术对于这些地区的医疗发展产生了怎样的影响以及以何种方式发挥其功能的等问题却几乎没有人或者说很少有人进行研究。

3. 流行病及医疗改革

有学者对云南边境少数民族地区的流行病进行了深入研究，这一点在德

---

① 张绍云，付开聪，倪亚等：《拉祜族民间医治疗外伤药用植物的调查》，《云南中医学院学报》2007 年第 6 期，第 18-20 页。

② 彭朝忠，祁建军，李先恩：《沧源县佤族医治骨折验方录》，《中国民族民间医药杂志》2011 年第 4 期，第 3 页。

③ 郭绍荣，段华，里二等：《基诺族民间医药调查研究》，《中国民族民间医药杂志》1995 年第 6 期，第 28-33 页。

④ 龚济达：《云南省德宏州景颇族医药传统知识传承与发展现状研究》，中央民族大学硕士学位论文，2012 年。

⑤ 杨玉琪，贺铮铮，方路等：《云南跨境民族傈僳族医药现状调查》，《云南中医中药杂志》2010 年第 12 期，第 34-36 页。

宏州表现得最为明显，如白双勇的硕士学位论文《潞西市、陇川县两地 RTI、STD、HIV/AIDS 流行情况及快速评估报告》探讨了将生殖道感染、性传播疾病、艾滋病控制工作与生殖道健康日常服务相结合的途径与方法，制定适宜的生殖道感染干预方案。[①] 姚莉琴、邹团标和范丽梅等的《德宏州傣、景颇、德昂、阿昌族 0—7 岁儿童地中海贫血调查》一文发现，0 ～ 7 岁儿童地中海贫血在云南德宏州少数民族中属高发病，其发生率在所调查的不同民族及地区有差异。[②]

已有研究中关于医疗改革的研究相对来说比较少，主要集中在医院护理人力资源状况、医院消毒灭菌效果监测和医院卫生事业改革等方面，如韩跃红的《对德宏州医疗卫生事业发展及改革情况的调查报告》一文论述了德宏州的卫生机构网络情况，发现其存在卫生技术队伍数量不多、质量不高等问题。针对这些问题，德宏州进行了一系列改革。[③] 谷云芬、钏艳萍和周蕊的《德宏州医院护理人力资源现状调查及分析》一文对德宏州人民医院护理人力资源现状，合理配置护理人力资源的措施等进行了深入研究，结果发现，当地护士配置标准、职称结构不合理，后勤保障系统不完善等问题，导致了护理人员流失，临床护士数量不足的后果，影响了护理工作质量。[④]《云南少数民族地区州级医院继续医学教育现状调查及对策思考》一文对某少数民族地区州级医院在职医务人员继续医学教育情况进行了调查和分析，结果发现，被调查者表现为女性居多、学历偏低的特点；少数民族地区州级医院的继续医学教育水平还有待进一步提高；在帮扶援建医疗卫生工作的内容中，除了给予专业临床技能的帮扶外，也应在继续医学教育的建设和管理上有所帮扶。[⑤]《边疆少数民族地区基层中医药服务能力调研与对策分析》一文选取了云南省具有代表性的州（市）、县、乡镇、村卫生机构进行实地调研，总结了部分基层中医药服务现状及经验，发现了中医药服务专业人才匮乏，基层医疗机构、中医药服务发展不平

---

① 白双勇：《潞西市、陇川县两地 RTI、STD、HIV/AIDS 流行情况及快速评估报告》，昆明医学院硕士学位论文，2004 年。

② 姚莉琴，邹团标，范丽梅等：《德宏州傣、景颇、德昂、阿昌族 0—7 岁儿童地中海贫血调查》，《中国优生与遗传杂志》2011 年第 5 期，第 112，117-118 页。

③ 韩跃红：《对德宏州医疗卫生事业发展及改革情况的调查报告》，《昆明医学院学报》1988 年第 3 期，第 80-84 页。

④ 谷云芬，钏艳萍，周蕊：《德宏州医院护理人力资源现状调查及分析》，《大理学院学报》2007 年第 S1 期，第 143-144，146 页。

⑤ 王刚，和舒琼，陈玉文等：《云南少数民族地区州级医院继续医学教育现状调查及对策思考》，《中华医学教育探索杂志》2012 年第 4 期，第 437-440 页。

衡，宣传力度不够等问题，提出了中医药人才培养方式多元化、治未病理念与预防保健相结合、基层医疗机构的中医和西医融合发展等建议，以期为边疆少数民族地区基层中医药服务能力的提升提供决策参考。[①]《云南藏区基础医疗卫生服务非均等化调查研究》一文通过对云南藏区卫生部门及医疗机构的调查，在全面掌握卫生技术人才队伍发展现状的基础上，对存在的问题及需求情况进行了分析，并提出了相应的政策建议，以期能进一步提高迪庆州的基本医疗卫生服务的供给能力，推进实现云南藏区基本医疗卫生服务均等化的进程。[②]

我们发现，随着现代医学技术的不断进步，有少部分学者的研究从关注各个少数民族地区传统民间医药学的发展及影响转向了对现代医学在当地渗透的研究，但研究领域相对比较狭窄，对医疗设备的配置、医学教育的发展、人们参与医疗保险的情况很少涉及。

（二）医疗卫生举措

为建立中国特色医药卫生体制，提高全民健康水平，中共中央、国务院于 2009 年 4 月 6 日发布了《中共中央 国务院关于深化医药卫生体制改革的意见》。该意见提出了“有效减轻居民就医费用负担，切实缓解‘看病难、看病贵’问题”的近期目标，以及到 2020 年实现“建立健全覆盖城乡居民的基本医疗卫生制度，为群众提供安全、有效、方便、价廉的医疗卫生服务”的总体目标。[③]为扎实推进云南省医药卫生体制改革工作，2009 年 5 月，云南省结合本省实际通过了《云南省深化医药卫生体制改革的实施意见》。该意见提出，云南省医药卫生体制改革的总目标是：基本建立覆盖城乡居民的基本医疗卫生制度，人民健康水平持续提高。

2012 年 3 月 14 日，国务院印发《“十二五”期间深化医药卫生体制改革规划暨实施方案》。2012 年 6 月 20 日，云南省深化医药卫生体制改革电视电话会议在昆明举行，会议提出，“十二五”时期，深化医药卫生体制改革的总体要求是：一要进一步夯实“基层能力建设、基本公共服务、医药卫生管理”

---

① 耿慧，肖丽萍，王雪艳等：《边疆少数民族地区基层中医药服务能力调研与对策分析》，《中国医药导报》2017 年第 1 期，第 86-89 页。

② 李志农，蓝文思，刘虹海：《云南藏区基础医疗卫生服务非均等化调查研究》，《贵州民族研究》2018 年第 8 期，第 55-60 页。

③ 《中共中央 国务院关于深化医药卫生体制改革的意见》，2009-04-06，http://www.gov.cn/test/2009-04/08/content_1280069.htm[2014-09-17]。

三项工作，继续把财政支出的重点投向基层；二要切实突出“基本医保、基本药物、公立医院改革”三个重点，重点做好灵活就业人员、流动人员和困难群体的参保工作；三要努力实现“对外合作、民族医药、多元化办医”三个突破；四要继续完善“投入、人才、信息”三项保障机制。①

《云南省加快少数民族和民族地区经济社会发展“十二五”规划》特别指出，建立和完善边境地区县、乡、村卫生防疫体系。积极引导群众开展家庭疾病预防、健康保健工作，普及卫生健康知识，进一步增强群众健康意识。②

《云南省加快中医药发展行动计划（2014—2020年）》指出，要充分利用云南中医药资源优势，进一步加大对中医药的扶持力度，激发中医药发展活力和潜力，在深化医药卫生体制改革中推进中医药事业全面、持续、跨越发展。完善中医药管理体系，进一步加强中医药管理机构建设，配备与中医药管理工作实际相适应的工作人员，为中医药事业发展提供组织保障；加强中医医疗服务体系建设、创新、发展模式，整合现有资源，采取多种投入方式，加快推进以省中医医院为重点的省级中医医疗机构建设；支持社会资本建立中医医疗机构，社会资本建立的中医医疗机构，在土地使用、税收以及市场准入等方面享受云南省加快民营医院发展的优惠政策；加强和改进中医药院校教育，发挥中医药高等院校培养中医药人才的主渠道作用，强化中医药基础理论教学和临床实践能力培养，促进院校教育与师承教育有机结合；加强中医药文化宣传基地建设；整合云南中医药文化宣传资源，依托云南中医药大学成立云南省中医药宣传教育中心，发挥各类中医药学会在中医药文化宣传中的作用。③

《云南省巩固完善基本药物制度和基层运行新机制实施方案》指出，要巩固完善基本药物制度，规范完善基本药物集中采购机制，促进基本药物合理使用；以基本药物处方集、临床运用指南和有关政策为主要内容，加强对基层医务人员基本药物知识培训；加强药品质量安全监管，深化基层医疗卫生机构综合改革，明确基层医疗卫生机构基本功能；进一步提高基层医疗卫生机构人员待遇，推进基层医疗卫生机构标准化建设；在充分利用现有资源的基础上，做好在城镇化和行政区划调整过程中基层医疗卫生机构的规划布局和建设

① 《云南省深化医药体制改革 让群众享受医改实惠》，2012-06-21，http://news.ifeng.com/gundong/detail_2012_06/21/15461152_0.shtml[2015-08-11]。

② 《云南省加快少数民族和民族地区经济社会发展“十二五”规划》，《今日民族》2011年第9期，第19页。

③ 《云南省加快中医药发展行动计划（2014—2020年）》，云南省政府，2014-09-30，http://www.yn.gov.cn/yn_zwlanmu/qy/wj/yzbf/201409/t20140915_18874.html [2015-10-11]。

工作。①

《云南省人民政府关于加快中药（民族药）产业发展的指导意见》指出，以科学发展为主题，围绕“努力成为我国民族团结进步示范区、生态文明建设排头兵、面向南亚东南亚辐射中心”的发展目标，抓住国家实施“一带一路”、建设长江经济带和孟中印缅经济走廊等重大战略机遇，以改革开放为动力，以市场需求为导向，以科技创新为支撑，以政策措施为保障，以健全标准、做大品种、做强企业、培育品牌为抓手，规范中药材种植，延伸产业链，完善市场流通体系，深度挖掘发展潜力，推进“云药之乡”建设，将中药（民族药）产业培育成为富民兴滇的新兴产业。②

《云南省国民经济和社会发展第十三个五年规划纲要》指出，要完善公共卫生服务体系，加强公共卫生机构建设，稳步扩展和优化基本公共卫生服务内容，提高服务能力，注重服务效果，缩小城乡居民基本公共卫生服务差距；要健全医疗卫生服务体系，加大医疗卫生基础设施投入，优化卫生资源配置，大力改善基层医疗条件，全面提升基层医疗卫生服务能力，优先支持连片特困地区、人口大县和医疗资源缺乏地区发展，引导城市优质医疗卫生资源向基层、农村流动；要繁荣中医文化，加强资源保护、研究开发和合理利用。提升傣、藏、彝等民族医精髓的临床服务能力。③

上述政策和规划为云南边境少数民族地区医疗卫生的发展创造了条件，对其不折不扣的贯彻执行和综合创新，将使云南边境少数民族的健康水平产生质的飞跃。

四、养老保障方面

（一）养老保障研究

关于云南少数民族养老研究的成果屈指可数，仅有的成果主要集中于对云南少数民族养老模式的创新探讨、对完善农村养老保险制度的呼吁以及家庭养老在少数民族地区的重要性等方面。这些研究为云南少数民族的养老研究积

① 《云南省人民政府办公厅关于印发云南省巩固完善基本药物制度和基层运行新机制实施方案的通知》，2014-01-14，http://www.yn.gov.cn/yn_zwlanmu/qy/wj/yzbf/201401/t20140127_20625.html [2015-08-17]。

② 《云南省人民政府关于加快中药（民族药）产业发展的指导意见》，2015-05-14，http://www.yn.gov.cn/yn_zwlanmu/qy/wj/yzf/201505/t20150525_20525.html[2015-08-17]。

③ 《云南省国民经济和社会发展第十三个五年规划纲要》，《云南日报》，2016 年 5 月 18 日，第 8 版。

累了一定的基础。

朱弘、李硕和崔瑛等的《云南少数民族地区农村养老保险现状与对策探析——基于对普洱市农村养老保险调查》一文认为，选择走社会化与家庭化并存的养老模式，加大农保管理宣传力度及财政投入，能够有效解决当前云南省少数民族地区农村养老问题。① 谢和均、王定俭的《少数民族地区新型农村养老保险模式选择——来自云南省的实证研究》一文指出，要重视新型农村社会养老保险（以下简称“新农保”）制度建立初期的组织动员与舆论宣传，同时又须高度重视“新农保”制度的长期可持续发展，创新少数民族地区“新农保”制度模式。②《西部少数民族地区农民养老保障机制改革研究——基于普洱市的调研》一文通过对普洱市的家庭养老、土地养老、农村社会养老保险（以下简称“老农保”）、“新农保”、政府救助等几种养老方式进行调查，认为传统的家庭养老、土地养老正面临着严重挑战。针对“新农保”实施过程中出现的缴费档次过低、土地补偿金没有转化为养老保障金、社会养老保险信息系统不完善等问题，该文提出应制定向西部地区倾斜的养老保障政策、实行弹性缴费、用土地或自然资源换取养老保险金、确保养老金保值增值、积极发展县域经济等建议来改善少数民族地区养老保障机制。③《浅析云南省农村养老保障方式》一文对云南省的养老方式进行了分类和比较，深入研究了养老方式存在的问题及原因，并提出了建构多元化养老、完善养老相关配套设施等一些对策来解决云南省农村的养老保障问题。④

李韧的《边疆少数民族社区包容性养老研究——以云南省凤庆县雪山镇彝族社区为例》一文认为，边疆少数民族社区的包容性养老服务，可以使老年人享受经济社会发展的现代成就。⑤ 杨志玲的《农村少数民族老年人的生活及养老——以云南丽江玉龙纳西族自治县拉市乡为例》一文指出，少数民族地区的家庭养老模式表现出与城镇、汉族家庭养老模式不同的特点，需要建立农村

① 朱弘，李硕，崔瑛等：《云南少数民族地区农村养老保险现状与对策探析——基于对普洱市农村养老保险调查》，《中国市场》2012 年第 22 期，第 54-55，61 页。

② 谢和均，王定俭：《少数民族地区新型农村养老保险模式选择——来自云南省的实证研究》，《云南行政学院学报》2011 年第 5 期，第 136-139 页。

③ 崔瑛，李慧芳：《西部少数民族地区农民养老保障机制改革研究——基于普洱市的调研》，《云南农业大学学报（社会科学版）》2012 年第 4 期，第 5-9 页。

④ 代贞贞，崔瑛：《浅析云南省农村养老保障方式》，《中国集体经济》2014 年第 24 期，第 17-18 页。

⑤ 李韧：《边疆少数民族社区包容性养老研究——以云南省凤庆县雪山镇彝族社区为例》，《学术探索》2015 年第 7 期，第 82-88 页。

生活养老保险制度。[①]

马从明的《少数民族地区农村老年人养老问题探讨——来自云南省宁蒗彝族自治县的实证研究》一文论述了少数民族地区农村老年人养老面临的挑战，指出要继续发挥家庭养老的作用，实现多元化的养老方式。[②]《云南德钦藏族农村人口老龄化与养老保障研究》一文以德钦县云岭乡和奔子栏镇为田野调研点，对藏族人口老龄化现状、养老现状、养老保障现状进行了调查。采用整群抽样方法，对云南省迪庆州德钦县的奔子栏镇和云岭乡两地藏族60周岁及以上老年人开展了研究，该文的第四部分对调查地区德钦藏族养老保障现状及存在的问题进行了分析。[③]

（二）养老保障举措

2013年，《国务院关于加快发展养老服务业的若干意见》指出，“我国已经进入人口老龄化快速发展阶段，2012年底我国60周岁以上老年人口已达1.94亿，2020年将达到2.43亿，2025年将突破3亿。积极应对人口老龄化，加快发展养老服务业，不断满足老年人持续增长的养老服务需求，是全面建成小康社会的一项紧迫任务，有利于保障老年人权益，共享改革发展成果，有利于拉动消费、扩大就业，有利于保障和改善民生，促进社会和谐，推进经济社会持续健康发展”[④]。根据《第三次全国农业普查主要数据公报（第五号）》，2016年，在全国农业生产经营人员中，年龄55岁及以上的有1.0551亿人，占全国农业生产经营人员总数的33.6%。[⑤]

为了做好“老有所养”工作，进一步保障老年人的权益，2012年，我国制定了《社会保障“十二五”规划纲要》，其中关于养老保障的目标是：机关事业单位养老保险制度改革稳步推进，已有各项保障制度不断完善；基本养老保险、基本医疗保险保障人群实现基本覆盖；“十二五”期末，城镇基本养老保险参保人数达到3.57亿人，其中，企业职工基本养老保险达到3.07亿人；

① 杨志玲：《农村少数民族老年人的生活及养老——以云南丽江玉龙纳西族自治县拉市乡为例》，《云南民族大学学报（哲学社会科学版）》2006年第6期，第42-45页。

② 马从明：《少数民族地区农村老年人养老问题探讨——来自云南省宁蒗彝族自治县的实证研究》，《老龄科学研究》2016年第10期，第38-44页。

③ 郑瑾：《云南德钦藏族农村人口老龄化与养老保障研究》，云南师范大学硕士学位论文，2018年。

④ 《国务院关于加快发展养老服务业的若干意见》，2013-09-13，http://www.gov.cn/zwgk/2013-09/13/content_2487704.htm [2015-06-11]。

⑤ 《第三次全国农业普查主要数据公报（第五号）》，2017-12-19，http://finance.jrj.com.cn/2017/12/19110023815673.shtml [2018-10-20]。

企业职工基本养老金、城镇居民社会养老保险和“新农保”基础养老金稳步增长；社会养老服务体系和儿童福利服务体系更加完善。[①] 同年，十八大报告的第七部分“在改善民生和创新社会管理中加强社会建设”明确提出，要“整合城乡居民基本养老保险和基本医疗保险制度”[②]。在《国务院关于加快发展养老服务业的若干意见》中，我国养老保障的目标更加具体化：①每千名老人达到35～40张社会养老床位，到2020年，符合标准的日间照料中心、老年人活动中心等服务设施覆盖所有城市社区；90%以上的乡镇和60%以上的农村社区建立包括养老服务在内的社区综合服务设施和站点。②支持有条件的二级以上综合医院设老年病科。③政府投资兴办的养老床位逐步实现公建民营的管理方式。④社区养老服务设施用地不得少于人均0.1平方米。[③]

就云南省的养老保障进程来看，1997年，云南省政府颁布了《云南省农村社会养老保险暂行办法》，自1998年1月1日起施行。该办法规定了养老保险费的筹集、养老保险金的计发、养老保险基金的管理和监督等内容。2009年12月1日，云南省开始实施《云南省新型农村社会养老保险试点实施办法（试行）》，该办法规定了“新农保”参加对象、“新农保”试点的基本原则、个人缴费标准、领取养老金的标准、财政缴费补贴、领取养老金的时间等内容。[④]2014年，云南省开始实施《云南省城乡居民基本养老保险实施办法》，该办法以“全覆盖、保基本、有弹性、可持续”为基本方针，实行社会统筹与个人账户相结合的制度模式，个人缴费、集体补助、政府补贴相结合的筹资方式，基础养老金与个人账户养老金相结合的待遇形式；年满16周岁（不含在校学生）、非国家机关和事业单位工作人员及不属于职工基本养老保险制度覆盖范围的、具有云南省户籍的城乡居民，可以在户籍地县（市、区）参加城乡居民养老保险；未年满60周岁的云南省户籍的城乡居民应按照规定缴纳养老保险费；缴费标准设为每年100元、200元、300元、400元、500元、600元、700元、800元、900元、1000元、1500元、2000元12个档次。云南省户籍

① 《国务院关于批转社会保障“十二五”规划纲要的通知》，2012-06-27，http://www.gov.cn/zwgk/2012-06/27/content_2171218.htm [2015-08-11]。

② 《党的十八大报告全文》，2012-11-08，http://news.china.com.cn/politics/2012-11/20/content_27165856.htm [2019-10-10]。

③ 《国务院关于加快发展养老服务业的若干意见》，2013-09-13，http://www.gov.cn/zwgk/2013-09/13/content_2487704.htm [2014-11-17]。

④ 《云南省人民政府关于印发云南省新型农村社会养老保险试点实施办法（试行）的通知》，2009-11-20，http://www.mof.gov.cn/mofhome/yunnan/lanmudaohang/zhengcefagui/201206/t20120627_662384.html[2015-08-17]。

的城乡居民自主选择缴费档次，按年缴纳，多缴多得，并将需要缴纳的养老保险费存入个人养老保险存折（卡）或社会保障卡。①

《云南省人力资源和社会保障厅关于印发云南省人力资源和社会保障事业发展“十二五”规划的通知》提出：在“十二五”期间基本实现人人享有社会保障，“老农保”参保人数达到2500万人，实现“新农保”和城镇居民社会养老保险制度全覆盖。②

《云南省养老服务体系建设“十三五”规划》指出，为积极应对人口老龄化挑战，云南省要大力推进养老服务供给侧结构性改革，全面放开养老服务市场，充分发挥云南特色优势，加快建成与省情相适应的养老服务体系，加快推进城市机构养老体系的建设与改革，切实提升农村养老服务水平，加快医养结合型养老护理体系建设，引导社会力量成为供给主体，发展养老服务产业，加快养老服务信息化建设，加快推进人才队伍建设。③

五、住房保障方面

（一）住房保障研究

1. 少数民族传统建筑及居住格局

高文月通过对彝族传统民居生成系统的输入与输出的比较分析，力图还原彝族传统民居的生成机制，以探索和总结出彝族民居设计的理论基础和设计依据，最终总结出了影响彝族民居的因素，其影响程度从高到低依次是文化因素、气候因素、经济因素、自然材料、技术因素和地形因素，同时，提出了“宅形”与“宅型”的辩题。④杨甫旺在《云南彝族民居文化简论》一文中从历史因素和社会因素两方面探究了彝族民居的历史源流，介绍了六种彝族民居结构形式类型，探讨和分析了彝族民居与自然环境、社会经济、价值取向、宗教信仰、风俗习惯和民族文化交流的相互关系，较系统地分析了彝族民居的文

① 《云南省城乡居民基本养老保险实施办法》，云南省人民政府，2014-04-24，http://www.yn.gov.cn/yn_zwlanmu/qy/wj/yzf/201606/W020160620393679534946.pdf[2015-04-07]。

② 《云南省人力资源和社会保障厅关于印发云南省人力资源和社会保障事业发展“十二五”规划的通知》，2012-06-27，http://wenku.baidu.com/view/0b7ce8d4a9956bec0975f46527d3240c8547a14d.html [2013-09-21]。

③ 《云南省养老服务体系建设“十三五”规划》，云南省人民政府办公厅，2016-09-12，http://www.yn.gov.cn/yn_zwlanmu/qy/wj/yzbf/201609/t20160912_26883.html[2017-08-11]。

④ 高文月：《云南彝族传统民居生成系统研究》，昆明理工大学硕士学位论文，2012 年。

化内容。[①]

街顺宝的《章朗布朗族建筑礼仪》一书全景式地介绍了章朗布朗族建筑的历史、主要建筑构成、建寨程序与礼仪、宗教建筑程序与礼仪、民居程序与建筑礼仪等内容。石磊在《佤族审美文化》中对佤族民居建筑做了详细介绍，对生活环境对佤民住房风格的影响也做了分析。《云南特有民族百年实录：布朗族》一书对布朗族从穴居到搭盖茅屋再到土木结构的两层楼房分别进行了细致描述，对不同地区的布朗族的居住空间也做了详细介绍。[②]《云南特有民族百年实录：德昂族》一书对德昂族的住房变迁做了详细介绍，“近年来，德昂人的干栏式建筑已被汉式砖瓦房所取代”[③]。其他还有《云南特有民族百年实录：独龙族》《云南特有民族百年实录：景颇族》《云南特有民族百年实录：拉祜族》《云南特有民族百年实录：傈僳族》《云南特有民族百年实录：怒族》等书分别介绍了独龙族、景颇族、拉祜族、傈僳族、怒族等少数民族的传统居住情况。

2. 少数民族传统建筑的历史演变及功能

高翔、霍晓卫和陆祥宇从建筑的角度分析了哈尼族住宅的布局功能、建造过程与材料构造，以及其所反映出的与之相关的哈尼族人的精神信仰。[④]衡岳在《壮族的建房与住房习俗》一文中介绍了壮族干栏民居建筑的一些建造讲究和风俗习惯，以及住房各个部分的一些功用、寓意与禁忌，体现出壮族民居建筑背后深刻的民族风俗文化。[⑤]

高立士在《西双版纳傣族竹楼文化》一文中从史料、传说和现实三方面较全面和系统地介绍了傣族传统民居的发展历史、居住形式的演变和关于傣族竹楼的传说，并从功能方面分析了傣族竹楼的抗洪功能。[⑥]杨庆通过对宗教、生活、自然三个构成傣族传统聚落物质形态的要素和与之相对应所划分出的聚落空间，分析探讨了西双版纳傣族传统聚落的文化形态，并从物质层、心物

---

① 杨甫旺：《云南彝族民居文化简论》,《中南民族学院学报（哲学社会科学版）》1995年第2期，第67-71页。

② 全国政协文史和学习委员会暨云南省政协文史委员会：《云南特有民族百年实录：布朗族》，北京：中国文史出版社，2010年。

③ 全国政协文史和学习委员会暨云南省政协文史委员会：《云南特有民族百年实录：德昂族》，北京：中国文史出版社，2010年，第324页。

④ 高翔，霍晓卫，陆祥宇：《哈尼族住宅研究——以云南省红河州元阳县全福庄为例》,《中国建筑史论汇刊》2012年第2期，第514-527页。

⑤ 衡岳：《壮族的建房与住房习俗》,《建筑工人》2000年第12期，第42-43页。

⑥ 高立士：《西双版纳傣族竹楼文化》,《云南社会科学》1998年第2期，第78-84页。

层、心理层三个层面剖析了该文化形态所赋予的对传统聚落的作用。①《云南边疆少数民族地区农村民居抗震设防的探索——以沧源佤族自治县为例》一文认为，随着国家对防震减灾的不断重视及对地震危害认识的不断加深，加强对农村民居建设的抗震设防指导，切实提高房屋抗震能力已经逐步被提上了各级政府议事日程，这对最大限度地减轻地震灾害可能造成的损失，保障人民群众生命财产安全，保持社会稳定，具有十分重大的意义。该文作者结合在沧源佤族自治县开展农村危房改造工程的实际工作经验，探讨了在农村民居建设中需注意的几个问题。②

3. 少数民族传统建筑比较与保护

刘玉鲜在其硕士学位论文《傣族与云南其它民族干栏民居比较研究》中，分别比较分析了傣族干栏竹楼与佤族、德昂族、布朗族、景颇族、傈僳族、拉祜族干栏民居的特点和差异，并从干栏民居的外部特征、平面构成、建筑装饰、建房材料等方面分析了各民族的干栏式建筑，最后提出了保护干栏民居的必要性和重要意义。③总体来说，该文是对云南少数民族干栏式建筑所做的比较系统的研究，为全面认识云南各少数民族干栏式民居提供了参考。高徽南的《傣族传统民居的变异与保护和创新》一文提出，随着社会发展，傣族传统民居的干栏结构呈现出了汉化的实质性变异，并从傣族青年人对传统民居特有价值认识不足、攀比心理和传统建筑材料昂贵难求三个方面分析了致使其汉化的原因，提出了保护和创新傣族民居的措施。④

卢平安认为彝族土掌房在当地自然环境、人文环境、社会文化、历史文化、经济技术、审美观念、生活习俗等方面要做到与时俱进，并对继承和充分利用土掌房民居技艺做出了深刻思考。⑤

4. 少数民族建筑与信仰仪式

邹辉、尹绍亭的《哈尼族村寨的空间文化造势及其环境观》一文分析了哈尼族村寨选址的空间布局，总结出人文关怀是哈尼族村寨选址的核心；同

① 杨庆：《西双版纳傣族传统聚落的文化形态》，《云南社会科学》2000 年第 2 期，第 78-81，85 页。

② 李晓莲：《云南边疆少数民族地区农村民居抗震设防的探索——以沧源佤族自治县为例》，《建筑知识（学术刊）》2012 年第 B4 期，第 69-70 页。

③ 刘玉鲜：《傣族与云南其它民族干栏民居比较研究》，昆明理工大学硕士学位论文，2010 年。

④ 高徽南：《傣族传统民居的变异与保护和创新》，《云南电大学报》2011 年第 2 期，第 81-85 页。

⑤ 卢平安：《云南彝族民居建筑再利用的思考——以云南石屏县慕善村花腰彝族土掌房为例》，《艺术生活》2011 年第 4 期，第 54-56 页。

时，该文分析了哈尼族人在建宅过程中形成的一种“建寨植树”的习俗，认为这是一种风水补救背后的环境观，反映了哈尼族建寨定居时对树木风水作用的重视。[①] 赵婷婷在其硕士学位论文《佤族图腾符号在环境空间中的应用》中，以佤族的居住环境空间为研究对象，探讨了图腾符号在佤族民居的内外部环境空间中的表现，研究了图腾符号在佤族民居环境空间中的应用，意在对佤族的文化起到保护、传承和弘扬的作用。[②]

蔡昌茂在其硕士学位论文《彝族传统生活中的“人神共宅”——探析云南楚雄彝族传统民居中的伦理内涵》中，探析了伦理功能在彝族民居中的表征，具体而言就是彝族在传统伦理观影响下的人类活动在其民居建筑上的表征，同时，分析了传统伦理观、建筑与人三者之间的动态关系，提出了传统民居建筑中的“人”“神”“宅”的“三位一体”伦理观，试图建构立体式的民居环境，意在从住宅中生发归属感。[③]

（二）住房保障举措

党的十七大之后，以“五有”为核心的民生建设全面展开，“住有所居”是其中的一项基本内容。党的十七届五中全会通过的《中共中央关于制定国民经济和社会发展第十二个五年规划的建议》提出，要进一步加大保障性住房的建设，为中低收入居民提供充足的住房供给。

2012 年，国务院正式印发的《国家基本公共服务体系“十二五”规划》是我国第一部国家层面的基本公共服务总体性规划。在“十二五”时期，政府提供的基本住房保障服务包括：为城镇低收入住房困难家庭提供廉租住房或租赁补贴；为城镇中等偏下收入住房困难家庭、新就业无房职工和城镇稳定就业的外来务工人员提供公共租赁住房；为符合条件的棚户区居民实施住房改造；为农村困难家庭危房改造提供补助。为了实现“住有所居”的目标，《国家基本公共服务体系“十二五”规划》制定了“十二五”时期基本住房保障服务国家基本标准。2015 年，《国务院关于进一步做好城镇棚户区和城乡危房改造及配套基础设施建设有关工作的意见》发布，该意见指出，一要加快城镇棚户区改造；二要完善配套基础设施；三要推进农村危房改造。严格执行一户一

① 邹辉，尹绍亭：《哈尼族村寨的空间文化造势及其环境观》，《中南民族大学学报（人文社会科学版）》，2012 年第 6 期，第 55-58 页。

② 赵婷婷：《佤族图腾符号在环境空间中的应用》，昆明理工大学硕士学位论文，2011 年。

③ 蔡昌茂：《彝族传统生活中的“人神共宅”——探析云南楚雄彝族传统民居中的伦理内涵》，昆明理工大学硕士学位论文，2012 年。

档的要求，做好农村危房改造信息系统录入和管理工作。统筹推进农房抗震改造，加大对8度及以上地震高烈度设防地区的改造力度。加强农房风貌管理和引导，县级住房城乡建设部门应制定符合当地实际的农房设计图和风貌管理要求，指导到户。①

云南省根据中央的部署，结合自身的实际情况，在《云南省国民经济和社会发展第十二个五年规划纲要》中对城镇和农村住房建设做出了具体的政策安排，该纲要指出，以廉租保底、公租解困、农村改危、抗震安居4个重点为抓手，努力构建覆盖城乡的住房保障体系，逐步实现各安其居；在农村，以新农村重点建设村、农村危旧房改造、农民民居地震安居工程、扶贫安居、游牧民定居、工程移民搬迁及灾区民房恢复重建为重点，加快农村保障性住房建设，为广大农民创造良好的人居环境。②

第三节　云南边境少数民族民生改善现状

一、"学有所教"：教育事业得到显著改善

云南边境少数民族地区，受地理环境及经济发展等因素的制约，教育发展水平一直低于全国水平，但经过各族人民的共同努力，其教育状况得到了显著改善。具体表现在以下几个方面。

（一）全面实现了"两基"③，青壮年文盲率下降

2008年底，云南省实现"两基"的县（市、区）累计达到126个，全省只有鲁甸县、镇雄县及边境澜沧拉祜族自治县没有实现普及九年义务教育（以下简称"普九"）目标。2009年，通过全力抓好鲁甸、镇雄、澜沧三县"两基"攻坚工作，全省129个县（市、区）按规划如期全部实现"普九"目标。④2010

① 《国务院关于进一步做好城镇棚户区和城乡危房改造及配套基础设施建设有关工作的意见》，2015-06-30，http://www.gov.cn/zhengce/content/2015-06/30/content_9991.htm[2016-08-09]。

② 《云南省国民经济和社会发展第十二个五年规划纲要》，2011-12-05，http://www.china.com.cn/guoqing/2011-12/05/content_24074979.htm[2015-07-14]。

③ "两基"指基本实施九年义务教育和基本扫除青壮年文盲。

④ 中共云南省委宣传部：《民生问题在云南》，昆明：云南人民出版社，2010年，第11页。

年，云南省顺利通过“两基”国检，全省129个县（市、区）全部实现“两基”。在此基础上，自2011年起，云南省对7个人口较少民族、4个深度贫困民族地区和藏区，逐步实现学前教育阶段和高中阶段免费教育。临沧市计划从2016年秋季学期开始，沧源、耿马、镇康3个边境县在已实现九年义务教育和中等职业教育免学费的基础上，将免费范围扩大至学前教育中班、大班和高中阶段教育，实施学前2年、小学6年、初中3年、高中3年共14年的免费教育。目前，沧源县已制定下发《沧源佤族自治县十四年免费教育实施方案》，根据预算，实施14年免费教育，沧源县每年约需资金1400万元，新增资金超过580万元，由县财政全额承担，受益学生达26 449人。耿马、镇康2个边境县正着手制定实施方案。①

结合边境少数民族众多的特点，云南坚持用“双语”“拼音文字”开展扫盲教育，发动创建“无文盲乡镇”，通过抓规划、定职责、抓宣传、保投入、编读本、抓教学、树典型、抓巩固等卓有成效的具体措施，有力地推进了云南边境少数民族的扫盲工作。2000—2010年，云南每年扫除10万以上的青壮年文盲，共扫除青壮年文盲158万人，全省青壮年文盲率逐年下降并控制在5%左右。②1990—2005年，全省累计扫除青壮年文盲484万人，其中，扫除妇女文盲330万人。在全省129个县（市、区）中，已有127个县（市、区）通过了扫盲验收，全省青壮年文盲率由1990年的23.9%下降到2005年的5%，妇女青壮年文盲率下降到8%左右。③2000年和2006年，云南省两次获得联合国教科文组织颁发的“国际扫盲奖”。2010年第六次全国人口普查数据显示，云南省人均受教育年限为7.6年。全省普查实际登记的15周岁及以上人口中，文盲人口为277.0万人，同第五次全国人口普查相比，文盲人口减少205.3万人，文盲率由11.39%下降为6.03%。2017年，云南省15周岁及以上文盲人口数抽样调查数据显示，文盲人口数进一步下降，如表1-4所示。

---

① 《我市三个边境县有望在年内全面实施十四年免费教育》，2016-04-08，http://www.lincang.gov.cn/Jrlc/Jrlc/201604/55940.html[2017-07-19]。

② 《云南省扫盲工作会在昆明召开》，2010-11-11，http://edu.cnr.cn/eduzt/ynlj/hots/201011/t20101111_507304414.html [2014-08-11]。

③ 《云南扫盲教育获联合国教科文组织大奖 全国仅云南获奖我省代表赴巴黎领奖并发言》，2006-11-06，http://news.sina.com.cn/c/2006-11-06/095310425518s.shtml [2014-08-11]。

表 1-4　2017 年云南省 15 周岁及以上文盲人口数抽样调查

指标	人数 / 人
15 周岁及以上文盲人口数（人口抽样调查）	2702
15 周岁及以上男性文盲人口数（人口抽样调查）	821
15 周岁及以上女性文盲人口数（人口抽样调查）	1881

资料来源：国家统计局，基于 1‰人口变动调查样本数据。

（二）义务教育投入不断增加

义务教育投入逐年增加。云南省农村义务教育经费 2006 年为 18.69 亿元，2011 年达 95.33 亿元，增加了 76.64 亿元，增长率为 410%，如图 1-1 所示。①

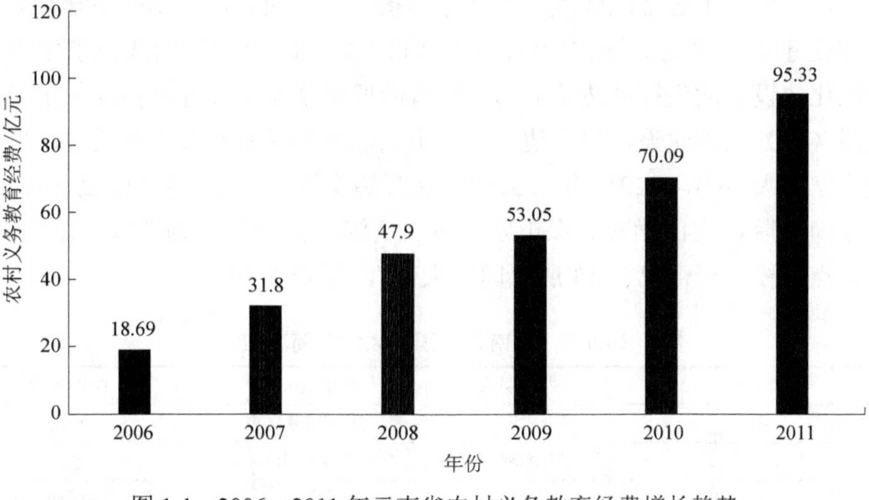

图 1-1　2006—2011 年云南省农村义务教育经费增长趋势

同时，云南省对农村义务教育阶段公办学校学生、职业初中学校学生和特殊教育学校学生免除学杂费，并按实际在校生数给予公用经费补助，不断加大对农村中小学公用经费的补助力度。从 2006 年开始，云南省对农村家庭经济困难寄宿学生的生活费补助标准逐步提高，补助范围不断扩大，到 2011 年，全省被补助人数达到 248.21 万人。对 7 个人口较少民族所有义务教育阶段学生的生活费补助标准，在原标准基础上每生每年增加 250 元；通过富民兴边政

① 李慧勤，李竹贤，郑淑英：《加速完善新机制，着力促进公平和谐——云南省农村义务教育经费保障机制实施情况调研报告》，《中国教育报》，2012 年 12 月 8 日，第 3 版。

策，云南实现了全省25个边境县（市）农村义务教育阶段寄宿学生生活费补助范围全覆盖。[①]

（三）边境学校建设工程取得良好成效

云南省边境线上有117个乡镇与外国接壤，每个乡镇一般建有1所初中，1所中心完小，2所以上村完小以及若干校点，总计1000多所中小学。从2008年开始，云南省以2亿专项资金启动“国门学校”建设工程，至今专项建设了28所挂牌“国门学校”的中小学。在河口瑶族自治县，2009年，中央下拨专项资金1963万元用于坝洒中学、北山小学等“国门学校”的建设，至2011年，共完成投资1574万元。[②]《云南省中长期教育改革和发展规划纲要（2010—2020年）》指出，要“将‘国门学校’建设纳入桥头堡建设工程”，增加投入，全面改善边境地区民族教育办学条件；完成边境口岸中小学、幼儿园的标准化建设；优先支持25个边境县（市）的117个边境沿线乡镇中小学学校标准化建设；适当提高边境县义务教育阶段学生生活费补助标准；重点加强边境州（市）高校建设，提升边境州（市）高校办学水平和办学质量，增强对周边国家的吸引力。[③]2014年，云南省又开始实施“国门大学”建设试点项目，确定红河学院、文山学院、保山学院等3所沿边高等学校为首批“国门大学”建设试点高校，至今已有13所“国门大学”，如表1-5所示。

表1-5　云南省“国门大学”简况表

学校名称	办学层次	所在州（市）	接壤国家
红河学院	本科	红河州蒙自市	越南
文山学院	本科	文山市	越南
保山学院	本科	保山市	缅甸
普洱学院	本科	普洱市	越南、老挝、缅甸
滇西科技师范院校	本科	临沧市	缅甸
西双版纳职业技术学院	专科	西双版纳州景洪市	老挝、缅甸
德宏师范高等专科学校	专科	德宏州芒市	缅甸
德宏职业技术学院	专科	德宏州芒市	缅甸
红河卫生职业学院	专科	红河州蒙自市	越南

① 李慧勤，李竹贤，郑淑英：《加速完善新机制，着力促进公平和谐——云南省农村义务教育经费保障机制实施基本情况调研报告》，《中国教育报》，2012年12月8日，第3版。

② 《“国门学校”建设改善边境办学条件》，《云南日报》，2011年5月19日，第5版。

③ 《云南省中长期教育改革和发展规划纲要（2010—2020年）》，2011-05-31，http://www.jyb.cn/info/dfjyk/201105/t20110531_433768.html[2015-03-22]。

续表

学校名称	办学层次	所在州（市）	接壤国家
保山中医药高等专科学校	专科	保山市	缅甸
云南农业大学热带作物学院	专科	普洱市	越南、老挝、缅甸
云南锡业职业技术学院	专科	红河州个旧市	越南
云南三鑫职业技术学院	专科	文山市	越南

（四）“两免一补”教育政策全面实施，惠及众多边境中小学生

2000年，经云南省人民政府同意，云南省民族宗教事务委员会（下文简称省民委）、省财政厅、省教育厅在调研的基础上联合制定下发了《云南省边境沿线行政村以下小学学生免费教育试行办法》，并由云南省民委统一组织“三免费”（免教科书费、免杂费和免文具费）教育实施工作，对边境沿线行政村以下小学学生实施“三免费”教育。省民委与省财政厅从共同掌握的边境事业补助费中每年支出1800万元用于该项工程。到2004年，云南省“三免费”教育范围扩大到边境129个乡（镇）、7个人口在10万以下特有民族聚居区的23个乡（镇）和85个村委会，以及迪庆州藏区9个乡（镇）义务教育阶段的农村户籍的中小学生，有40.9万名农村户籍的中小学生受益。[①]为了落实国家提出的“两免一补”（免费提供教科书、免杂费、补助寄宿生生活费）政策，根据云南省委、省政府的决定和安排，从2005年起，“三免费”教育改为“两免一补”，原来的免文具费改为补助寄宿生生活费。从“三免费”到“两免一补”，可以说对云南边境少数民族地区的教育发展起到巨大的推动作用，同时也对云南边境人口整体素质的提高，边境经济社会发展和民族团结、边疆稳定都有着重要的作用。2016年，《云南省人民政府关于进一步完善城乡义务教育经费保障机制的通知》发布，该通知规定，城乡义务教育学校免费教科书补助标准为：小学每生每年90元，初中每生每年180元。城乡义务教育生均公用经费基准定额标准为：普通小学每生每年600元，普通初中每生每年800元。在此基础上，对寄宿制学校按照寄宿生年生均200元标准增加公用经费，农村地区不足100人的规模较小学校按照100人核定公用经费。特殊教育学校和随班就读残疾学生按照每生每年6000元标准补助公用经费。城乡义务教育寄宿生生活补助经费为：寄宿生生活补助范围实现全覆盖，补助标准按照小学每生每年1000元，初中每生每年1250元补助；对迪

① 何跃：《云南省与周边国家跨境民族教育的兴起与发展》，《东南亚纵横》2010年第6期，第40-44页。

庆州藏区学生，按照高原农牧民子女补助标准进行补助；8 个人口较少民族所有义务教育阶段学生在落实好寄宿生生活费补助政策的基础上，再按照每生每年 250 元的标准给予补助。①

（五）大力推广“双语教学”

自“十一五”以来，云南省各级政府共投入财政资金 1600 余万元用于少数民族语文教材的编译、审查和双语教师培训。截至 2011 年，云南省已编译审定的少数民族教材超过 300 种，内容涉及彝文、德宏傣文等 14 种少数民族语言。自 2011 年起，逐步在云南民族大学、大理学院、楚雄师范学院等 8 个州（市）的高校建立省级“双语教师培训基地”和州（市）级“双语教师培训基地”。②

至 2012 年，云南省共采用 18 种文种进行双语教学，面向对象为云南省 14 个少数民族的小学生，采用的教学模式主要有三种：第一种是以民族语言为主，汉语为辅；第二种是以汉语为主，民族语言为辅；第三种是部分课程用民族语言讲课，部分课程用汉语讲课。经过长时期的探索，云南边境少数民族的双语教学已经取得了一些成效。

二、“劳有所得”：劳动就业保障水平逐年提高

劳动就业问题是云南边境少数民族最为关注的问题之一，着力解决云南边境少数民族的劳动就业这一重要的民生问题，不仅事关云南边境少数民族的生活幸福，而且对云南边境地区民族团结和社会稳定都具有重要意义。在各级政府就业政策的指导下，云南边境少数民族的就业保障水平逐年提高。

（一）出台优惠政策助推云南边境少数民族优先就业

为了助推少数民族优先就业，云南省出台了许多优惠政策。比如，在公务员岗位设置中为少数民族单独设立专门岗位；民族自治地方机关事业单位在招聘工作人员时，在同等条件下优先录用少数民族人员；对 7 个人口较少民族

① 《云南省人民政府关于进一步完善城乡义务教育经费保障机制的通知》，2016-08-15，http://www.sohu.com/a/110591378_364900[2016-10-21]。

② 《云南逾 10 万人已接受少数民族双语教学》，2011-09-01，http://www.chinanews.com/df/2011/09-01/3299568.shtml[2014-08-11]。

人员录用时适当放宽条件；优先选用人口较少民族大学生回原籍任职；对自愿到25个边境县（市）就业的大学生给予学费代偿等优惠。这些措施在一定程度上解决了少数民族人员的就业难题，对少数民族增收有了一定的帮助。

2015年，国务院出台的《国务院关于支持沿边重点地区开发开放若干政策措施的意见》加大了对边境地区民生改善的支持力度，通过扩大就业、发展产业、创新科技、对口支援，实现稳边、安边、兴边的目的。积极推进大众创业、万众创新，降低创业创新门槛，对边民自主创业实行“零成本”注册，符合条件的边民可按规定申请10万元以下的创业担保贷款；鼓励边境地区群众搬迁安置到距边境线0～3千米范围。省级人民政府可根据实际情况建立动态的边民补助机制，中央财政通过一般性转移支付给予支持。加大对边境回迁村（屯）的扶持力度，提高补助标准，鼓励边民自力更生发展生产。[①] 这些政策措施进一步拓宽了边境少数民族的就业渠道，把自主创业、自力更生作为提升边境少数民族人员就业水平的一个重要方略。

（二）农村富余劳动力转移稳步推进

从2016年起，云南省全面实施“农村劳动力转移就业扶贫行动计划”，着重做好25个边境县（市）、3个藏区县及贫困地区少数民族，特别是“直过民族”[②] 劳动力培训和转移就业工作，促进其跨省、跨境转移就业。云南省目前还有独龙族、德昂族、基诺族、怒族、布朗族、景颇族、傈僳族、拉祜族、佤族等9个“直过民族”，分布在云南全省13个州（市）、58个县（市、区），主要聚居在271个乡（镇）、1179个行政村，总人口为232.7万人。[③] 这些“直过民族”生活的“直过区”大都是边境地区，是云南省实现全面建成小康社会的难点和短板。“直过区”集边疆、民族、贫困、山区等因素于一身，“直过民族”教育发展落后，劳动者素质低，人均受教育年限不到6年。为确保“直过民族”全面建成小康社会，云南省人力资源和社会保障厅全面实施“农村劳动力转移就业扶贫行动计划”，以农村贫困劳动力为主要对象，通过开展转移就业实现增收脱贫，预计全年实现转移就业人员100万人。云南省将依托云南省

---

① 《国务院关于支持沿边重点地区开发开放若干政策措施的意见》，《中华人民共和国国务院公报》2016年第2期，第16-24页。

② “直过民族”指的是中华人民共和国成立后，未经民主改革，直接由原始社会或奴隶社会跨越几种社会形态过渡到社会主义社会的民族。

③ 《云南省加快直过民族脱贫步伐》，2016-03-09，http://yn.people.com.cn/n2/2016/0309/c372442-27895195.html[2017-08-11]。

政府驻外办事处，充分发挥其“平台”“桥梁”的作用，在长三角、珠三角地区设立劳务服务工作站，开展劳务对接，使跨省转移就业更加精确有效，并为劳务输出的农民工做好保障服务。此外，云南省将联合缅甸等边境国家的相关部门，共同协作促进云南农村劳动力跨境转移就业。[①]

（三）边境脱贫取得了巨大成就，攻坚进入新阶段

鉴于云南边境少数民族地区的实际情况，云南省先后出台了《云南省农村扶贫开发纲要（2001—2010 年）》《云南省“十一五”整村推进规划》《云南省关于加强整村推进扶贫开发工作的实施意见》等重要文件，到 2010 年完成了 3 万个 30 户以上贫困自然村的整村推进任务。2005—2010 年，云南省实施了基础设施建设、温饱安居、产业培育、素质提高、社会保障、社会稳定和生态环境保护与建设等六大工程 30 件惠民实事的兴边富民工程，该工程累计投入资金达到 254 亿元；制定了《云南省扶持人口较少民族发展规划（2006—2010 年）》《云南省扶持人口较少民族发展专项建设规划》《傈僳、拉祜、景颇、佤等四个特困民族脱贫发展规划》等，对 100 个特困民族乡和 100 个边境民族贫困乡实施了扶持计划。[②]《云南省兴边富民工程“十二五”规划》指出，2011—2015 年，整乡推进，易地搬迁扶贫 3.5 万人，贫困劳动力转移培训 10 万人。2016 年 4 月，云南省委、省政府出台“云南省全面打赢直过民族脱贫攻坚战行动计划”，针对省内 9 个“直过民族”实施精准扶贫，2019 年，实现“直过民族”聚居区 66.75 万建档立卡贫困人口脱贫。

（四）人力资源综合开发正式启动

贡山县独龙江乡是云南省人口较少民族独龙族聚居地，常年受大雪封山的影响，是云南省最边远、最贫穷的乡镇。2015 年 3 月 2 日至 5 日，云南省人力资源和社会保障厅厅长崔茂虎深入怒江州贡山县独龙江乡调研时提出，要把独龙江乡建设成为人力资源开发示范基地。从五个方面对独龙江乡进行深入、全面的帮扶。一是就业帮扶。采取“走出去”“引进来”相结合的方法，在劳动力转移培训、实用技术就地培训、公益性岗位批准等方面给予全力帮扶。二是创业帮扶。在创业贷款、小额担保贷款、两个 10 万元贷款、红色信

① 《云南实施专项计划促直过民族跨省跨境就业》，2016-03-11，http://news.163.com/16/0311/19/BHTA4KC000014JB6.html[2017-08-11]。

② 杨颖，田东林，路遥：《云南边疆民族地区扶贫开发研究》，《当代经济》2012 年第 6 期，第 100-103 页。

贷上给予大力扶持。三是人才帮扶。邀请专业技术人才、国内外专家学者对独龙江乡的农业科技人才、医生、教师进行大力培训。四是干部帮扶。省厅暂定3年给予州县乡每年1名挂职锻炼名额；同时加大对乡村干部的培训，从选调生、大学生村官、村常务书记三种类型的人才着手加大村班子建设力度。五是基层服务体系帮扶。搭建县乡两级人才综合服务平台。[①]之后，云南省启动的“人力资源综合开发试点”建设，已在怒江州贡山县独龙江乡进行试点，实施了16条具体措施，变“输血”为“造血”，增强了当地发展能力，并将在25个边境县（市）和3个藏区县全面推广实施。开展“技能扶贫”专项行动：依托技工院校、职业院校，培养一批适应云南省重点产业发展的技能人才；依托各类创业基地，扶持一批劳动者实现创业就业，努力实现“一户一人、一人一技、一技促脱贫”的目标。

三、“病有所医”：逐步实现人人享有基本医疗卫生服务的目标

“健康是人全面发展的基础，关系千家万户幸福”，“人人享有基本医疗卫生服务”是病有所医的基本目标。云南边境少数民族地区紧紧围绕“建立基本医疗卫生制度，提高全民健康水平”这个中心，在“新农合”保障、医疗救助、艾滋病防控、三级医疗卫生服务体系建设等方面取得了巨大成就。

（一）“新农合”保障水平逐年提高

2003年，云南省启动“新农合”，为确保“新农合”制度的公平性和可及性，云南省加大投入，使农村低保对象、五保供养对象，25个边境县（市）中边境一线以行政村为单位的农村居民、农村独生子女父母、年龄不满18周岁的独生子女以及只生育了两个女孩并采取了绝育措施的农村夫妻等特殊群体全部实现资助参合。2009年，全省共全额资助617.15万农村特殊群体参合，资助金额达到1.23亿元。[②]2012年，全省参加“新农合”的农民为3468万人，与上年相比增加了12万人；参合率达到96.5%，比上年提高了0.3个百分点。

① 《崔茂虎：把独龙江乡建设成为人力资源开发示范基地》，2015-03-08，http://www.njzrsj.gov.cn/rsdt/zxdt/01606694728918089832[2016-08-12]。

② 刘熙：《云南省农村居民医疗保障水平提高》，《农村实用技术》2010年第9期，第10页。

“新农合”基金累计支出99.35亿元，累计受益人次达9000万。①

以文山州为例，截至2013年底，马关、麻栗坡、富宁3县的1 527 161农业人口都纳入了“新农合”补助范围，投入资金3.03亿元；对边境地区享受农村低保对象发生的重大慢性病、重大伤残、重大急性病等实施大病医疗救助，共补助13 611人，投入资金0.64亿元；对边境地区农村五保对象发生的重大慢性病、重大伤残、重大急性病等实施大病医疗救助，共补助3852人，投入资金0.21亿元。②

以景洪市为例，凡景洪市户籍的农村居民以户为单位参加“新农合”，包括外出务工、经商、上学的农村居民；对失地农民、农转居人员、农垦系统、林场、各类开发区中的农村居民及长期居住在农村的居民，可按照自愿和属地化原则，选择参加“新农合”；农村户口的中小学生须随家长一起参加“新农合”。“新农合”基金的筹集实行个人缴费、集体扶持、政府资助和社会团体、企业、个人捐助相结合的筹资机制。2016年，筹资标准为每人每年530元，其中，参合人员个人缴费120元，中央及省级财政补助410元。农村五保供养对象、低保对象及重点优抚对象和边境一线农村居民的个人参合费用由市民政局全额或部分资助缴纳。全市参合率稳定在95%以上，农村特殊困难群体参合率达到100%；门诊统筹报销比例不低于50%；政策范围内住院费用报销比例达到75%；住院费用实际报销比例不低于60%；“新农合”大病保险实际支付比例达到50%以上。③

2017年，云南省全面实施城乡居民基本医疗保险制度，实现了城乡居民基本医疗保险九个方面的统一：①统一覆盖范围，参加城乡居民基本医疗保险的居民不再区分农村和城镇，不受城乡户籍限制，全省参加城乡居民基本医疗保险的人数接近4000万人；②统一筹资政策，筹资不再区分城乡户籍，实现农村和城镇居民的个人缴费标准统一，自2016年起为每人每年150元；③统一保障待遇；④统一城乡居民医保用药、诊疗项目和医用耗材；⑤统一定点医疗机构管理；⑥统一基金管理；⑦统一统筹层次；⑧统一信息系统；⑨统一管理部门。2017年末，云南省参加城乡居民基本医疗保险的人数为3972.49万人，其中，成年人为2890.04万人，中小学生儿童为1028.86万人，大学生为53.58

① 《云南省2012年国民经济和社会发展统计公报（组图）》，2013-05-24，http://roll.sohu.com/20130524/n376931948.shtml[2016-08-12]。

② 数据来源：文山州人民政府。

③ 数据来源：景洪市人民政府。

万人；农民工参保人数为 421.55 万人。全年城乡居民基本医疗保险基金收入 252.86 亿元，其中，参保实际缴费 69.93 亿元，各级财政补助 179.52 亿元；医疗保险基金支出 214.62 亿元。[①]

（二）医疗救助制度不断完善

云南省享受城乡医疗救助的对象主要是具有当地户口的城乡低保对象、农村五保供养对象、政府规定的其他符合条件的城乡特殊困难人员。有条件的地方，把低收入家庭中的优抚对象、老年人、重病重残人员和其他低收入困难人群也纳入了救助范围。2010 年，全省城乡医疗救助累计救助 649 万人次，是 2005 年 76 万人次的 8.54 倍。截至 2011 年 3 月，云南省已采用城乡医疗救助“一站式”即时结算方式的有 103 个县（市、区），约占全省 129 个县（市、区）的 80%，开展的方式有信息化操作和手工操作两种模式，以手工操作模式为主。[②]

2013 年 5 月 2 日，《关于做好云南省城乡居民尿毒症与重性精神病医疗费用报销和医疗救助工作的通知》正式发布，该通知规定，尿毒症门诊和住院透析治疗，以及重性精神病患者住院治疗和社区康复医疗费用实行定额包干，超支不补，结余归医院，医院不得额外再收取患者费用。政策范围内医疗费用由基本医疗保险按 90% 的比例进行报销（含大病补充保险），其余 10% 个人自付，民政救助对象个人自付部分由民政部门按类别分别给予 100%、70%、60% 和 50% 补助；农村五保人员基本实现免费治疗。[③]

2015 年，云南省发布《关于进一步完善医疗救助制度加快推进重特大疾病医疗救助工作的实施意见》，该意见明确了救助对象，并对救助内容、救助标准等方面做出了详细的规定，对 25 个边境县（市）的农村居民进行定额医疗救助、参合，对特殊对象进行全额资助参合。[④] 这些规定对云南边境少数民族人员在患重特大疾病时有了进一步的保障，提高了他们的抗病能力，减小了因病致死和因病致贫的概率。

---

① 《2017 年云南省人力资源和社会保障事业发展统计公报》，2018-07-02，http://www.stats.yn.gov.cn/tjsj/tjgb/201807/t20180702_769343.html[2018-11-16]。

② 《全省城乡医疗救助工作现场会议在永平县召开》，2011-03-15，http://yunnan.mca.gov.cn/article/mzgz/shjz/shjz/201103/20110300139161.shtml [2014-10-25]。

③ 转引自《云南尿毒症及重性精神病患者医疗费用医保报销 90%》，2013-05-11，http://www.xiangrikui.com/shehuibaoxian/yiliaobaoxian/20130511/313070.html[2014-05-19]。

④ 转引自《云南省 22 种重特大疾病年内纳入医疗救助范围》，2015-09-12，http://www.sohu.com/a/31570263_115092[2016-02-13]。

（三）艾滋病防控力度不断加大

2008年6月，《中共云南省委 云南省人民政府关于实施新三年“兴边富民工程”的决定》提出，从2008年开始，在云南8个边境州（市），25个边境县（市）实施艾滋病防治与控制项目，构筑云南边境防治艾滋病“长城”。①

2014年，云南省卫计委副主任、防治艾滋病局局长徐和平通报，德宏州、红河州、临沧州、文山州、大理白族自治州5个高度流行艾滋病地区和人口集中的昆明市，累计报告的艾滋病病毒感染者和病人数占全省累计报告数的70.8%。2014年，云南省艾滋病疫情呈现出以下特点：新报告病例数保持稳定，死亡病例略有下降；重点人群艾滋病感染率保持稳定；性传播比例继续上升；老年人、15～24岁的青年学生报告数增加；部分地区，如昭通等地区疫情上升明显。此外，2014年，云南省首次新报告艾滋病增长数不再是全国第一。

云南省第三轮防治艾滋病人民战争评估显示，2011—2015年，云南省静脉注射吸毒人群艾滋病病毒新发感染率从2.26%下降至0.97%；暗娼人群艾滋病病毒新发感染率从0.45%下降至0.06%；艾滋病病毒抗体阳性产妇所生婴儿的艾滋病病毒感染率从6.49%下降至3.13%；治疗病人的病死率从3.56%下降至1.97%；检测阳性率从2010年的0.36%下降到2015年的0.12%，报告的感染者占全国感染者的比例从2010年的15.7%下降到2015年的10%。“十二五”期间，云南省共避免约2.17万人感染艾滋病，减少约2.37万艾滋病病人死亡，挽回经济损失约140亿元。②

（四）三级卫生服务体系不断健全

《中共云南省委 云南省人民政府关于实施新三年“兴边富民工程”的决定》提出，实施县、乡、村医疗机构“四配套”工程，逐步健全边疆地区县（市）、乡（镇）、村三级卫生服务体系。“十一五”期间，边境地区新建或改扩建了29所县（市）级医院（含中医院）、18所县（市）妇幼保健院、49所乡（镇）中心卫生院、1446所村卫生室，有卫生室的行政村比重达97.7%。但是，边境农村医疗卫生条件仍然落后，有217个乡（镇）卫生院不达标，比重高达

---

① 《中共云南省委 云南省人民政府关于实施新三年“兴边富民工程”的决定》，《云南政报》2008年第12期，第9-12页。

② 《云南：艾滋病重灾区转为防治示范区》，2016-11-30，http://yn.people.com.cn/n2/2016/1130/c378439-29392987.html [2019-08-27]。

78%；仍有 2.3% 的行政村没有卫生室。①

这种状况到2015年末，有了巨大改变。全省共有医疗卫生机构24 186个，其中医院有 1101 家；医疗卫生机构拥有床位数 23.76 万张；卫生技术人员有 22.80 万人，其中医生有 7.96 万人；疾病预防控制机构有 150 个，卫生技术人员有 6664 人；专科防治机构有 29 个，卫生技术人员有 656 人；妇幼保健院（所、站）有 145 家，卫生技术人员有 7818 人；乡镇卫生院有 1372 家，床位有 44 398 张，卫生技术人员有 31 166 人。②

到 2017 年末，全省共有医疗卫生机构 24 688 个，其中医院有 1252 家；医疗卫生机构拥有床位数 27.48 万张；卫生技术人员有 28.39 万人，其中执业（助理）医师有 9.39 万人；疾病预防控制中心有 153 个，卫生技术人员有 6964 人；专科疾病防治院（所、站）有 30 家，卫生技术人员有 787 人；妇幼保健院（所、站）有 145 家，卫生技术人员有 12 066 人；卫生院有 1361 家，含乡镇卫生院 1355 家、街道卫生院 6 家，床位有 50 165 张，卫生技术人员有 4.14 万人。③

四、"老有所养"：养老保障服务体系进一步健全

改革开放 40 多年来，我国农村的社会养老保险从无到有、从有到优，经历了"老农保""新农保"和城乡居民基本养老保险（以下简称"城乡居保"）三个阶段，如表 1-6 所示。

表 1-6　农村社会养老保险发展阶段

阶段	"老农保"阶段（1982—2002 年）	"新农保"阶段（2003—2013 年）	"城乡居保"阶段（2014 年至今）
制度	"老农保"	"新农保"	"城乡居保"
保障对象	城镇户口、不由国家供应商品粮的农村人口	年满 16 周岁、未参加城镇职工基本养老保险的农村居民	年满 16 周岁，非国家机关和事业单位工作人员及不属于城镇职工基本养老保险制度覆盖范围的城乡居民

① 《云南：艾滋病重灾区转为防治示范区》，2016-11-30，http://yn.people.com.cn/n2/2016/1130/c378439-29392987.html [2019-08-27]。

② 《云南省 2015 年国民经济和社会发展统计公报》，2016-07-21，http://cn.chinagate.cn/reports/2016-07/21/content_38930409.htm[2016-09-22]。

③ 《云南省 2017 年国民经济和社会发展统计公报》，2018-06-12，http://yndaily.yunnan.cn/html/2018-06/12/content_1224330.htm?div=-1[2018-11-23]。

续表

阶段	“老农保”阶段（1982—2002年）	“新农保”阶段（2003—2013年）	“城乡居保”阶段（2014年至今）
筹资模式	个人缴费为主，少数地区有集体补贴，无政府补贴	个人缴费、集体补助、政府补贴	个人缴费、集体补助、政府补贴
保障水平	很低	分档缴费，多缴多得	分档缴费，多缴多得
账户构成	个人账户	个人账户＋社会统筹	个人账户＋社会统筹
制度性质	社会保险	社会保险	社会保险
存在问题	收益率和保障水平均比较低，运行机制不完善	城乡保障水平差距较大，面临转移接续问题	仍面临保值增值、待遇调整、全国统筹等问题

资料来源：米红，刘悦：《参数调整与结构转型：改革开放四十年农村社会养老保险发展历程及优化愿景》，《治理研究》2018年第6期，第17-27页。

云南边境少数民族地区的养老保障建设也实现了养老制度的从无到有、覆盖范围的从小到大、保障水平的从低到高，取得了巨大的成绩。

（一）“老农保”取得大成绩

云南“老农保”政策于1992年开始实施。1992年，云南省政府颁布了《关于开展农村社会养老保险工作的通知》，并在建水、曲靖、潞西三地进行试点，当年参加“老农保”的人数就达3.2万人，收缴基金67万元。①

1997年，云南省政府颁布了《云南省农村社会养老保险暂行办法》，自1998年1月1日起施行。该办法规定了养老保险费的筹集、养老保险金的计发、养老保险基金的管理和监督等内容，“养老保险实行政府引导和群众自愿相结合的原则”，“养老保险费以个人交纳为主，单位补助为辅，国家予以政策扶持”，“年满18周岁以上、未满60周岁的农村各业人员，可以按照本办法的规定交纳养老保险费”，“养老保险费由参保人在参保期限内按年度交纳或者分次交纳。分次交纳的，其首次交纳标准一般以200元为起点；按年度交纳的，其交纳标准以24元为起点”。②

1999年，全国清理整顿养老保险，云南省“老农保”停滞。2003年，云南省重建“老农保”制度。截至当年，云南省共有14个地州（市）、105个县（市）、1145个乡镇、7822个村委会、293个乡镇企业开展了“老农保”工作，养老保险基金滚动结余7亿左右。此外，云南省“老农保”参保人数累计达到133.21万人，占全省3600万农村人口的3.7%；3.16万60周岁以上的农村老

① 中共云南省委宣传部：《民生问题在云南》，昆明：云南人民出版社，2010年，第163-164页。

② 《云南省农村社会养老保险暂行办法》，1997-12-25，http://www.doc88.com/p-99857346526.html[2013-12-20]。

年人按月领取养老金，约占全省农村540万60周岁以上老年人口的0.59%。①

（二）“新农保”再创佳绩

2009年12月1日，云南省开始实施《云南省新型农村社会养老保险试点实施办法》。从2009年开始，云南省在16个县（市、区）开展了试点工作，其中，国务院试点有13个，省级试点有3个；到2010年，云南省第二批“新农保”试点县（市、区）增长到21个；到2011年，云南省“新农保”试点县（市、区）从37个扩大到97个。

以临沧市为例，从2009年底开始“新农保”的试点工作，截至2012年11月，临沧市的8个试点县（区）基本实现了适龄居民的全覆盖。如表1-7所示。②

表1-7 临沧市“新农保”试点工作情况

试点工作开始时间	县（区）	参保人数/人	收缴保费/万元	60周岁以上领取养老金人数/人	累计发放养老金/万元	参保率/%
2009年9月	耿马县	127 838	2 628.57	28 751	1 006.00	94.65
2010年11月	永德县	184 566	1 566.93	37 210	2 243.49	96.61
2011年7月	双江县	118 530	1 870.23	25 110	1 831.50	97.00
2011年7月	沧源县	93 523	1 801.87	12 305	639.50	92.40
2011年8月	凤庆县	238 096	2 980.05	43 266	2 494.50	92.07
2011年8月	镇康县	94 016	1 340.16	16 704	622.60	93.80
2012年6月	云县	115 907	1 392.41	15 818	524.00	50.98
2012年6月	临翔区	58 484	812.77	26 036	470.00	55.20

注：表中部分数据进行了四舍五入，余同。

至2012年末，云南省参加“新农保”的人数为2001.03万人，比上年末增加705.23万人。农村养老服务机构有653个，床位有3.80万张，收养各类人员共3.07万人。③

（三）“城乡居保”制度渐趋完善

为建立健全全省公平、统一、规范的“城乡居保”制度，云南省于2014

① 中共云南省委宣传部：《民生问题在云南》，昆明：云南人民出版社，2010年，第163-164页。

② 杨光凤：《地方政府新型农村养老保险政策执行研究——以临沧市为例》，云南师范大学硕士学位论文，2013年。

③ 《2012年云南省国民经济和社会发展统计公报》，2013-05-28，http://district.ce.cn/zt/zlk/bg/201305/28/t20130528_24425063_1.shtml[2014-06-17]。

年开始实行《云南省城乡居民基本养老保险实施办法》，至2017年末，参加“城乡居保”的人数为2258.95万人，与上年相比增加了1.42万人。全省各类提供住宿的社会服务机构和设施有2251个，其中养老服务机构和设施有2064个；社会服务床位有13.3万张，其中养老床位有11.6万张；各类社区服务机构有1678个。①

五、“住有所居”：基本住房条件不断改善

合适的居住条件既是人们生活中必须得到满足的基本需要，同时也是一种不断发展着的需要，每个人都享有合适的居住条件是人类发展的基本要求之一。在各级政府及各族人民的共同努力下，云南边境少数民族地区地震安居、农村危房改造有了很大改善。

（一）地震安居工程建设日益完善

云南省是全国地震活动最强烈的省份之一，16个州（市）都发生过5级以上的破坏性地震。

从2007年起，云南省全面启动农村民居地震安居工程，至2016年，全省累计财政补助200万农户实施住房加固改造和拆除重建，累计影响和带动200万以上农户自筹资金建设抗震民居，基本消除特别危旧和不具备防震减灾能力的民居。②

同时，凡是新农村建设中的新村建设、民居改造、易地扶贫、茅草房改造以及水电工程移民搬迁安置，民居必须达到地震安全设计要求。到2020年，所有农村民居将基本具备抵御6级左右地震的能力。③

盈江县位于中缅边境，地处自北西向的腾冲—龙陵地震带边缘。该地震带南界为近东西向的畹町断裂；向北包括芒市、龙陵、梁河、腾冲、固东及泸水西等地，一直延入缅甸境内，长200余千米；东界为怒江断裂；西界为芒市—梁河—盏西一线，宽约90千米。此外，腾冲、梁河、盈江地区是云南五六级地震的高活动区，历史上发生过多次6级地震。在盈江2011年“3·10”

① 《云南省2017年国民经济和社会发展统计公报》，2018-06-12，http://yndaily.yunnan.cn/html/2018-06/12/content_1224330.htm?div=-1[2018-11-22]。

② 中共云南省委宣传部：《民生问题在云南》，昆明：云南人民出版社，2010年，第208页。

③ 中共云南省委宣传部：《民生问题在云南》，昆明：云南人民出版社，2010年，第209页。

地震后，恢复重建的重中之重是民房。在苏典乡、勐弄乡、弄璋镇、太平镇、平原镇民房倒塌比较严重的村子里，有许多是在2008年的“8・20”“8・21”地震后恢复重建的民房，基本上都经受住了2011年“3・10”地震的考验。①

（二）农村危房改造成效明显

2006年，云南省启动了农村保障性安居建设工程，2010年，国家下达了对25个边境县（市）4.7万户的农村危房实施改造的任务，占云南省2010年农村危房改造任务的40%。云南省按照国家规定，按照分散供养的五保户每户建筑面积在25平方米左右，低保户每户建筑面积在40平方米左右，边民户和贫困户每户建筑面积在60平方米左右的标准，解决新建住房的问题。在任务分解过程中，云南农村危房改造突出“老少边穷”地区，补助对象是各类困难群体。②

2015年7月30日，云南省委、省政府在普洱市西盟佤族自治县召开全省农村危房改造和抗震安居工程启动大会，该会议指出，2009—2014年，全省共投入资金147亿元，带动农村危房改造建设投资1690亿元，让238万户、920多万人的住房条件得到较大改善。③

① 《共筑家园 安居云南》，2014-09-25，http://www.doc88.com/p-6374475103826.html[2015-03-22]。

② 《云南农村危房改造拆除重建每户补助1万元》，2010-06-23，http://www.yn.xinhuanet.com/newscenter/2010-06/23/content_20142718.htm [2013-08-17]。

③ 《云南省农村危房改造启动大会召开　李纪恒出席》，2015-07-31，http://leaders.people.com.cn/n/2015/0731/c58278-27390985.html[2016-07-11]。

第二章
滇缅边境少数民族民生现状及问题

滇缅边境线长 1997 千米，是云南省边境州（市）分布最多的一段边境线，有 6 个之多。在滇缅边境分布的少数民族主要有傈僳族、怒族、普米族、独龙族、彝族、傣族、苗族、布朗族、景颇族、阿昌族、德昂族、佤族等。在这一线，我们先后于 2013 年 8 月、2014 年 2 月、2014 年 7 月选取了分属于傈僳族、景颇族、阿昌族、德昂族、佤族和怒族 6 个民族的 6 个村寨进行了调查。在腾冲市，我们选择了紧挨国家一级口岸猴桥口岸、与缅甸隔江相望的猴桥村委会下辖的长塘村（傈僳族）作为调研对象。在德宏州，我们选择了 3 个村寨作为调研对象：一是自古为边塞要地，明代末年为抵御外敌入侵和威定边疆修筑的边关重卡——“铜壁关”，如今为盈江县铜壁关乡、与缅甸山水相连的铜壁关乡三合村委会诗别村（景颇族）；二是位于陇川县西北部，西面与缅甸接壤，以“户撒刀、户撒烟、阿昌族银首饰”远近闻名的民族乡户撒阿昌族乡边境山区芒炳村委会芒旦村（阿昌族）；三是位于瑞丽市西部山区户育乡户育村委会雷贡村（德昂族）。在临沧市，我们选择了西部与缅甸果敢县接壤的镇康县军赛佤族拉祜族傈僳族德昂族乡忙吉利村委会新半山自然村（以下简称“新半山村”）（佤族），该乡位于镇康县东南部，是云南省唯一一个有 4 种主体民族的民族乡，分别为佤族、拉祜族、傈僳族和德昂族。在怒江州，我们选择了怒江州三个边境县之一的福贡县全国唯一的一个匹河怒族乡托坪村委会五湖小组（怒族）作为调研对象。

第一节　腾冲市猴桥镇傈僳族的民生问题及原因

腾冲市猴桥镇境内居住着汉族、傈僳族、回族等民族，调查对象长塘村隶属于猴桥镇猴桥村委会，猴桥村委会下辖6个自然村，即长塘村、灯草坝村、河心寨村、黑泥塘村、麻力坝村、小杂河村。2014年，猴桥村有农户355户，有乡村人口1673人，其中农业人口有1264人，劳动力有1050人，其中从事第一产业的有947人。①

长塘村是一个傈僳族边境村，距中缅边境线15千米，紧挨猴桥口岸联检楼（图2-1）。

图2-1　猴桥口岸联检楼

长塘村位于中缅边境的山区，山多地陡，距离村委会2千米，距离镇14千米，面积为37.61平方千米，海拔为1780米，年平均气温为13.7℃，年降水量为2000毫米，适宜种植草果、水稻、玉米等农作物。有耕地316.45亩②，

① 从本章始，对各村基本情况的描述数据都来自调查时村委会提供的资料；有些则来自问卷调查或访谈时收集到的数据。

② 1亩≈666.67平方米。

其中人均耕地为1.87亩；有林地16 623.7亩。全村辖1个村民小组，有农户34户，有乡村人口171人，其中农业人口有168人，劳动力有102人，其中从事第一产业的有98人。①

傈僳族史称栗粟、力苏、力些等，最早居住在金沙江两岸，16世纪以后开始迁入怒江州、德宏州、保山市等地。傈僳族以农业生产为主，主要种植玉米、小麦、荞麦等；传统住房以干栏式建筑为主。

在长塘村调研时，村小组长表示，有5户外出打短工无法参与问卷调查，因此，我们共向29户家庭发出29份问卷，回收问卷29份，回收率是100%。从表2-1和表2-2中可以看出，在接受调查的29户中，除了1户信息缺失外，其他家庭都为农业户口；且除了缺失1户信息外，其他96.4%的家庭为傈僳族，3.6%的家庭为傣族。可见该村基本为傈僳族村子，与访谈中所获信息吻合。

表2-1 调查对象的户口类型

户口类型	频率	百分比/%	有效百分比/%	累计百分比/%
农业户口	28	96.6	100.0	100.0
系统缺失	1	3.4	—	—
合计	29	100.0	—	—

表2-2 调查对象的族别

民族	频率	百分比/%	有效百分比/%	累计百分比/%
傈僳族	27	93.1	96.4	96.4
傣族	1	3.5	3.6	100.0
小计	28	96.6	100.0	—
系统缺失	1	3.4	—	—
合计	29	100.0	—	—

一、长塘村民生现状

（一）义务教育事业有了明显提升

长塘村小学生就读猴桥完小，中学生就读猴桥中学。调查问卷数据统计结果表明，适龄学生的辍学情况得到了很好的控制，在29户被调查家庭中，只有2户回答家里有适龄学生辍学，占6.9%，其他27户都回答没有适龄学生

① 数据来源：猴桥村委会。

辍学，占93.1%，如表2-3所示。根据访谈，2户家庭中的辍学学生分别是在初一、高二时辍学，原因是：一家表示小孩自己不想读书；另一家表示没有钱供养。

表2-3　适龄学生辍学情况

辍学情况	频率	百分比/%	有效百分比/%	累计百分比/%
有	2	6.9	6.9	6.9
没有	27	93.1	93.1	100.0
合计	29	100.0	100.0	—

猴桥镇在小学和中学双语教育、扫除文盲方面也在持续不断地推进；“两免一补”政策得到全面落实，并安排专项资金解决部分学生的学习费用问题，困难学生获得了一定生活补助；义务教育基础设施、教师工资待遇等都有了不同程度的改善。通过调查问卷数据统计结果我们可以看到，村民对义务教育的满意度非常高，在29户被调查对象中，对目前义务教育的评价持比较满意及以上态度的高达96.5%，其中，非常满意的占20.7%，满意的占58.6%，比较满意的占17.2%；只有1户表示不满意，占3.5%，如表2-4所示。

表2-4　对目前义务教育的评价

对目前义务教育的评价	频率	百分比/%	有效百分比/%	累计百分比/%
非常满意	6	20.7	20.7	20.7
满意	17	58.6	58.6	79.3
比较满意	5	17.2	17.2	96.5
不满意	1	3.5	3.5	100.0
合计	29	100.0	100.0	—

2012年，猴桥镇的学校由原来的24所撤并为14所，其中，完小有10所、初小有2所、初级中学有1所、幼儿园有1所。2012年，猴桥镇投入教育经费达339万元，代课教师工资提高到每月1000元。教师节期间，全镇270多名教师包括代课教师享受了每人500元的慰问金，共发放14万余元。

2014年，猴桥镇投资232万元用于解决代课教师工资、营养餐炊事员工资、基础设施建设等方面的问题；投资200万元完成育英完小基础设施、灯草坝小学师生食堂、箐口完小食堂建设；投资810万元实施“国门中学”宿舍及食堂、东风完小学生食堂建设等工程；投资180万元建设东村幼儿园；投资

5.6 万元解决学前教育教材费用。[①] 猴桥镇的义务教育事业有了明显提升。

（二）村民的经济收入有了一定提高

2012 年，猴桥镇经济总收入完成 2.92 亿元，比 2007 年增加 1.49 亿元；财政总收入完成 3837 万元，比 2007 年增加 2251 万元；一般预算收入完成 2410 万元，比 2007 年增加 1611 万元；农民人均纯收入为 6047 元，比 2007 年增加 3875 元。[①]

为了进一步推动农村经济发展，2013 年，猴桥镇积极落实发放各项惠农补助资金共 442.53 万元，其中，综合粮食补贴为 49.2 万元，沿边补助金为 104.4 万元，低保、五保补助金为 73.5 万元，移民后扶资金为 17.28 万元，公益林补助金为 37.45 万元，水利建设资金、议事室建设资金、建房补助金共计 160.7 万元；开展了农网改造工作，完成 228 户。[②]

同时，猴桥镇积极发展农村特色经济产业。2013 年，种植人工林约 1500 亩，封山育林 2000 亩，种植草果 12 000 亩，种植泡核桃 6470.7 亩，种植红花油茶 2496.8 亩。[③]

就长塘村傈僳族村民的经济收入情况来看，2012 年，长塘村经济总收入为 78.54 万元，农民人均纯收入为 6049 元，农民收入以林业、种植业等为主；2014 年，农民人均纯收入为 8404 元，比 2012 年人均增加了 2355 元。[④] 可见，近年来，长塘村傈僳族村民的经济收入是逐渐增加的。

我们在访谈中得知，包括长塘村在内，整个猴桥村共有土地 15.78 万亩，其中林地就占了 15.3 万亩，而耕地只有 0.27 万亩，粮食生产基本只够维持自家消耗。因此，早在 1988 年猴桥村就引进了林下草果种植，经过长期发展，取得了不错的经济效益，到 2012 年，整个猴桥村林下草果的种植面积达到 12 000 亩，年产量达到 266 248 千克。另外得知，2012 年，长塘村的经济收入主要靠种植草果，大多数家庭有 10 亩草果地，最多的有 20 ～ 30 亩，每吨草果大约能卖 8000 元，每户草果种植年均收入在 1 万～ 1.2 万元。可见草果种植对长塘村傈僳族村民的经济增收有很大的帮助。

---

① 见《猴桥镇 2015 年政府工作报告》。

② 见《猴桥镇 2015 年政府工作报告》。

③ 这些数据来自猴桥镇新农村建设指导员 2013 年调研报告。

④ 数据来源：猴桥村委会。

（三）医疗卫生有了明显改善

2012 年，猴桥镇共投入卫生工作经费 15 万元，完成了 23 183 人次共 9 个村的居民健康档案建立工作；2013 年，“新农合”参合人数达 26 427 人，参合率达 97.5%，累计减免补偿 274 万元；投入 10 万元安装了医保刷卡系统，方便广大群众就医。

在访谈中得知，2012 年，长塘村及其附近的隶属猴桥村委会的自然村都享受了免除 60 元的“新农合”参合费的边境待遇，“新农合”覆盖率达到 100%。这与我们的问卷调查数据的统计结果是相吻合的，在 29 户调查对象中，除了缺失 1 户的信息外，其他 28 户都表示参加了“新农合”，有效百分比达 100%，如表 2-5 所示。

表 2-5　参加“新农合”的情况

是否参加“新农合”	频率	百分比 /%	有效百分比 /%	累计百分比 /%
是	28	96.6	100.0	100.0
系统缺失	1	3.4	—	—
合计	29	100.0	—	—

对“新农合”的期望，大部分傈僳族家庭表示“新农合”现在的水平挺好，该部分家庭占被调查对象的 62.1%，34.5% 的家庭表示不知道，只有 1 户表示“新农合”要政府全部承担，仅占被调查对象的 3.4%，如表 2-6 所示。可见，大部分傈僳族村民对政府的“新农合”政策是表示理解和拥护的。

表 2-6　对“新农合”的期望

对“新农合”的期望	频率	百分比 /%	有效百分比 /%	累计百分比 /%
政府全部承担	1	3.4	3.4	3.4
现在的水平挺好	18	62.1	62.1	65.5
不知道	10	34.5	34.5	100.0
合计	29	100.0	100.0	—

当被问及对目前医疗条件的满意度时，超过 86.2% 的家庭表示满意，其中，很满意的占 27.6%，比较满意的占 58.6%；只有 13.8% 的家庭表示不满意，如表 2-7 所示。可见，傈僳族村民对目前医疗条件的满意度较高。

表 2-7 对目前医疗条件的满意度

满意度	频率	百分比 /%	有效百分比 /%	累计百分比 /%
很满意	8	27.6	27.6	27.6
比较满意	17	58.6	58.6	86.2
不满意	4	13.8	13.8	100.0
合计	29	100.0	100.0	—

当被问及“新农合”减轻家庭负担的程度时，超过 6 成的家庭表示减轻很多，37.9% 的家庭表示减轻不多，如表 2-8 所示。这些数据表明“新农合”制度虽好，但在减轻农民负担方面还有很大的改善空间。

表 2-8 “新农合”减轻家庭负担的程度

“新农合”减轻家庭负担的程度	频率	百分比 /%	有效百分比 /%	累计百分比 /%
减轻很多	18	62.1	62.1	62.1
减轻不多	11	37.9	37.9	100.0
合计	29	100.0	100.0	—

过去傈僳族人生病时只能找“尼扒”来治疗，这与过去傈僳族居住地区医疗条件落后及社会发展水平低有关。现在，这种状况发生了很大的变化，“整个猴桥大约有 70 个傈僳族尼扒，远超过几个社区医生的总和。过去和现在的区别在于，过去由于医疗条件落后，村民一切都依靠尼扒，现在村民生病了，发生意外事故后，首先要做的肯定是先送医院，打针吃药，但同时还要找尼扒打卦，双管齐下，确保药到病除”[①]。我们在长塘村的访谈中得知，该村也有尼扒，由傈僳族男性担任，主要帮人看病和做法事。我们的问卷结果与上述研究结论是一致的。当被问及家人生病时选择的治疗方式时，在 29 户被调查家庭中，有 19 户表示到医院治疗，占被调查家庭的 65.5%；有 10 户表示先到医院，治不好再请法师给家人做法事，占被调查家庭的 34.5%，如表 2-9 所示。也就是说，现在傈僳族人生病时都会到医院治疗，但尼扒在某些情况下仍然发挥作用。

① 侯兴华：《西南跨境民族巫文化研究——对腾冲猴桥傈僳族尼扒的田野调查》，《西南民族大学学报（人文社会科学版）》2014 年第 3 期，第 33-38 页。

表 2-9 家人生病时选择的治疗方式

家人生病时选择的治疗方式	频率	百分比 /%	有效百分比 /%	累计百分比 /%
到医院治疗	19	65.5	65.5	65.5
先到医院，治不好再请法师给家人做法事	10	34.5	34.5	100.0
合计	29	100.0	100.0	—

（四）“新农保”实现了全覆盖，村民对“新农保”认同度高

自“新农保”施行以来，长塘村加大了对其的宣传力度，且积极贯彻执行“新农保”政策，“新农保”实现了全覆盖。当被问及老人享受“新农保”的情况时，在29户被调查对象中，有17户家里没有超过60周岁（含）的老人，12户家里有60周岁以上的老人。在这12户家庭中，老人都正在享受着“新农保”，比例达100%，如表2-10所示。可见，“新农保”在长塘村已实现了全覆盖。

表 2-10 老人享受“新农保”的情况

老人享受“新农保”的情况	频率	百分比 /%	有效百分比 /%	累计百分比 /%
正在享受	12	41.4	100.0	100.0
系统缺失	17	58.6	—	—
合计	29	100.0	—	—

虽然“新农保”在长塘村实现了全覆盖，但这项政策是否得当，应当由村民来判断。当被问及对政府推行“新农保”政策的看法时，长塘村村民对“新农保”的认同度是极高的，在29户被调查家庭中，有96.6%的家庭认同“新农保”，其中超过半数的调查对象认为“新农保”政策解决了农民养老问题，而38.0%的家庭认为“新农保”政策在一定程度上缓解了养老压力但仍需完善，如表2-11所示。

表 2-11 对政府推行“新农保”政策的看法

对“新农保”政策的看法	频率	百分比 /%	有效百分比 /%	累计百分比 /%
解决了农民养老问题	17	58.6	58.6	58.6
在一定程度上缓解了养老压力但仍需完善	11	38.0	38.0	96.6
不关心	1	3.4	3.4	100.0
合计	29	100.0	100.0	—

（五）村民的住房条件有了改善

近年来，长塘村傈僳族村民普遍住上了由政府补贴建成的新居，住房条件得到明显改善，住房满意度普遍提升。2013 年前后，通过评估、筛选后，政府对经济条件相对较差的家庭进行了不同程度的补贴，补贴主要分为两档：第一档最贫困，每户补贴 2.2 万元；第二档次贫困，每户补贴 1.2 万元。在政府补贴的帮助下，大部分村民都盖上了新房，虽然房屋大多仍以土木结构为主，还未盖起混凝土结构的房屋，但与 10 年前相比，住房的质量、舒适度等方面都有了明显提升。

问卷调查统计结果显示，有 69.0% 的家庭在盖房过程中得到了政府的资助（表 2-12），说明政府资助对该村村民的住房改善提供了一定的帮助。

表 2-12　盖房受政府资助的情况

盖房受政府资助情况	频率	百分比 /%	有效百分比 /%	累计百分比 /%
有	20	69.0	69.0	69.0
没有	9	31.0	31.0	100.0
合计	29	100.0	100.0	—

当被问及盖新房的主要原因时，在 25 份有效问卷中，位列前四位的原因分别是：改善居住条件，占 48.0%；结婚娶媳妇，占 20.0%；其他原因，占 16.0%；搬家，占 12.0%；如表 2-13 所示。可见，长塘村村民对住房的需求已经发生了明显变化，过去的需求主要为满足住有所居，现在的需求主要以住房的质量和舒适度为主。

表 2-13　盖新房的主要原因

盖新房的主要原因	频率	百分比 /%	有效百分比 /%	累计百分比 /%
房屋拆迁	1	3.5	4.0	4.0
搬家	3	10.3	12.0	16.0
改善居住条件	12	41.4	48.0	64.0
结婚娶媳妇	5	17.2	20.0	84.0
其他	4	13.8	16.0	100.0
小计	25	86.2	100.0	—
系统缺失	4	13.8	—	—
合计	29	100.0	—	—

二、长塘村民生存在的问题及原因分析

（一）教育发展综合水平低

如前所述，长塘村在基础教育的投入、基础设施建设、教师待遇、“控辍保学”“两免一补”等方面都取得了很大的成绩，傈僳族村民对义务教育制度的满意度也很高，但仍存在需要亟待解决的问题。

1. 受教育水平整体不高

在接受调查的29户家庭中，家长为小学文化程度的就达18人，占了被调查家庭的62.1%；初中文化程度的有6人，占被调查家庭的20.7%；没接受任何教育的有3人，占被调查家庭的10.3%；高中文化程度的只有2人，仅占被调查家庭的6.9%；如表2-14所示。也就是说，被调查家庭家长的文化程度大部分是小学学历，其次为初中学历，再次为无学历，最后为高中学历。由此也从侧面反映出长塘村傈僳族村民受教育程度整体不高的现状，这会直接影响到当地村民的就业及创业环境，也会造成当地村民收入相对偏低的情况。

表2-14　调查家庭家长的文化程度

文化程度	频率	百分比 /%	有效百分比 /%	累计百分比 /%
没接受任何教育	3	10.3	10.3	10.3
小学	18	62.1	62.1	72.4
初中	6	20.7	20.7	93.1
高中	2	6.9	6.9	100.0
合计	29	100.0	100.0	—

长塘村的孩子接受高中教育及大学教育情况的问卷调查数据的统计结果同样表明，长塘村的孩子受教育水平也整体偏低。从表2-15中可以看到，29户被调查家庭中，有26户家庭没有孩子正在接受高中教育，占被调查家庭的89.7%，只有3户表示家中有1个孩子正在接受高中教育，占被调查家庭的10.3%。表2-16显示，29户被调查家庭中，有27户家中没有孩子正在接受大学教育，占被调查家庭的93.1%，只有2户表示家中有1个孩子正在接受大学教育，占被调查家庭的6.9%。结合访谈可以得知，长塘村现有15户家庭的孩子正在接受初中和小学教育，已经高中毕业的学生有3人，只有2人正在北京和昆明读大学。从总体上看，长塘村大部分家庭的家长都为小学、初中学历；

孩子的学历也是以小学、初中学历居多，高中、大学学历的非常少。

表 2-15　正在接受高中教育的孩子数量

正在接受高中教育的孩子数量	频率	百分比 /%	有效百分比 /%	累计百分比 /%
没有	26	89.7	89.7	89.7
1 个	3	10.3	10.3	100.0
合计	29	100.0	100.0	—

表 2-16　正在接受大学教育的孩子数量

正在接受大学教育的孩子数量	频率	百分比 /%	有效百分比 /%	累计百分比 /%
没有	27	93.1	93.1	93.1
1 个	2	6.9	6.9	100.0
合计	29	100.0	100.0	—

2. 对教育不重视

在访谈中我们得知，长塘村大多数家长的文化程度偏低，他们往往无法对自己孩子的学习进行辅导，也没有多少家长过问自己孩子的学习情况，导致大部分孩子的学习成绩较差。并且许多家长还存在读书无用论的旧观念，对孩子的学习没有做具体的要求和规划，大部分孩子的学习处于放任自流的状态。个别家长认为，孩子读多了书，体力反而不行，就帮不上家里的忙了，而且现在大学毕业生工作也难找，还不如早点回家帮父母干活，还能省下一笔费用。

3. 家庭承担教育费用重

虽然九年义务教育阶段的免费政策得到了很好的贯彻落实，但长塘村的大部分家庭仍觉得教育支出占家里收入的比重过高，承担教育费用负担重。在有效的 25 户被调查家庭中，有 8 户表示负担很重，需要借款读书，占被调查家庭的 32.0%；11 户表示能支付，但占家里收入的比例大，占被调查家庭的 44.0%。也就是说，有 76.0% 的家庭表示教育费用负担重，只有 6 户表示能支付，占家里收入比例小，仅占被调查家庭的 24.0%，如表 2-17 所示。结合访谈得知，这些负担压力主要体现在家里有初中、高中学生及大学生的家庭中。

表 2-17　家庭对教育费用的负担情况

家庭教育费用的负担情况	频率	百分比 /%	有效百分比 /%	累计百分比 /%
负担很重，需要借款读书	8	27.6	32.0	32.0
能支付，但占家里收入的比例大	11	37.9	44.0	76.0

续表

家庭教育费用的负担情况	频率	百分比 /%	有效百分比 /%	累计百分比 /%
能支付，占家里收入比例小	6	20.7	24.0	100.0
小计	25	86.2	100.0	—
系统缺失	4	13.8	—	—
合计	29	100.0	—	—

4. 教学质量差

在访谈中我们得知，长塘村小学生就读猴桥完小，中学生就读猴桥中学。当地普遍存在语言障碍、家庭教育、教师素质等方面的问题，导致当地的教育教学质量整体偏差。比如，在语言障碍方面，长塘村的孩子很少有上过学前班的，大部分孩子都是直接上小学一年级，他们不会讲汉语，基本听不懂老师用汉语讲课，老师也不知道学生听懂了没有，几个为数不多的傈僳族老师也难以改变这种状况。再加上家长对教育的不重视，以及老师学历偏低，教学经验不丰富，部分代课老师甚至连初中都没有毕业，几乎无法开展正常的课堂教学，久而久之，导致教学质量持续偏差。

（二）经济发展缺乏活力

1. 发展模式单一、缺乏骨干产业

长塘村农户收入大部分依靠种植业，种植业年收入达到 5000 元以上的家庭占 60.9% 之多，种植业年收入超过 1000 元的家庭占 35.8%，可见，长塘村的经济发展模式仍属于内向型单一经济发展模式。① 这里的种植业包括草果、水稻、玉米、板栗、木瓜等作物的种植，其中对经济增收助力最大的是草果种植。猴桥镇属于边疆高寒山区，海拔大多在 1000 米以上，耕地较少，但海拔在 1800 ～ 2000 米的阔叶林地水源好，非常适合林下草果的生长。为了林下草果产业的健康发展，猴桥镇把草果种植的一些具体措施纳入村规民约：凡是能够种植草果的林地全部用于草果种植；草果周围 30 米除了采光需要外不得砍伐森林，用于保护水源；统一采购时间，统一规定收购价格；等等。依靠草果种植，近年来长塘村傈僳族村民的经济收入有所提高，然而，草果种植是周期性长且受市场价格波动影响较大的产业，长塘村傈僳族村民的收入不能单纯依靠草果种植，况且草果种植在猴桥镇还没有形成骨干产业，依然停留在简单种

① 数据来源：长塘自然村问卷数据。

植的经济模式上，缺乏种植技术保障、量产保障、质量保障、深加工，尚未形成品牌。在访谈中，有村民表示，现在几乎家家都种植草果，但是草果苗种下去之后，挂果至少需要3年时间，因此，在这3年之内，村民的经济收入没有大的变化。其他时间仍然以种植水稻、玉米等粮食作物为主，有的也种一点板栗、木瓜等经济林果。

2. 农村闲置劳动力较多，家庭增收困难

从总体上看，长塘村家庭收入的增收是有限的，除了与经济发展模式单一、缺乏骨干产业有关之外，还与外出务工人员较少有关。根据调查问卷的统计分析结果可以知道，在长塘村不愿意外出务工的占到被调查家庭的37.9%，虽然有62.1%的家庭表示愿意外出务工（表2-18），但是，在我们的访谈中发现，他们所谓的外出务工，大部分只是在周围乡镇从事短期临时工，打完工即回，这样的外出务工对助推家庭增收的作用不明显，只不过是多了一点额外收入，不是固定收入，对于提高家庭收入来说，仍属杯水车薪。

表2-18 是否愿意外出务工

是否愿意外出务工	频率	百分比/%	有效百分比/%	累计百分比/%
愿意，外出务工比务农好	18	62.1	62.1	62.1
不愿意，外出务工不如在家务农	11	37.9	37.9	100.0
合计	29	100.0	100.0	—

在外出务工人员中，常年外出务工人员占14.3%，外出务工1～3个月的人员占64.3%，外出务工3～6个月的人员占14.3%，外出务工6～12个月的人员占7.1%。[①] 显然，大部分外出务工属于季节性外出务工，大部分人是打短工的；大多数家庭虽然比较支持外出打工，却苦于缺乏相应的技能，导致外出务工的范围受到了局限。

总的来看，长塘村的经济发展是缺乏活力的，虽然政府对边境少数民族的优惠政策力度很大。比如，沿边直线距离5千米范围的行政村可以享受沿边补贴1000元/户/年，免除60元的"新农合"参合费，以及教育上的"两免一补"政策，良种补贴，等等。这些优惠政策长塘村都能享受，但仅仅靠政府的优惠政策，不能形成自己的特色经济，这样的经济发展方式是不可能持续推动长塘村的经济社会发展的。形成这样局面的原因很多，主要有三方面：一是部分村

① 数据来源：长塘自然村问卷数据。

民的“等、靠、要”思想严重，缺乏自主意识和市场意识，更缺乏自力更生和自主创业意识。二是财政收入少，缺乏生产资金。长塘村属于傈僳族聚居的山区，财政资源有限，无力加大生产投入力度，并且村民收入极其有限，基本没有规模化生产的投入能力。三是没有支柱产业，产业结构极其单一，生产技术落后，主要种植草果、板栗和木瓜等作物，没有形成规模。

（三）看病不方便，医疗设备有限而简陋，医疗负担重

长塘村享受着边境地区免除参合费的待遇，“新农合”达到全覆盖的状态，村民的医疗保障水平有了很大提高，但是，这些并没有彻底解决村民的医疗保障问题，如医疗设备有限而简陋，医疗技术人员缺乏，村民看病不方便，医疗负担重等问题仍很突出。

我们在调查中获得的《猴桥镇2012年卫生工作总结》指出了猴桥镇医疗卫生存在的三大问题：一是医疗技术人员缺乏、医疗急救体系不完善；二是村卫生所设备非常简陋，远远满足不了人们的就医需求；三是村卫生所基础台账仍不够完善，医务人员业务水平有待提高，疾病预防宣传力度有待加大，防控能力有待加强。

上述这些问题在长塘村也非常突出，访谈结果表明，首先，长塘村村民的医疗主要依靠距离村委会2千米的卫生所及距离村委会14千米的镇卫生院，但该卫生所和卫生院也只能治疗一些感冒等的小病，复杂一点的病根本没有办法治疗。因此，村民感觉看病就医仍然很困难。其次，卫生所的设备非常简陋，药品不齐全，只能对付一些普通小病；卫生员每天给人看病用的针水数量有限制，只有一天的量，用完就不可以再开。因此，村民觉得非常不方便。再次，医疗卫生人才严重缺乏。最后，医疗负担重，因病致贫、因病返贫和因贫致病的恶性循环仍未打破。

从我们的调查问卷统计结果中可以看出，长塘村傈僳族村民的医疗支出相对于他们的人均纯收入来说是非常高的。在29户被调查家庭中，2012年，医疗支出在300～2400元的有8户，占被调查家庭的27.6%；剩下的家庭医疗支出都在3000元及以上，占被调查家庭的72.4%，其中有4户均支出了10 000元，有5户分别支出了15 000元、16 700元、26 000元、28 000元、50 000元，如表2-19所示。显然，这样的医疗支出对他们的生活是有极大影响的，同时，调查问卷统计结果表明，29户被调查家庭中，有11户表示“新农合”对家庭负担减轻不多，同样也说明了部分家庭对医疗负担难以承受。

表 2-19　2012 年的医疗支出情况

医疗支出 / 元	频率	百分比 /%	有效百分比 /%	累计百分比 /%
300	2	6.9	6.9	6.9
700	1	3.4	3.4	10.3
1 080	1	3.4	3.4	13.8
2 000	3	10.3	10.3	24.1
2 400	1	3.4	3.4	27.6
3 000	4	13.8	13.8	41.4
4 000	3	10.3	10.3	51.7
5 000	3	10.3	10.3	62.1
6 000	2	6.9	6.9	69.0
10 000	4	13.8	13.8	82.8
15 000	1	3.4	3.4	86.2
16 700	1	3.4	3.4	89.7
26 000	1	3.4	3.4	93.1
28 000	1	3.4	3.4	96.6
50 000	1	3.4	3.4	100.0
合计	29	100.0	100.0	—

注：部分数据因四舍五入，存在总计与分项合计不等的情况，下同。

（四）生态环境保护意识不强，环境质量变差

长塘村村民在平常生活中对环境保护不太注意，使用塑料袋、焚烧秸秆、乱堆垃圾、乱排污水等问题突出，村民大多感觉生活环境变得越来越差。在 29 户被调查家庭中，有 20 户认为村里和社区自然环境变得越来越差了，比例达到 69.0%，如表 2-20 所示。认为环境污染对自己的健康有危害的比例达到 96.5%，其中，认为危害非常大的有 4 户，占 13.8%；认为危害比较大的有 15 户，占 51.7%；认为危害不大的有 9 户，占 31.0%。认为没有遭受环境污染的只有 1 户，占 3.5%，如表 2-21 所示。

表 2-20　村里和社区的自然环境是否变得越来越差

自然环境是否变得越来越差	频率	百分比 /%	有效百分比 /%	累计百分比 /%
是的	20	69.0	69.0	69.0
不是的	9	31.0	31.0	100.0
合计	29	100.0	100.0	—

表 2-21 环境污染对健康的危害程度

环境污染对健康的危害程度	频率	百分比 /%	有效百分比 /%	累计百分比 /%
危害非常大	4	13.8	13.8	13.8
危害比较大	15	51.7	51.7	65.5
危害不大	9	31.0	31.0	96.5
没有遭受环境污染	1	3.5	3.5	100.0
合计	29	100.0	100.0	—

从以上数据我们可以看出，边境农村村民的生态环境保护意识不强，边境农村的生态文明建设水平与层次还很低。其主要原因有两方面：一方面是少数民族群众整体受教育程度不高，对环境问题的了解程度和污染的潜在危害的认知往往很模糊；另一方面是环境保护的法律政策在实际中没有完全落到实处。

第二节　盈江县铜壁关乡景颇族的民生问题及原因

在德宏州盈江县铜壁关乡境内居住着汉族、景颇族、傈僳族、傣族、德昂族等民族，调查对象诗别村隶属于铜壁关乡三合村委会，三合村委会下辖 11 个自然村：小寨、大寨、塘梨坝、戛独一组、戛独二组、松克、新村、诗别、磨石、茶山、小幸。

诗别村是一个景颇族边境村，距缅甸的直线距离仅有 2.1 千米。诗别村辖 1 个村民小组，有农户 33 户，有乡村人口 154 人，其中劳动力有 97 人。诗别村有耕地 316 亩，其中人均耕地为 1.9 亩；有林地 260 亩。诗别村属于山区，距离村委会 2 千米，距离镇 2 千米，面积为 1.05 平方千米，海拔为 1300 米，年平均气温为 16℃，年降水量为 1800 毫米，适宜种植粮食、草果等农作物。①

景颇族是盈江县世居民族，起源于青藏高原北部日月山一带，先民属氐羌族群。在史籍中，唐代称之为“寻传”“裸形蛮”；元明称载瓦支和浪峨支为“峨昌”“莪昌”“蛾昌”等；明称景颇支为“羯些”“遮些”“结些”等；民国称载瓦支为“小山”，称景颇支为“大山”、“载瓦”、“喇期”、“浪峨”；各支系自称景颇。约于明中叶，景颇先民“结些”中的一部分人开始进入盈江地区，

① 数据来源：三合村委会。

清初，便大规模迁入并定居于铜壁关、神护关（今铜壁关、苏典地区）一带山区。盈江县景颇族分景颇、载瓦、喇期（茶山）、浪峨（浪速）4个支系。景颇支主要聚居于铜壁关乡和卡场镇，载瓦支主要聚居于盏西镇、芒章乡和新城乡，茶山、浪速支系各乡镇均有少量分布。[①] 中华人民共和国成立前，景颇族主要种植旱地作物，并进行一定的采集和狩猎，保留着不同程度的原始公社残余。19世纪后期，随着商业资本的进入，一些地区出现了少数从事商贩的"普嘎"（即生意人）；民国之后，土地典当、抵押和买卖日益频繁，租佃、雇工、高利贷等逐渐居于重要地位。景颇族的传统节日主要有"目瑙纵歌"和新米节；主食为大米，亦以玉米、高粱等为主食；传统住房为竹木结构茅屋，呈长方形，屋顶是双斜面，分上下两层，底层用以关家畜、家禽，上层住人。[②]

在诗别村调研时，33户家庭中有3户外出未归，因此一共发出30份问卷，回收问卷30份，回收率是100%。从问卷数据中可以看出，除了一户家庭在民族选择上填的是汉族，其他29户都是景颇族，如表2-22所示。

表2-22　调查对象的族别

民族	频率	有效百分比/%	累计百分比/%
汉族	1	3.3	3.3
景颇族	29	96.7	100.0
合计	30	100.0	—

一、诗别村民生现状

（一）基础教育稳步推进

诗别村的小学生就读铜壁关中心小学，中学生就读铜壁关中学。调查问卷统计结果表明，诗别村有60%的家庭中有一个或一个以上小孩在读书，接受九年义务教育的孩子占到70%，而且完成九年义务教育的学生在逐年增多，截至2013年，中小学生入学率都达到了100%。[③] 并且，村民大都希望孩子能读到大学，表明村民的教育观念在不断进步。

① 盈江县史志办公室：《盈江年鉴（2011—2012卷）》（内部资料），第95页。

② 参见盈江县志编纂委员会：《盈江县志》，昆明：云南民族出版社，1997年，第556-556页；盈江县史志办公室：《盈江年鉴（2011—2012卷）》（内部资料），第202-203页。

③ 数据来源：诗别自然村问卷数据。

铜壁关乡的“两基”成果不断得到巩固，“两免一补”政策得到有效贯彻执行，中小学营养餐计划得到有效实施，中职学生助学金等制度也得到了完善。在访谈中我们得知，诗别村小学、初中阶段家庭经济困难的学生都能得到一定的补助，其中，小学生每人每年可得到1500元的补助，初中生每人每年可得到1600元的补助。

随着教育投入的不断增加，学校建设也在朝前推进，教学设施也不断得到完善，到2013年，包括铜壁关中心小学在内，三合村的小学数量达到了4所，校舍建筑面积达到了2500平方米，拥有教师21人、在校学生267人，诗别村的基础教育得到了稳步推进。通过表2-23也可以看出，诗别村村民对目前义务教育的评价也较高，93.1%的家庭对目前义务教育的评价达到了满意的程度，其中，非常满意的为17.3%，满意的达51.7%，比较满意的为24.1%。

表2-23　对目前义务教育的评价

对目前义务教育的评价	频率	百分比/%	有效百分比/%	累计百分比/%
非常满意	5	16.7	17.3	17.3
满意	15	50.0	51.7	69.0
比较满意	7	23.3	24.1	93.1
不满意	2	6.7	6.9	100.0
小计	29	96.7	100.0	—
系统缺失	1	3.3	—	—
合计	30	100.0	—	—

（二）经济发展持续向好

1. 经济收入逐年增加，外出务工人员增多

从调查问卷的统计结果可以看出，诗别景颇族村民的人均年收入是逐年增加的，从2005年的不到1000元增长到了2013年的4048元。调查问卷统计结果表明，2012年，家庭年收入大多集中在10 000～15 000元，家庭收入来源主要是种植业和养殖业，选择在本地发展运输业、建筑业和做生意的人数所占比例较少，选择外出务工的人员逐年增多，达到了60%，这在一定程度上增加了家庭收入，缓和了经济压力。[①]

从村委会公布的统计数据来看，2013年、2014年，诗别村村民的总收入、

① 数据来源：诗别自然村问卷数据。

种植业收入、林业收入、人均纯收入等各项收入都在增加，外出务工人员也持续增多，如表 2-24、表 2-25 所示。[1]

表 2-24 2013 年、2014 年诗别村经济收入情况

年份	总收入 / 万元	种植业收入 / 万元	林业收入 / 万元	人均纯收入 / 元
2013	100	8	31	4048
2014	122	10	86	5053

表 2-25 2013 年、2014 年诗别村外出务工情况　　单位：人

年份	常年外出务工人员	省内务工	省外务工
2013	2	2	0
2014	21	6	15

2. 消费水平不断提高，支出项目呈现出多元化特征

在消费方面，诗别村大部分家庭已经有电视机、影碟机、冰箱、手机、摩托车、耕田机等，少部分家庭还有数码相机、空调、轿车等。这说明村民的生活水平普遍得到提高，部分家庭开始走向数字化生活。在访谈中，有村民谈道：

> 过去，一年的收入不是很多，因此也不敢乱花钱，家人的吃穿都很简单；而现在不同了，收入水平提高了不少，随之消费水平也在提高，家人的吃穿以及住房条件都改善了很多，另外，家里也增添了不少家电，如冰箱、空调都是近几年新增添的，家庭支出的种类比原来多了。

从这位村民的话中，我们可以明显感觉到村民的生活满意度有了提升。

3. 外出务工人员增多，减轻了家庭的经济压力

根据调查问卷的统计结果和访谈，近年来，诗别村外出务工人员不断增多，并且大多数人员选择了大中城市。外出务工不仅拓宽了村民的就业渠道，也减轻了家庭经济压力。在被调查的人员中，60% 的人员愿意外出务工，认为打工比务农好；40% 的外出打工人员都是长期在外务工的。[2] 在外出务工人员中，有 53.3% 的人接受过相关技能培训，并且大多是政府组织的免费培训，

① 根据三合村委会提供的数据整理而成。
② 数据来源：诗别自然村问卷数据。

如表 2-26 所示。通过培训，村民的就业技能得到了增强，就业观也有了很大转变，越来越多的村民愿意外出务工。外出务工大大增加了他们的收入来源，减轻了家庭的经济压力。

表 2-26　是否接受过相关技能培训

是否接受过相关技能培训	频率	百分比 /%	有效百分比 /%	累计百分比 /%
有	16	53.3	53.3	53.3
没有	14	46.7	46.7	100.0
合计	30	100.0	100.0	—

但不可否认的是，由于大部分人员在外务工，家里小孩的教育和老人的赡养成为问题。大部分的孩子都是由家里的老人或亲戚照看，这样十分不利于孩子的教育与成长；而年迈的老人也面临着无人照顾的问题。因此，外出务工的村民应和社会组织加强配合，以妥善处理子女教育和老人赡养的问题。

（三）医疗卫生保障不断完善

在医疗卫生方面，据我们调查，诗别村享受边境免除 60 元“新农合”参合费的优惠待遇，已实现 100% 的“新农合”参合率。近年来，诗别村的医疗卫生保障不断得到改善。

1. 医疗设施不断完善

过去，三合村没有专门的卫生所，村民看病要到县城里去，因为看病不便利，更多人没有能够及时就医而耽误了病情。如今，村里建起了卫生所和卫生院，村民的医疗主要依靠村卫生所和乡卫生院，村卫生所面积为 32 平方米，有乡村医生 1 人。①

2. 对“新农合”的满意度较高

在被调查家庭中，村民 2012 年的医疗支出费用大多在 1000 ～ 3000 元。80% 的被调查家庭认为“新农合”减轻了他们的就医负担；大多数被调查家庭表示能负担现在的医疗费用，并对现行的医疗保障制度和医疗条件表示满意；60% 的被调查家庭认为现在的“新农合”制度很好；只有 16.7% 的被调查家庭认为医疗费用应该由政府全部承担。②

① 数据来源：三合村委会。

② 数据来源：诗别自然村问卷数据。

3. 到医院看病的意识增强

三合村的卫生所使村民看病方便了许多，如表 2-27 所示，认为现在看病方便的比例达到了 70.0%。从表 2-28 中可以看出，在所调查的家庭中，60.0% 的家庭在家人生病时都会选择到医院治疗，但是由于村民受传统思想的影响仍然较深，40.0% 的家庭还是会选择先到医院，治不好再请法师给家人做法事，但总体上他们愿意优先选择到医院就医的情况，还是说明他们的就医意识在不断提高。

表 2-27 看病的方便程度

看病方便程度	频率	百分比 /%	有效百分比 /%	累计百分比 /%
很方便	7	23.3	23.3	23.3
比较方便	14	46.7	46.7	70.0
不方便	9	30.0	30.0	100.0
合计	30	100.0	100.0	—

表 2-28 家人生病时选择的治疗方式

家人生病时选择的治疗方式	频率	百分比 /%	有效百分比 /%	累计百分比 /%
到医院治疗	18	60.0	60.0	60.0
先到医院，治不好再请法师给家人做法事	12	40.0	40.0	100.0
合计	30	100.0	100.0	—

（四）养老条件有了改善，“新农保”实现了全覆盖

从调查中我们得知，近年来，铜壁关乡的养老条件改善了不少，虽然还没有建立敬老院，但已经在乡上成立了老年协会，老年人有了休闲娱乐的场所，可以在老年协会读书看报、下棋聊天，不仅丰富了老年人的精神生活，而且每天往返于家和老年协会也活动了身体。在访谈中得知，当地景颇族目前的主要养老方式仍然靠传统的家庭养老，60 周岁之后，一般跟小儿子一起生活，主要靠小儿子养老。

由于当地政府对“新农保”政策宣传到位，且执行严格，包括诗别村在内的整个三合村都实现了 100% 的“新农保”全覆盖，参保档次一般都在 100 ～ 500 元。在诗别村，2013 年，60 周岁及以上的老人很少，在 30 户被调查家庭中，只有 8 户有 60 周岁及以上的老人，如表 2-29 所示。这 8 户家庭的老人都享受着“新农保”。

表 2-29　60 周岁及以上的老人的数量

60 周岁及以上老人的数量	频率	百分比 /%	有效百分比 /%	累计百分比 /%
没有	22	73.3	73.3	73.3
1 人	7	23.3	23.3	96.7
2 人	1	3.3	3.3	100.0
合计	30	100.0	100.0	—

（五）住房条件有了明显改善

从调查中得知，接受调查的家庭均是在 1978 年后建的房，景颇族人民的房屋结构也由原来的竹板房结构变得多样化，其中，土木结构和砖木结构所占有效百分比分别为 52% 和 20%。[①] 而居住面积也大多在 100 平方米左右，在 30 户被调查家庭中，居住面积在 50 ～ 100 平方米的家庭占 60.0%，在 101 ～ 200 平方米的家庭占 33.4%，如表 2-30 所示。在访谈中，也有村民提到，随着城镇化水平的提高和村民交往范围的扩大，现代性因素逐渐渗透于村落中，许多村民盖起了现代性的砖木结构住房，而且在其中保留了自己民族的特色，无论是住房的面积、美观程度，还是住房的御寒功能、舒适程度都有了明显的改善。

表 2-30　居住面积

居住面积	频率	百分比 /%	有效百分比 /%	累计百分比 /%
50 平方米以下	1	3.3	3.3	3.3
50 ～ 100 平方米	18	60.0	60.0	63.3
101 ～ 200 平方米	10	33.4	33.4	96.7
200 平方米以上	1	3.3	3.3	100.0
合计	30	100.0	100.0	—

另外，调查问卷统计结果显示，在所调查的家庭中，打算盖新房的家庭的有效百分比达 70%，不打算盖新房和没想过盖新房的家庭的有效百分比分别占 20% 和 10%；在盖房选址上，诗别村选住农村的家庭的有效百分比占 66.7%，选住城市的占 20%，住哪里无所谓的占 13.3%。[②] 这些数据一方面进一步说明了景颇族人对进一步改善住房条件的良好愿望；另一方面也体现了当地景颇族人的居住习惯，他们更喜欢与自然亲近，所以更多的家庭喜欢居住在农村。

① 数据来源：诗别自然村问卷数据。

② 数据来源：诗别自然村问卷数据。

（六）生态环境保护较好，有较强的环保意识

铜壁关乡有云南省铜壁关天然林自然保护区，生长着堪称“独树成林”的榕树王，有环境优美的凯邦亚湖。在景颇族所居住的诗别村，在生态环境方面，76.7% 的人认为，村里和社区的自然环境越来越好了。参加调查的人都认为，治理环境需要大家一起努力，也愿意为改善自然环境参加义务劳动，说明村民的环保意识较高。此外，从表 2-31 中可以看出，有 86.7% 的人对当地政府在环境保护方面的工作评价持一般及以上的态度，说明当地政府在诗别村生态环境保护方面的工作总体上是较好的。

表 2-31 对当地政府在环境保护方面的工作评价

对政府环保工作的评价	频率	百分比 /%	有效百分比 /%	累计百分比 /%
很好	1	3.3	3.3	3.3
比较好	8	26.7	26.7	30.0
一般	17	56.7	56.7	86.7
比较差	4	13.3	13.3	100.0
合计	30	100.0	100.0	—

二、诗别村民生存在的问题及原因分析

（一）基础教育尚有难题

虽然诗别村的基础教育得到了有效推进，无论是孩子的入学率、村民的教育观念，还是学校的基础设施建设都有了很大的提高和改善，但不可否认的是，诗别村的教育仍然存在着一些突出的问题。

1. 受教育程度较低，教育受经济发展制约较明显

从表 2-32 来看，大多数被调查对象只具有小学学历，占 60.0%，初中学历的占 26.7%，高中、大学专科学历的分别只有 1 人，共占 6.6%。可见，拥有初中及以上学历的被调查对象占极少数，这从侧面反映了诗别村村民的文化程度总体偏低的现状。这些被调查对象大都是家长，偏低的文化程度制约了他们对当代教育意义的了解和认识，进而影响到了孩子的受教育状况。我们在访谈中得知，至 2013 年，诗别村只有 1 人在读高中，2 人高中毕业，1 人在读德宏州

中等职业学校，1 人在读云南热带作物职业学院，至今没有名牌大学的学生。

表 2-32　调查对象的文化程度

文化程度	频率	百分比 /%	有效百分比 /%	累计百分比 /%
没接收任何教育	1	3.3	3.3	3.3
扫盲班	1	3.3	3.3	6.7
小学	18	60.0	60.0	66.7
初中	8	26.7	26.7	93.3
高中	1	3.3	3.3	96.7
大学专科	1	3.3	3.3	100.0
合计	30	100.0	100.0	—

此外，通过与村民的访谈可知，诗别村大多数家长表示愿意让自己的孩子接受更高水平的教育，让孩子学习更多的知识和专业技能。但问到让几个孩子去学校接受教育时，这就与家庭收入状况有很大关系了，多数家庭表示只能供 1 个孩子接受教育，能供 2 个及以上孩子接受教育的家庭比较少。家庭收入低，导致诗别村大多数家庭觉得教育负担较重，供不起孩子上学，对孩子的教育是有心而无力，大部分家庭基本只具备提供孩子接受九年义务教育的经济能力，高中及以上的教育就很难了。这种状况，从诗别村的教育支出数据中也可见一斑。在参与统计的 30 户家庭中，总的教育支出在 600 ～ 20 000 元，教育支出在 600 元以下的仅有 4 户，占 13.3%；教育支出在 2000 ～ 10 000 元的有 22 户，高达 73.4%；教育支出在 10 001 ～ 20 000 元的有 4 户，占 13.3%。① 这对于人均年纯收入只有 5492 元的诗别村村民来说，无疑是难以承受的，这也是导致诗别村受教育水平低的重要因素。

2. 教育、教学质量差

在访谈中，大部分村民表示，铜壁关现在的教育教学质量很差，孩子的学习成绩大都不理想，小学的教学质量略高于初中，但在整个盈江县范围内，诗别村孩子就读的小学和初中的教学质量都是倒数几名的。究其原因，家长认为主要有三个：第一，学校管理松散，特别是铜壁关中学，学校对学生的要求不够严格，管理制度形同虚设；第二，大部分家长表示压力再大也要供孩子读书，但不知道该怎么提高孩子的学习成绩，不知道如何与孩子进行有效的沟通，也没有能力辅导孩子的学习，对孩子在学校的学习情况不太了解；第三，

① 诗别自然村问卷数据。

家长与老师之间的沟通不畅，没有形成一种行之有效的沟通制度。

我们在访谈中获得的《盈江县2013学年教育质量分析报告》也反映了铜壁关基础教育质量较差的情况。就小学教育质量来看，2013学年，在盈江县各校综合成绩的排名中，铜壁关中心小学排名第17名，是倒数第5名，如表2-33所示。

表2-33 2013学年盈江县各校综合成绩排名情况

排名	盈江县学校	平均分	名次与去年相比
1	县一小	87.3	持平
2	县民小	85.0	持平
3	旧城	78.3	+4
4	油松岭	77.5	+2
5	城关	77.3	−2
6	昔马	76.5	+2
7	弄璋	75.5	−3
8	姐冒	73.5	−3
9	岗勐	71.8	+3
10	芒允	71.0	+1
11	太平	70.9	−1
12	新城	70.6	+3
13	户勐	70.5	−4
14	那邦	67.7	−2
15	盏西	67.1	−2
16	芒章	66.4	−2
17	铜壁关中心小学	65.2	+2
18	卡场	64.7	−2
19	苏典	61.6	−1
20	勐弄	56.7	+1
21	支那	53.9	−1

此外，《盈江县2013学年教育质量分析报告》显示，在盈江县各校六年级教学质量监测成绩排名中，铜壁关中心小学排名第19名，是倒数第3名；在盈江县初中各学校生均得分排名中，铜壁关中学位居第18名，是倒数第1名。这些数据都证明了铜壁关教育质量相对较差的现实情况。

而从初中学校各学科生均得分排名来看，铜壁关中学的七年级语文、数学、英语、思想品德学科生均得分排名倒数第1；八年级语文、数学、英语、物理、生物、信息技术学科生均得分排名倒数第 1，地理学科生均得分排名倒数第 2，历史学科生均得分排名倒数第 3；九年级数学、英语、物理、化学、地理学科生均得分排名倒数第 1，语文、生物学科生均得分排名倒数第 2，历史学科生均得分排名倒数第 5。

我们再从盈江县各校中考成绩的平均分来看，铜壁关中学在 2010－2011 学年、2011－2012 学年、2012－2013 学年，在 18 所中学中分别排名第 17 名、第 15 名和第 18 名，基本都在倒数 3 名内，如表 2-34 所示。

表 2-34　2010—2011 学年、2011—2012 学年、2012—2013 学年盈江县各校中考成绩平均分排名

学校	2010—2011	2011—2012	2012—2013
一初	8	6	10
莲花山中学	5	9	12
弄璋中学	6	4	11
旧城中学	16	8	8
太平中学	14	12	17
盏西中学	15	17	7
新城中学	12	10	14
支那中学	12	13	9
昔马中学	2	2	4
芒章中学	10	15	13
油松岭中学	3	3	2
铜壁关中学	17	15	18
姐帽中学	9	14	16
芒允中学	11	11	15
民中	1	1	1
勐弄中学	4	5	6
卡场中学	18	18	6
苏典中学	7	6	3

导致铜壁关中小学教育教学质量差的原因有很多，其中主要包括：小学教师存在“万金油”现象，大多学校实行“包班制”教学，专业骨干教师不足；教师对学生养成良好的学习习惯培养不够，对学生的思维应变能力培养不够；部分学校的教学常规管理重制度建设，轻实践落实；教师结构不合理、教师基本功不到位；初中、小学的城乡教学质量明显不均衡；等等。①

① 数据来源：访谈中获得的《盈江县 2013 学年教育质量分析报告》。

3. 双语教学薄弱

在访谈中，大部分村民表示，自己的小孩从小就说景颇语，进入小学读书之后，仍然以讲景颇语为主，而老师基本都用汉语讲课，导致孩子上课听不懂课程内容，老师也不清楚孩子的学习效果，久而久之就造成了教育教学质量偏差。当被问及有没有双语教学时，大部分村民都表示有双语教学，但在小学中一周只开一节课，根本不可能取得效果。村民表示，应该大力开展双语教学，这样一方面可以提高孩子的学习成绩；另一方面又可以起到保护本民族语言和文字的作用。笔者认为，村民的想法是值得重视的，双语教育在边境地区虽然开展的时间早，也有相关的教材及资料，但过分追求升学率的现实往往导致双语教学名存实亡，应该统一对双语教学重要性的认识，下大力气培养双语教学人才，开展丰富多彩的双语教学模式，制定双语教学大纲，合理设置双语教学的时间，重视民族儿童学习语言的规律，既不能过分强调少数民族语言，又不能过分强调汉语学习，要在这两者之间寻找动态平衡。从步骤上来讲，学前班小班用景颇语教学，进入小学之后开始使用汉语和景颇语教学的双语教学方式，既符合民族特点，能够使学生学到本民族的语言和文化，同时又能提高教学质量，保证学生学好各门学科的知识。

（二）经济发展的困难较多

1. 制约经济增收的因素多

在制约家庭收入的主要因素中，我们调查了 62 人，认为缺少致富项目的有 14 人，占总调查人数的 22.6%；认为外出打工工作难找的有 6 人，占总调查人数的 9.7%；认为缺少资金和技术的有 23 人，占总调查人数的 37.1%；认为缺少信息来源的有 9 人，占总调查人数的 14.5%；认为自己学历低的有 10 人，占总调查人数的 16.1%。[①] 从这些数据中可以看出，制约诗别村经济发展的因素主要有缺少致富项目、外出打工工作难找、缺少资金和技术、缺少经济来源与学历低等五个因素，其中最主要的因素是缺少技术和资金。

2. 经济发展模式单一

诗别村的收入以种植业、养殖业为主，经济发展模式单一。全村主要种植粮食、草果等作物，虽然有些家庭也种植茶树，但不成规模；虽然外出打工

① 数据来源：诗别自然村问卷数据。

的村民逐年增多，村民有了一些增收，但这些做法都没有彻底解决诗别村经济发展的问题。

造成这种状况的原因有很多，归纳起来主要有三条：一是受该村自然环境的制约。诗别村属于山区，交通不便，适宜种植粮食、草果等作物，很难进行大规模的产业发展。二是村民思想观念陈旧，就业不主动，“等、靠、要”思想严重，表现为不敢闯、没有计划等。三是村民没有团体意识，各自为政，很难形成集体式规模化生产。

（三）养老保障不完善

虽然包括诗别村在内的整个三合村都已实现“新农保”全覆盖，但仍存在诸多问题。

1. 村民对“新农保”政策不太了解

参保对象多，涉及面广，使得宣传难度加大，加之少数民族地区相对封闭，信息传递相对困难，这就造成了当地人对“新农保”政策的了解程度比较低。从表 2-35 中可以看出，对“新农保”政策了解一点的家庭占到 53.3%，而很了解和比较了解的分别只占 13.3%。对“新农保”政策的不了解直接造成了许多当地人对“新农保”政策的信心不足，存在观望的态度，最终影响了“新农保”的巩固与推进。

表 2-35　对“新农保”政策的了解程度

对“新农保”政策了解程度	频率	百分比 /%	有效百分比 /%	累计百分比 /%
很了解	4	13.3	13.3	13.3
比较了解	4	13.3	13.3	26.7
了解一点	16	53.3	53.3	80.0
不了解	6	20.0	20.0	100.0
合计	30	100.0	100.0	—

2.“新农保”参保率有所提高，但仍然较低

随着近些年政府对“新农保”的大力宣传以及农民的生活质量有所改善，诗别村的“新农保”推广工作还是取得了一定的成绩，但其参保率仍有待提高。如表 2-36 所示，在受调查的 30 户中，有 10 户都参加了“新农保”，有 6 户分别参加了 1 人，有 4 户分别参加了 2 人，还有 4 户分别参加了 3 人，但

是仍然有 6 户 1 人都没有参加。虽然较以前参保率有所提高，但这个比率仍旧比较低，且其中很多家庭并非全部人员都参加。

表 2-36　16 周岁以上参加“新农保”的情况

16 周岁以上参加“新农保”的情况	频率	百分比 /%	有效百分比 /%	累计百分比 /%
都参加了	10	33.3	33.3	33.3
都没有参加	6	20.0	20.0	53.3
1 人	6	20.0	20.0	73.3
2 人	4	13.3	13.3	86.7
3 人	4	13.3	13.3	100.0
合计	30	100.0	100.0	—

到 2014 年底，诗别村全村 154 人中，参加“新农保”的只有 57 人。可见，“新农保”虽然在三合村实现了全覆盖，但在诗别村的参保率仍然很低。

3. 保障水平低

在所调查的村民当中，有 83.3% 的人认为，其每月的养老保险金不能满足其日常开销，这就严重影响了村民的参保积极性。

（四）基础设施建设滞后

虽然德宏州已全境通路，但乡村公路等级低，县与乡、乡与村之间的公路路面窄，路况较差，晴通雨阻的现象十分普遍，已成为当地经济发展的一大制约，给新农村建设、产业调整等带来了很大困难。诗别村在道路建设方面更是严重滞后，该村的进村道路为土路，下雨天泥泞难行，在调查期间我们都有深刻体会。

当地有相当数量的水库等水利设施，人畜饮水问题基本得到保障，但大多水利设施年份过久，抗灾减灾的能力降低，且受当地地形等客观因素的影响，许多水利设施的建设难以进行。水利设施的不完善造成了当地农民仍然处于靠天吃饭的境地，农业旱涝不保收，严重阻碍了农业生产能力的提高，诗别村也不例外。

诗别村的住房条件虽然有所改善，但仍不容乐观。从表 2-37 中可以看出，在诗别村房屋类型中，土木结构的房屋占 53.3%，砖混结构的房屋占 26.7%。这一数据很明显地反映了该地的房屋仍然以传统的土木结构为主，这与当前中国经济快速平稳发展的大背景相差甚远。

表 2-37 调查对象的房屋类型

房屋类型	频率	百分比 /%	有效百分比 /%	累计百分比 /%
土木结构	16	53.3	53.3	53.3
砖混结构	8	26.7	26.7	80.0
其他	6	20.0	20.0	100.0
合计	30	100.0	100.0	—

第三节 陇川县户撒乡阿昌族的民生问题及原因

在陇川县户撒乡居住着阿昌族、汉族、傈僳族、景颇族、回族等多种民族，调查对象芒旦村隶属于芒炳村委会，是一个阿昌族边境村。

阿昌族自称“阿昌”“蒙撒”“衬撒”“蒙撒禅”，他称“峨昌”“尚”；《云南通志》中称之为“峨昌”“莪昌”“阿昌”“萼昌”；1949 年后，统称“阿昌”。宋元时期，阿昌族已进入部落联盟阶段，开始出现“阿昌”这一名称。公元 13 世纪左右，一部分阿昌族人已向云龙、保山、腾冲西迁，最后有 1/2 以上的阿昌族人定居于高爽、肥沃的户撒坝。① 阿昌族以农业生产为主，擅长种植水稻；同时手工业也较为发达，善于打制长刀；传统住房以砖瓦、木石结构的四合院建筑为主。

一、芒旦村民生发展环境

（一）自然地理环境

1）地理位置。户撒乡阿昌族芒炳村委会芒旦村属于山区，面积为 1.11 平方千米。

2）地形地貌。该村处于高黎贡山余脉纵贯、东北高峻、西南低平的坝子中，地貌特征为“三山两坝一河谷”。

3）气候。气候属南亚热带季风气候，年平均气温为 16.1℃，年降水量为 2053 毫米，年日照数为 2316 个小时，适宜种植粮食等农作物。

4）自然资源。该地区土地肥沃，有丰富的自然资源，山区覆盖着茂密的

① 云南省陇川县志编纂委员会：《陇川县志》，昆明：云南民族出版社，2005 年，第 822 页。

森林，动、植物品种繁多。大盈江、陇川江支流纵横，水资源丰富，为户撒地区提供了丰富的水力资源和便利的灌溉条件。

该地区的自然地理环境可大致概括为以下几点：①地理环境独特，自然灾害频繁，生活条件艰苦；②田地相对较多；③山林资源丰富，生态良好；④民族风情独特。总而言之，该地区的自然地理环境相对而言较为优越。

（二）民族构成

芒旦村主要由阿昌族构成。在芒旦村调研时得知，该村共有农户 44 户，由于 7 户外出无法联系到，我们共发出了 37 份问卷，回收问卷 37 份，回收率是 100%。从 2013 年对该地区 37 户人家（缺失 1 户）的问卷调查来看，阿昌族户数占全村总户数的 94.4%，共 34 户，其他的为傈僳族 1 户、景颇族 1 户，如表2-38所示。全村辖1个村民小组，有乡村人口162人，其中，男性有79人，女性有 83 人。

表 2-38　调查对象的族别

民族	频率	百分比 /%	有效百分比 /%	累计百分比 /%
傈僳族	1	2.7	2.8	2.8
景颇族	1	2.7	2.8	5.6
阿昌族	34	91.9	94.4	100.0
小计	36	97.3	100.0	—
系统缺失	1	2.7	—	—
合计	37	100.0	—	—

（三）经济发展环境

影响芒旦村经济发展的因素有许多，如自然环境、社会环境、基础设施、人口等。

1）自然环境。户撒乡阿昌族芒炳村委会芒旦村的自然资源十分丰富，全村有耕地 709 亩，人均耕地为 4.37 亩；有林地 2797 亩，其中经济林果地为 559 亩，人均经济林果地为 3.35 亩，主要种植草果等经济林果；其他面积为 30 亩。[①] 气候条件优越，该村的自然环境可以说是得天独厚。

2）社会环境。超过半数以上的村民比较满意目前的社会治安和自己生活的环境，邻里之间的关系较为融洽。

① 数据来源：芒炳村委会。

3）基础设施。全村基本普及家庭耐用消费品，如电饭煲、手机等。该村的进村道路为土路，主要的交通工具为摩托车，农业生产用具主要是拖拉机。全村的住房大都是土木结构住房，还有少数的砖混结构住房和石棉瓦住房。

4）人口。要发展经济，人口是重要因素。无论是人口数量还是人口质量，都对社区经济的发展有着重大的影响。一方面，对于芒旦村这样一个农业社区来说，人口数量必须达到一定水平以上才能维持农业生产所需的劳动力。人口过多或过少则不利于农业生产劳作和生活，如人口过多可能导致资源环境的破坏和经济上的贫穷与落后。另一方面，科学技术是第一生产力，科学技术的发展需要人才的推动，人口质量关乎生产力水平的高低，进而影响经济发展状况。①芒旦村有乡村人口 162 人，其中劳动力有 77 人。根据调查问卷的统计结果来看，在被调查的 37 户中，年龄在 30 ～ 45 岁的人口占总人口的 50% 以上，值得注意的是，年龄在 55 岁以上的人口比例也在 24% 左右，18.9% 的人身患残疾。由此可见，该村目前的劳动力人口虽充足但人口趋向老龄化，在未来几年，该村的养老负担将加剧。②该村的教育文化发展状况有待改善，通过对调查问卷统计结果分析得知，该村文盲率达 60% 以上，受过小学教育的人仅占 29.7%，受过高中及其以上教育的人更是寥寥无几；66.7% 的人接受过技能培训。

（四）经济发展概况

芒旦村的经济收入主要依靠种植业、畜牧业、林业等。该村的主要产业为种植业，主要种植水稻、油菜、板栗和草果；还有少量手工业，如手工纺织、打制刀具（图 2-2）等，主要销往省内。

图 2-2　芒旦村的阿昌刀

根据调查问卷统计结果，2012年，该村年收入在5000元以下的家庭占10%，5001～10 000元的占43.3%，40 000元以上的占6.6%，该村年收入普遍集中在7000～26 000元，且多数收入的来源为种植业。此外，从收入水平和支出状况来看，37.8%的家庭认为入不敷出，59.5%的家庭认为收支平衡，仅有少数家庭满意目前的生活水平，且有将近80%的家庭有欠款。[①] 从中不难看出，该村的主要经济来源还是依靠农业，工商业发展还较为滞缓。

根据目前的情况来看，虽然该村的经济收入来源除了第一产业外还出现了商业等新的经济形式，但是该村仍存在经济产业较为单一，手工业和商业发展滞缓，经济发展水平相对落后，农田基础设施建设滞后，缺乏必要的龙头企业支持，劳动生产水平低下，经济收入来源单一且对自然环境的依赖性较大等问题。尽管如此，从后发优势理论来讲，该村的发展空间和潜力还是比较大的。受特殊的地理环境、自然资源和社会文化条件等因素的影响，该村不仅生产方式比较落后，而且经济环境比较封闭，生活状态比较原始。因此，该村在发展过程中要结合当地的实际，循序渐进，因地制宜。在大力发展农业的同时，可适当地发展民族手工业、商业和旅游业等新的经济发展形式。

二、芒旦村民生现状

（一）义务教育逐步推进

1. 受教育程度逐步提高

芒旦村小学生就读芒东小学，中学生就读户撒中学。该村距离芒东小学4千米，距离户撒中学11千米。目前，该村的义务教育在校学生中，小学生有29人，中学生有9人。[②] 从2012年该村阿昌族家庭子女的受教育情况来看，94.5%的家庭的子女正在接受九年义务教育，22.2%的家庭的子女正在接受高中教育，正在接受大学教育的家庭的子女占11.8%，可见受教育程度集中在小学、初中；阿昌族家中，有1个孩子正在读书的家庭占27.8%，有2个孩子正在读书的家庭占21.6%；在调查的37户家庭中，有15户没有适龄学生辍学。[①] 这些数据都充分说明了芒旦村的义务教育得到了推进，孩子们的受教育程度有所提高，适龄学生的辍学率也较低，这一点在对村民的访谈中得到了进一步的

---

① 芒旦自然村问卷数据。

② 数据来源：芒炳村委会。

证实。根据村民的说法，近年来，随着家庭经济收入的提高，他们对教育的重视程度也有所提高，原来许多孩子读完小学或者初中就辍学了，现在这种情况少了很多。

2. 大部分家庭能够承担子女的受教育费用

在调查中，我们了解到小学生、初中生教育费用主要是作业本费、伙食费和资料费，共占 79.2%，其余费用所占比例不大，但花费项目较多，如零花钱、交通费、住宿费、课外辅导费、校服费、保险费等。高中生教育费用是学费、伙食费、交通费、课外辅导费，所占比例均为 25%。大学生教育费用为学习资料费、生活费，所占比例均为 50%。当被问及家庭能否负担子女的教育费用情况时，77.8% 的家庭表示能够支付。[①] 这些数据说明，村民不再需要承担孩子所有的受教育费用，家庭的经济负担减轻了，自然也让更多的孩子受到了教育。

3. 对义务教育满意度较高，对子女受教育程度的期待及重视程度加强

对芒旦村阿昌族家庭对义务教育的满意程度的调查结果显示，表示满意的家庭占 97.2%，表示不满意的家庭占 2.8%。[①] 这充分说明了芒旦村村民对义务教育的满意度较高。另外，在调查中我们发现，阿昌族家庭对子女受教育程度的期待及重视程度都有所加强，调查问卷统计分析结果显示，希望孩子达到大学教育程度的有效百分比达到了 58.8%。在访谈中也发现，村民对教育的重要性认识也在逐渐提升。大多数村民都认为，只要孩子愿意学，就算有再大的压力也会支持孩子继续上学。

（二）经济收入有所增加，需求层次有所提高，对收支状况表示一定程度的认可

1. 年总收入增加，收入渠道更加多样化

根据在调查中得出的数据，2012 年，芒旦村阿昌族 37 户家庭的年均收入为 15 980 元，与之前相比，总体收入增加了，并且收入渠道更加多样化。2012 年，种植业的年最高收入为 33 000 元，均值为 9123 元；养殖业的年最高收入为 18 000 元，均值为 4832 元；外出务工的年最高收入为 30 000 元，均值为 5992 元；12 户有固定工资的家庭中，年最高收入为 2000 元，均值为 633 元；

① 数据来源：芒旦自然村问卷数据。

10 户从事其他行业的家庭中，年最高收入为 6000 元，均值为 1541 元；10 户做生意的家庭中，年最高收入为 5000 元，均值为 1250 元；3 户从事本地建筑业的家庭中，年最高收入为 5000 元，均值为 800 元；2 户从事运输业的家庭中，年最高收入为 3000 元，均值为 480 元。[①]

到 2015 年，芒旦村经济总收入达 128 万元，其中，种植业收入为 77 万元，畜牧业收入为 14 万元（其中年内出栏肉猪为 120 头，肉牛为 4 头），林业收入为 1 万元，第二、三产业收入为 36.8 万元。工资性收入为 6 万元，农民人均纯收入为 4896 元。[②]

另外，我们在访谈中也发现，近年来，由于收入渠道的多样化，村民改变了以往仅靠种植业为生的局面，其总体经济收入都有所增加。

2. 需求层次有所提高

2012 年，芒旦村阿昌族家庭的总支出情况如下。在被调查的 37 户家庭中，首先是基本生理需求：36 户家庭的吃饭、水电气等的最高年支出为 19 000 元，均值为 4130 元；36 户家庭的服装的最高年支出为 9000 元，均值为 1652 元；33 户家庭的交通、通信的最高年支出为 16 000 元，均值为 2105 元；27 户家庭的农业生产的最高年支出为 6000 元，均值为 2285 元；18 户家庭的建房、维修房屋的最高年支出为 67 000 元，均值为 18 650 元；15 户家庭的婚、丧、嫁、娶的最高年支出为 60 000 元，均值为 13 200 元。其次是安全需求：35 户家庭的医疗最高年支出为 13 000 元，均值为 2279 元；21 户家庭的养老最高年支出为 10 000 元，均值为 1266 元；10 户家庭投资生意的最高年支出为 5000 元，均值为 1630 元。再次是社交需求：29 户家庭的人情往来最高年支出为 12 000 元，均值为 2991 元。最后是尊重需求：25 户家庭的教育最高年支出为 20 000 元，均值为 2924 元；32 户家庭的宗教祭祀活动（精神方面的需求）最高年支出为 2000 元，均值为 630 元。[①] 这些数据充分说明了，除提高基本生理需求外，村民的社交需求及尊重需求都有所提高，同时也反映出了村民生活水平的提高，就像村民谈道：

> 以前，大家一年的收入不是很多，多数是用来满足吃穿住行等基本需求的，人情往来的费用很少。而近年来，随着大家的收入有所提高，

① 数据来源：芒旦自然村问卷数据。

② 数据来源：芒炳村委会。

除满足基本生活需求以外，其他方面的投入，特别是对孩子教育的投入都增加了许多。

这位村民的话再次肯定了近年来村民需求层次有所提高的这一事实。

3. 家庭基础设备得到进一步完善

芒旦村阿昌族家庭的基础设备情况：83% 的家庭有电饭煲，91.7% 的家庭有电视机，86.1% 的家庭有 DVD/VCD（影碟机），11.4% 的家庭有洗衣机，22.9% 的家庭有冰箱，5.7% 的家庭有电风扇，94.5% 的家庭有手机，14.7% 的家庭有座机电话，26.5% 的家庭有自行车，88.8% 的家庭有摩托车，30.6% 的家庭有拖拉机，2.9% 的家庭有耕田机，并且 30% 的家庭开通了有线电视。[①] 这些数据都充分说明，村民的家庭基础设备得到了进一步的完善，村民的生活质量得到了提高。

4. 主观上对收支状况表示一定程度的认可

根据调查问卷统计结果，阿昌族村民从主观上对家中一年收入的开支情况的评判为，有 36.1% 的家庭表示“略有结余，勉勉强强过日子”。[①] 表明村民对收支状况有一定程度的认可。另外，从表 2-39 中也可以看出，芒旦村阿昌族村民对于年收入满意数额最低为 5000 元，最高为 120 000 元，多数人认为年收入为 50 000 元时能让他们感到满意。

表 2-39　家庭年收入多少会让您感觉满意

家庭年收入多少会让您满意 / 元	频率	百分比 /%	有效百分比 /%	累计百分比 /%
5 000	1	2.7	2.7	2.7
6 000	1	2.7	2.7	5.4
10 000	3	8.1	8.1	13.5
20 000	6	16.2	16.2	29.7
30 000	5	13.5	13.5	43.2
40 000	6	16.2	16.2	59.4
50 000	10	27.1	27.1	86.5
55 000	1	2.7	2.7	89.2
70 000	1	2.7	2.7	91.9
80 000	1	2.7	2.7	94.6
85 000	1	2.7	2.7	97.3

① 数据来源：芒旦自然村问卷数据。

续表

家庭年收入多少会让您满意 / 元	频率	百分比 /%	有效百分比 /%	累计百分比 /%
120 000	1	2.7	2.7	100.0
合计	37	100.0	100.0	—

此外，我们在访谈中也发现，村民欠债的情况相比以前少了许多，大多数村民的年收入都会大于年支出，一位村民谈道：

在过去那些年，我们的收入来源基本上都是以种植业为主，差不多只能够维持基本的生活，一遇到生病或其他大事时，就需要借钱了，那时候我家每年多多少少都会欠一点儿债，生活过得很紧。而近些年来，家里的收入情况好了许多，每年扣除开支外还能结余一点儿，虽然不是很多，但心里还是感到满意的。

这位村民的话再次说明了，近些年来，随着收入水平的提高，村民年收入大于年支出的情况逐渐增多，村民对这种收支状况从主观上也表示了一定程度的认可。

（三）外出务工就业意愿增强

1. 外出务工人员增多

以往该地村民主要从事农业生产，据此次调查，2012 年，30.6% 的阿昌族家庭中有人在外务工。至于这个现象出现的原因，村民对本次调查问卷中的主观题的回答或许能够提供一个经济层面的解释，83.3% 的家庭表示外出务工对减轻家庭生活的负担有帮补作用。关于外出务工的时间，选择 1 ～ 3 个月的占 33.3%，6 ～ 12 个月的占 41.7%，常年外出务工的占 25%。关于外出务工的地点，选择中小城市的占 58.3%，大城市（省会城市、直辖市）的占 25%，乡镇或就近的占 16.7%。[①] 这些数据充分表明，村民外出务工的人数有所增加。村民外出务工，一方面增加了家庭的经济收入；另一方面有利于都市文化和农村文化的交流和渗透，从而缩小城乡差距。

2. 1/3 外出务工人员接受了政府组织的免费培训

关于有没有接受过相关技能培训，33.3% 的家庭表示接受过相关技能培

① 数据来源：芒旦自然村问卷数据。

训，如表 2-40 所示，在接受过相关技能培训的人中，所获得的技能培训是政府组织的免费培训的占 100%。这些技能培训提高了他们的专业技能，增加了他们的就业机会，从而提高了他们的家庭经济收入。

表 2-40　有没有接受过政府组织的相关技能培训

接受相关技能培训情况	频率	百分比 /%	有效百分比 /%	累计百分比 /%
有	12	32.4	33.3	33.3
没有	24	64.9	66.7	100.0
小计	36	97.3	100.0	—
系统缺失	1	2.7	—	—
合计	37	100.0	—	—

3. 外出务工的意愿增强

2012 年，30.6% 的阿昌族家庭中有人在外务工，外出务工的意愿强于在家务农的意愿（阿昌族的父母希望子女首先从事教师、医生、公务员工作，其次是做生意，10% 的父母希望子女从事除了农民外的工作，希望自己的子女从事农民工作的仅占 5%）[①]；52.9% 的家庭愿意外出务工，47.1% 的家庭愿意在家务农。这种现象的出现符合经济生活中的理性选择理论，即用最小的代价获得最大的效益。在访谈中，我们也发现，许多村民认为，种地没有外出务工来得划算，越来越多的村民愿意外出务工，从而获得更多的经济收入。

（四）医疗卫生、养老保险进一步健全

1. 参加“新农合”的户数达八成以上

2012 年，阿昌族的医疗状况总体上良好，在所调查的 37 户家庭中，有 31 户参加了“新农合”，参加户数有效百分比达到 83.8%。至于没有参加“新农合”的原因，有 6 户进行了回答，其中，4 户表示“从没听说过”，1 户认为“自己身体健康，没有必要参加”，1 户觉得“报销比例太低”。认为“新农合”减轻了家庭的负担的占 45.7%。[①] 这些数据表明，芒旦村村民参加“新农合”的比例较高，但也有少数的村民对“新农合”的认识程度不够。因此，有必要进一步加大对“新农合”的宣传力度，以增加村民对“新农合”的认识，从而进一步提高村民参加“新农合”的比例。

---

① 数据来源：芒旦自然村问卷数据。

2. 更倾向于到医院治疗，且对医疗条件的满意度高达 90% 以上

根据调查，村民对就医的科学认识提高了许多，越来越多的村民在生病时选择了到医院治疗。从表 2-41 中可以看出，针对家人生病时选择的治疗方式，有 67.6% 的家庭选择到医院治疗，27.0% 的家庭表示先到医院，治不好再请法师给家人做法事，选择到医院治疗的比例占总数的 94.6%。这些数据说明，村民对就医的科学意识有所增强。

表 2-41　家人生病时选择的治疗方式

家人生病时选择的治疗方式	频率	百分比 /%	有效百分比 /%	累计百分比 /%
请法师给家人做法事	1	2.7	2.7	2.7
到医院治疗	25	67.6	67.6	70.3
先到医院，治不好再请法师给家人做法事	10	27.0	27.0	97.3
先给家人做法事，治不好再到医院治疗	1	2.7	2.7	100.0
合计	37	100.0	100.0	—

另外，从表 2-42 中也可以看出，在 37 户被调查家庭中，91.9% 的阿昌族家庭对目前医疗条件满意，不满意的仅有 8.1%。表明村民对目前医疗条件的满意度较高。

表 2-42　对目前医疗条件的满意度

满意度	频率	百分比 /%	有效百分比 /%	累计百分比 /%
很满意	11	29.7	29.7	29.7
比较满意	23	62.2	62.2	91.9
不满意	3	8.1	8.1	100.0
合计	37	100.0	100.0	—

3. 基本能负担医疗费用，对医疗改善状况比较认同

对于医疗费用的负担情况，在 37 户被调查家庭中，97.2% 的家庭表示能够负担起医疗费用，仅有 1 户表示完全不能负担，占总数的 2.7%。35 户家庭中，医疗费用最高年支出为 13 000 元，均值为 2279 元。[①] 这些数据表明，大多数村民都能够支付起目前的医疗费用。此外，在访谈中，我们也发现，大多数村民都认为，与过去相比，目前看病的方便程度提高了许多，就医费用降低

① 数据来源：芒旦自然村问卷数据。

了许多，报销后需要自己支付的费用降低了许多。这表明村民对医疗状况的改善还是比较认同的。

4.“新农保”政策普及范围有所扩大

（1）村民对“新农保”政策的了解程度加深、了解渠道增多

在被调查的37户家庭中，了解“新农保”政策的家庭大约占81%，不了解的家庭仅占19%。其中这81%了解“新农保”政策的家庭中有51%是通过村干部宣传了解到的，其他的了解渠道还包括电视、网络和亲朋好友讲解，从亲朋好友讲解中了解到的占32%[①]，这与该村所处的位置以及发展程度有很大关系，在网络不发达的情况下，村干部在相关政策宣传方面承担了重要的责任。村民对国家养老政策了解程度的加深，是实现“老有所养”的第一步。在完成这第一步中，村民了解渠道的增多则是新的改善，有了渠道，才能了解。而切实实现“老有所养”则需要政策的实施和普及，实现普及与施惠并行。

（2）参保人数增加，实际参保所得效用显现

从表2-43中可以看出，2012年，对芒旦村村民小组进行统计时，参加新农合的有124人，参加低保的有10人。根据对村民的进一步访谈我们得知，在这些参保人员中，家庭养老保险金只能基本满足少数家庭老人的日常开销，对绝大多数的参保老人来说，养老保险金并不能满足他们的日常开销，但与之前完全由家庭养老的负担相比较，参保所得效用有了一定显现。

表2-43　2012年社会保障情况　　单位：人

项目	人数
新农合	124
低保	10
新农保	0
五保户	0

在家人参保原因的调查中，为自己的养老准备一份保障的占56%，次之的原因是政府的大力宣传，占29%。[①] 从中可以看出，受访村民在参加“新农保”的动因上越来越明确，而不是盲目跟着政策走。

① 数据来源：芒旦自然村问卷数据。

5. 边境少数民族养老期望值有所提高

（1）农民自身养老方式由单一走向多元

从表 2-44 中可以看出，在被调查的 37 户家庭中，67.6% 的家庭还是希望依靠子女养老，18.9% 的家庭选择依靠养老保险。然而，在调查中我们发现，农民在自身养老方式上存在着矛盾，一方面不想给子女造成负担；另一方面又希望得到子女照顾。

表 2-44　希望将来养老的主要方式

养老的主要方式	频率	百分比 /%	有效百分比 /%	累计百分比 /%
依靠子女	25	67.6	67.6	67.6
依靠自身	3	8.1	8.1	75.7
依靠养老保险	7	18.9	18.9	94.6
不知道	2	5.4	5.4	100.0
合计	37	100.0	100.0	—

本次调查结果显示出了云南边境少数民族对养老方式期待的个性特点，在传统的“养儿防老”的基础上，虽希望依靠子女养老的方式仍占主流，但选择依靠养老保险的人数也在增加，说明农民对养老方式的期待正在由单一走向多元。

（2）对国家养老政策认可度较高

从表 2-45 中可以看出，在对“新农保”政策的看法中，67.6% 的家庭认为“新农保”在一定程度上缓解了养老压力但仍需完善，只有 8.1% 的家庭认为“新农保”没有实质性的效果。这说明村民对国家养老政策的认可度是比较高的。

表 2-45　对“新农保”政策的看法

对“新农保”政策的看法	频率	百分比 /%	有效百分比 /%	累计百分比 /%
解决了农民养老问题	7	18.9	18.9	18.9
在一定程度上缓解了养老压力但仍需完善	25	67.6	67.6	86.5
没有实质性的效果	3	8.1	8.1	94.6
不关心	2	5.4	5.4	100.0
合计	37	100.0	100.0	—

（五）社会环境、生态环境皆有改善

1. 基本社会关系满意度提高

在调查中我们发现，在社会关系满意度方面，村民对社会治安、邻里关系、干部工作、干部选举和集体活动的满意度均超过了60%。在平时的人际交往方面，与周围的人打麻将、玩扑克，串门聊天，参加红白喜事和亲朋聚会四项指标中，在频率上，村民之间的交往仍以参加红白喜事为主，串门聊天次之。总体看来，处于边境上的芒旦村因其所处的地理位置较偏僻、受教育程度较低，现代社会关系对中国农村传统的村民关系破坏较小，村民对这样的社会关系也相对满意。虽然，目前大量农民工回村带去了多样的社会关系形式和交往方式，但这些外来的社会关系形式并未占主导。

2. 冲突程度与诱因无明显恶化

从表2-46中可以看出，在被调查的37户家庭中，选择偶尔发生冲突与从来没有发生冲突的家庭几乎各占一半。其中，在偶尔发生冲突的这一半中，因家庭内部纠纷而引发的冲突居首位，占36%，次之的是因土地纠纷而引起的冲突，引发冲突原因中所占比例最低的是因小孩打架斗殴。[①] 这些数据表明，虽然芒旦村村民间偶尔会发生冲突，但大多冲突都是由一些小事引起的，并未发生过恶性事件。

表2-46　村民生活中是否有过冲突

村民生活中是否有过冲突	频率	百分比 /%	有效百分比 /%	累计百分比 /%
从来没有	19	51.4	51.4	51.4
偶尔	18	48.6	48.6	100.0
合计	37	100.0	100.0	—

3. 生态环境满意度提高

从表2-47中可以看出，在被调查的37户家庭中，村民认为村内和社区的自然环境越来越好的有效百分比为89.2%，绝大部分村民对村内和社区的自然环境感觉良好；认为环境越来越差的有效百分比为10.8%。表明村民对村内和社区的生活环境是比较满意的。该地所处地区主要从事农业劳作，辖区内没有工厂、矿场等可造成环境污染的来源。

① 数据来源：芒旦自然村问卷数据。

表 2-47　村内和社区的自然环境是否越来越好

自然环境是否越来越好	频率	百分比 /%	有效百分比 /%	累计百分比 /%
是的	33	89.2	89.2	89.2
不是的	4	10.8	10.8	100.0
合计	37	100.0	100.0	—

三、芒旦村民生存在的问题及原因分析

（一）经济增长缓慢，缺乏骨干产业

2012 年，德宏州陇川县户撒乡芒炳村芒旦自然村农民人均纯收入为 2512 元，农民收入主要以种植业收入为主。[①] 2015 年，全村经济总收入为 3417 万元，农民人均纯收入增加到 6768 元。[①]

从上述数据中可以看出，近年来，户撒乡的经济虽然有所发展，但经济增长缓慢，缺乏骨干产业也是事实。至今，芒旦村的人均纯收入才有 4896 元，远远低于全国平均水平，远远满足不了村民对物质、文化生活的需要。

究其原因，首先，村民仍然把农业作为收入的主要来源，传统农业在农村经济中占据主要位置；其次，农民自给自足的思想根深蒂固，思想上比较容易满足于现状，大多数村民选择就近谋生计；最后，缺乏长远规划，没有发挥出地区优势，没有培养出骨干产业。

（二）基础设施建设滞后

2010 年，户撒乡投资了 39 万元，实施了芒旦小组省（州）级新农村建设试点村项目[②]，芒旦村的基础设施建设有了一些改观，但仍不尽如人意。芒旦村目前还没有路灯；房屋大部分是砖木结构；村内已通公路，主要是柏油路和水泥路。

1. 基本生活设施无法满足村民的需要

自芒旦村被纳入新农村建设试点村，至今大多农户仍饮用井水，有线电视开通的家庭也非常少。截至 2015 年底，该村安装固定电话或拥有移动电话的农户数为 27 户，其中拥有移动电话的农户数为 8 户；有 41 户饮用井水；有

① 数据来源：芒炳村委会。

② 陇川县史志办公室：《陇川年鉴》（2011 年），第 108 页。

41户通电；有10户安装了有线电视；拥有电视机的农户数为10户。① 此外，在调查中，我们也发现，冰箱、微波炉等现代化家庭设施较为缺乏，表明家庭基本生活设施还无法满足村民的需要。

2. 农业基础设施建设落后

2011年，户撒乡在农田水利建设方面做了很多工作：新建沟渠25条，总长10 190米；修建机耕路11条，总长3993米；项目总投资为243.7万元。② 但农业基础设施建设落后，内部结构不合理，投资力度不大等问题仍很突出，仍不能满足农业生产的实际需求。调查结果显示，芒旦村存在已建的农田水利设施失修，沟、塘、库、渠等农田水利基础设施陈旧老化的问题。农业生产遭受自然灾害面积增大，加上农田水利建设较少，增加了农业生产的风险和农田排涝抗旱成本。

3. 住房改造不理想

（1）住房结构仍以土木结构为主

从表2-48中可以看出，在所调查的37户家庭中，土木结构的房屋类型仍然最多，占73.0%，砖混结构的次之，占21.6%。在其他的房屋类型中，有1户石棉瓦房和1户砖木结构房。由此可以看出，该村的住房仍然以土木结构为主。

表2-48　调查对象的房屋类型

房屋类型	频率	百分比/%	有效百分比/%	累计百分比/%
土木结构	27	73.0	73.0	73.0
砖混结构	8	21.6	21.6	94.6
其他	2	5.4	5.4	100.0
合计	37	100.0	100.0	—

（2）居住面积小

从表2-49中可以看出，在居住面积方面，50～100平方米和101～200平方米的家庭数相同，均为48.6%。因为农民工作性质的需要，农村住房占地面积一般较大，与一般农村家庭的居住面积相比，芒旦村家庭的居住面积是相

① 数据来源：芒炳村委会。

② 陇川县史志办公室：《陇川年鉴》（2012年），第89页。

对较小的。此外，调查问卷统计结果显示，调查区域的少数民族超过半数以上更愿意住在农村的现居地。

表 2-49　调查对象住房居住面积

居住面积	频率	百分比 /%	有效百分比 /%	累计百分比 /%
50 ～ 100 平方米	17	45.9	48.6	48.6
101 ～ 200 平方米	17	45.9	48.6	97.2
200 平方米以上	1	2.7	2.9	100.0
小计	35	94.5	100.0	—
系统缺失	2	5.5	—	—
合计	37	100.0	—	—

（3）住房补助的受助范围有限

由表 2-50 可知，在被调查的 36 户有效家庭样本中，盖房受过政府资助的仅占 24.3%。其中在政府资助形式中，享受无息或低息贷款的村民多于享受现金补助的村民，说明享受住房现金补助的村民是有限的。在这样经济不发达的村庄里，住房补助范围的有限性在一定程度上也阻碍了村民进一步改善住房条件。

表 2-50　盖房是否受过政府资助

盖房是否受过政府资助	频率	百分比 /%	有效百分比 /%	累计百分比 /%
有	9	24.3	25.0	25.0
没有	27	73.0	75.0	100.0
小计	36	97.3	100.0	—
系统缺失	1	2.7	—	—
合计	37	100.0	—	—

（三）生活压力加大

从表 2-51 中可以看出，当被问及相比以前生活压力变大了还是变小了时，在被调查的 37 户家庭中，75.7% 的家庭表示相比以前，生活压力越来越大了。看来在这方面，似乎边境少数民族与其他地区人民的生活压力是类似的，大部分人还是会感觉压力越来越大。

表 2-51 调查对象的生活压力变化情况

生活压力变化	频率	百分比 /%	有效百分比 /%	累计百分比 /%
一样，没什么变化	5	13.5	13.5	13.5
相比以前，生活压力越来越大	28	75.7	75.7	89.2
相比以前，生活压力越来越小	4	10.8	10.8	100.0
合计	37	100.0	100.0	—

而在访谈中，我们也发现，村民需要支出的项目逐渐增多，加之物价上涨，而村民的收入增长却相对缓慢，这些都是造成村民感觉生活压力越来越大的原因。就像有的村民谈道：

> 现在，什么东西都比以前贵了许多，我们村虽然有部分人外出务工，但收入主要还是靠种地，每年的收入相比之前确实是有所增加，但好像也赶不上物价上涨的速度啊！加之，需要开支的项目也比以前增加了许多，如孩子的补课费、上幼儿园的费用等，人情往来的费用也增加了许多。这些开支都是一笔不小的数目，感觉生活的压力是越来越大了。

这位村民的话再次验证了调查问卷的数据统计结果。确实，不管是在城市还是在农村，人们的开支相比以前都增加了许多。比如，在过去，孩子基本很少上幼儿园，直接上小学；而现在，孩子大多都会上幼儿园，而幼儿园的费用与义务教育阶段的费用相比，确实是一笔不小的数目。这些支出项目的增加、支出金额的上涨，都使更多的村民感觉生活压力越来越大。

（四）生态环境建设还有待加强

芒旦村的生态环境虽然总体上相对可以，因为没有工厂等，主要是一些村民的生活垃圾，并没有造成大的污染，这一情况是比较乐观的。但同时我们也不能否认，村内的生态环境建设还有待加强。

在调查中，虽然大部分村民表示村内的生态环境较好，但是污染也同样存在，这些污染对村民的正常生活造成了一定的影响，正如表 2-52 所显示的那样，51.1% 的村民都认为道路上乱堆放的垃圾污染对他们的生活质量影响比较明显，23.4% 的村民认为农药化肥污染对其生活质量的影响比较明显，19.1% 的村民认为空气污染对其生活质量的影响比较明显。这表明芒旦村村内的生活垃圾污染、农药化肥污染以及空气污染还是较为严重的。这与村庄所在地、农业结构以及农民的环保意识有关，因此，应进一步加强对村内生活垃圾、农药化肥污染的处理，推进生态环境建设。

表 2-52　哪些污染对生活质量影响比较明显

影响因素	响应	
	N	百分比 /%
道路上乱堆乱放的垃圾污染	24	51.1
空气污染	9	19.1
水污染	2	4.3
噪声污染	1	2.1
农药化肥污染	11	23.4
总计	47	100.0

此外，当地政府在环境保护方面的工作还有待加强，从表 2-53 中可以看出，村民对当地政府在环境保护方面的工作评价并不理想，一半以上的村民认为当地政府的环境保护工作做得一般。由此可以看出，村民对当地政府的环境保护工作不是很满意，但仍抱有期待。

表 2-53　调查对象对当地政府在环境保护方面的工作评价

对政府环境保护工作的评价	频率	百分比 /%	有效百分比 /%	累计百分比 /%
很好	6	16.2	16.2	16.2
比较好	8	21.6	21.6	37.8
一般	21	56.8	56.8	94.6
比较差	2	5.4	5.4	100.0
合计	37	100.0	100.0	—

从芒旦村生态环境污染的现状以及村民对当地政府在环境保护方面的工作评价综合来看，该村的生态环境虽然没有遭到大的污染和破坏，但是村民生产生活的垃圾污染还是明显的，而且村民对当地政府在环境保护方面的工作评价也不是很高，充分说明了该村的生态环境建设还有待加强。

第四节 瑞丽市户育乡德昂族的民生问题及原因

户育乡居住着景颇族、汉族、傈僳族、德昂族、阿昌族等民族，调查对象雷贡村隶属于户育村委会，是一个德昂族边境村。

德昂族也称“萌龙族”，史称“扑子”“茫人”“蒲人”等，是位于中缅边境的山地少数民族，最早居住在怒江东岸、澜沧江西岸的保山一带，后来逐步向西南方向的缅甸西北部迁徙，最终定居在瑞丽等中缅边境西北一带的深山中。德昂族是瑞丽最早的土著民族，主要分布在户育乡的芒海、广宋、雷贡，勐秀乡的广卡、雷门、南桑，勐卯镇的贺德等村寨。德昂族居住的村寨建在海拔1000米左右的半山坡上，分散在傣族和景颇族寨子之间。德昂族没有自己的文字，其语言借用了部分傣语和其他语言的词汇，通用傣语，也能讲景颇语；信仰南传上座部佛教。

德昂族的许多节日风俗都与傣族相同，在节日里，他们都喜跳集体舞蹈来庆贺佳节；实行一夫一妻制，青年男女恋爱自由；男子有纹身习俗，中年以上男子喜嚼槟榔；德昂族以农耕为主，水稻、茶叶种植历史悠久，尤其擅长种茶，被誉为“瑞丽山区古老的茶农”。①

户育村位处山区，全村辖12个村民小组，即汉族、梁河、三排、上社、芒弄、雷贡、广帕、尹山、德昂、芒海、坝东、广艾自然村。有农户789户、乡村人口3003人，其中从事第一产业的人数为1533人。2014年，全村委会经济总收入为5561万元，农民人均纯收入为7036元。雷贡村属于半山区，有1个村民小组，有农户37户、乡村人口132人，以种植业为主。2014年，全村经济总收入为214.8万元，人均纯收入为6417元。雷贡村面积为9.01平方千米，海拔为1160米，年平均气温为20℃，年降水量为1454毫米，适宜种植甘蔗、水稻等农作物。有耕地444.5亩，其中人均耕地为3.5亩；有林地1365亩。②

我们在雷贡村调研时，全村共有30户，由于6户外出未归，我们共发出24份问卷，回收问卷24份，回收率是100%。云南数字乡村显示，2014年，雷贡村的户数增加到37户，人数为132人。从我们的调查数据中可以看出，

① 云南省瑞丽市地方志编纂委员会：《瑞丽市志》，昆明：云南人民出版社，2012年，第541页。

② 数据来源：户育村委会。

在我们回收的24份问卷中，其中有6户在民族选择上填的是汉族，1户填的是景颇族，其他的17户填的都是德昂族，如表2-54所示。

表 2-54 调查对象的族别

民族	频率	百分比/%	有效百分比/%	累计百分比/%
汉族	6	25.0	25.0	25.0
景颇族	1	4.2	4.2	29.2
德昂族	17	70.8	70.8	100.0
合计	24	100.0	100.0	—

一、雷贡村民生现状

（一）基础教育设施相对齐备，村民对义务教育政策表示满意

近些年来，随着国家对教育重视程度的不断增强和教育投入的不断增加，学校的硬件设施相比以前有了很大的改善。国家先后在云南实施了农村中小学危房改造工程、农村寄宿制学校建设工程、边境学校建设、国家贫困地区义务教育工程、西部地区基础教育发展项目、农村现代远程教育工程等。距离雷贡村3千米处有小学和中学户育乡九年制中小学，小学和中学的基础设施相对齐备，符合我国就地“普九”的基本要求。

从表2-55中可知，在24个样本中，95.9%的家庭对目前义务教育政策的评价持比较满意及以上的态度，只有4.1%的家庭表示不满意。这表明，雷贡村德昂族村民对国家的义务教育政策是持肯定态度的。

表 2-55 调查对象对目前义务教育政策的评价

满意度	频率	百分比/%	有效百分比/%	累计百分比/%
非常满意	7	29.2	29.2	29.2
满意	6	25.0	25.0	54.2
比较满意	10	41.7	41.7	95.9
不满意	1	4.1	4.1	100.0
合计	24	100.0	100.0	—

从表2-56中可知，家长希望孩子读到大学的有19人，占调查总数的79.2%，这表明家长对孩子的教育是抱有很高期望的；其次为读到哪算哪的，选择该项的有3人，所占比例为12.5%。从整体上来说，造成这种高期望值的

原因有：从社会发展来说，德昂族欲利用人力资本逐步加强与社会的联系，加强人才流动和社会参与，一般来说，接受更高等的教育就有更多的机会可以获得更多的社会资本；从个体来说，国家政策对边疆少数民族教育的照顾和扶持，加上家长的人生经验和望子成龙、望女成凤的心态，家长对孩子的教育期望必然较高。

表 2-56　您希望您的孩子读到什么阶段

您希望您的孩子读到什么阶段	频率	百分比 /%	有效百分比 /%	累计百分比 /%
高中	2	8.3	8.3	8.3
大学	19	79.2	79.2	87.5
读到哪算哪	3	12.5	12.5	100.0
合计	24	100.0	100.0	—

（二）人均年收入逐年增加，就业方式多样化，劳动力输出涨幅明显

数据显示，通过上海对口帮扶工作的开展，2010 年，雷贡村人均纯收入为 2985 元，较 2007 年的 760 元增加了 2225 元[①]；雷贡村村民总收入由 2011 年的 145 万元、人均 3447 元，到 2012 年的 209 万元、人均 3797 元，再到 2013 年的 199.9 万元、人均 5369 元，实现了人均收入的逐年增高。如前所述，2014 年雷贡村经济总收入达 214.80 万元，农民人均纯收入为 6417 元，比 2013 年人均增加了 1048 元。

从数据看，雷贡村村民就业方式呈现出多样化的特征，有种植业、养殖业、做生意和外出务工等多种就业方式。综合多方资料可以看出，雷贡村实行的是以种植业为主、多种就业方式并存的多元就业模式。2013 年，德宏州“春风送岗”活动、就业帮扶活动、多次招聘会和人才培训的举办，也为雷贡村村民的就业创造了更多的机会。

此外，我们在调查问卷的统计结果中也发现，近年来，雷贡村的劳动力输出涨幅明显。从表 2-57 中也可以看出，雷贡村有 62.5% 的家庭表示愿意外出务工，认为外出务工比在家务农好；不愿意外出务工，认为外出务工不如在家务农的只占 37.5%。这一数据表明，村民自己的主观意愿促进了雷贡村劳动力的输出。而大部分外出务工人员主要集中在中小城市，占 50%；其次是县

① 王翔宇，陈文：《上海对口帮扶云南德昂族雷贡村旧貌换新颜》，《中国民族报》，2012 年 2 月 28 日第 4 版。

城，占 33.3%；少数在大城市（省会城市、直辖市），占 16.7%。[①] 这说明村民更愿意选择在中小城市务工，并且通过与村民的访谈也得知，村民往往倾向于选择在离家比较近的中小城市务工，这也反映出了村民心系家庭的心理。

表 2-57 是否愿意外出务工

是否愿意外出务工	频率	百分比 /%	有效百分比 /%	累计百分比 /%
愿意，外出打工比在家务农好	15	62.5	62.5	62.5
不愿意，外出打工不如在家务农	9	37.5	37.5	100.0
合计	24	100.0	100.0	—

再者，从表 2-58 来看，家庭中有人外出务工的占 54.2%，已经超过被调查家庭的一半，表明村里外出务工人数还是占很大比例的。在访谈中，也有村民谈道：

> 以前，大家都选择在家种地，外出务工的人很少；近年来，随着外出务工收入不断提高，越来越多的村民更倾向于选择外出务工，家里只留下一个人照看父母和孩子，甚至有的家庭夫妻双方都在外务工。

这位村民的话，再次证明了近年来雷贡村劳动力输出涨幅明显的事实。

表 2-58 是否有人在外务工

是否有人在外务工	频率	百分比 /%	有效百分比 /%	累计百分比 /%
有	13	54.2	54.2	54.2
没有	11	45.8	45.8	100.0
合计	24	100.0	100.0	—

另外，从户育村委会得知，2011 年，雷贡村外出务工人员有 14 个，2012 年，外出务工人员增长到 21 个，劳动力输出涨幅明显，2013 年，虽然减少到 19 个，但到 2014 年，常年外出务工人数达到 26 人，其中，在省内务工的有 15 人，到省外务工的有 11 人。对于德昂族这个传统相对保守的民族来说，外出务工的人数从 14 个增长到 26 个，这不仅仅是因为政策的引导和利益的驱使，相当大程度上是因为德昂族在经济迅速发展的今天，加强了与其他民族和中国大社会的交流和联系，这是德昂族从相对封闭走向开放的一个重要进步。

① 数据来源：雷贡自然村问卷数据。

（三）对“新农合”的满意率高，看病比较方便

1. 参合率高，满意度高

在医疗卫生方面，雷贡村享受了边民免除 60 元的“新农合”参合费等扶持政策，“新农合”实现了全覆盖。调查问卷数据的统计结果显示，在 24 户参与调查的有效样本中，有 21 户表示符合条件的家庭成员都参加了“新农合”，占 87.5%；有 3 户家庭表示只有部分家庭成员参加了“新农合”，占 12.5%。至于没有参加“新农合”的原因，其中有 1 户回答是自己身体健康，没有必要参加。这说明，大多数村民都愿意为自己及家人的身体健康买一份保险，尽量将风险和损失减到最小，但也有个别村民的风险意识还不够。

此外，表 2-59 显示，村民对目前医疗条件的满意度达到了 95.8%，表明村民的满意率是很高的，这是近年来当地医疗条件改善的成果。正如表 2-60 所显示的那样，德昂族村民对“新农合”政策多持肯定态度，认为“新农合”减轻很多家庭负担的占 75%，减轻不多的占 25%。由此可知，在雷贡村，“新农合”覆盖率较高，且有高满意度的卫生服务体系。

表 2-59 调查对象对目前医疗条件的满意度

满意度	频率	百分比 /%	有效百分比 /%	累计百分比 /%
很满意	9	37.5	37.5	37.5
比较满意	14	58.3	58.3	95.8
不满意	1	4.2	4.2	100.0
合计	24	100.0	100.0	—

表 2-60 “新农合”减轻家庭负担的程度

减轻家庭负担程度	频率	百分比 /%	有效百分比 /%	累计百分比 /%
减轻很多	18	75	75	75
减轻不多	6	25	25	100
合计	24	100	100	—

2. 看病比较方便

根据表 2-61，认为看病方便的家庭占到了 95.8%。在调查中，我们得知其主要原因有两方面：一方面，雷贡村村民看病主要是去乡镇卫生院，仅距离村子 3 千米，看病还相对便利；另一方面，上海医疗对口支援云南德昂族的“牵起德昂族的手”工程自 2006 年底启动以来，解决了德昂族的就医难问题，

提高了当地医疗硬件水平，并对当地医技人员进行了技术培训，使该乡整体医疗水平达到了国家要求。此外，根据调查问卷的统计结果，能够负担得起现在医疗费用的家庭占到了95.8%[①]，即表明现在大多数家庭都看得起病。

表2-61 看病的方便程度

看病的方便程度	频率	百分比/%	有效百分比/%	累计百分比/%
很方便	9	37.5	37.5	37.5
比较方便	14	58.3	58.3	95.8
不方便	1	4.2	4.2	100.0
合计	24	100.0	100.0	—

（四）养老保险参保率高，作用明显

1. 养老保险覆盖面广、参保率高

表2-62的数据显示，在雷贡村24户被调查家庭中，有20.9%的家庭有60周岁及以上的老人需要供养，其中家庭中有1个老人的占16.7%，有2个老人的占4.2%；79.1%的家庭则没有老人需要供养。由此可以看出，雷贡村是一个以青壮年为主的年轻型村子，村中老人数量较少。

表2-62 调查对象家中60周岁及以上的老人数量

60周岁及以上的老人数量	频率	百分比/%	有效百分比/%	累计百分比/%
没有	19	79.1	79.1	79.1
1人	4	16.7	16.7	95.8
2人	1	4.2	4.2	100.0
合计	24	100.0	100.0	—

调查问卷数据统计结果显示，家里60周岁及以上老人都在享受着“新农保”。从表2-63中可以看出，雷贡村16周岁以上参加“新农保”的家庭占79.2%，其中全部参保的占16.7%，1人参保的占20.8%，2人参保的占20.8%，3人参保的占12.5%，4人参保的占8.4%。从这些数据可以看出，雷贡村养老保险覆盖面较广，已经惠及60周岁及以上的大部分老人，此外，虽参保人数不等，但参保率较高。

① 数据来源：雷贡自然村问卷数据。

表 2-63 调查对象家中 16 周岁以上人员参加“新农保”的情况

参加“新农保”的情况	频率	百分比 /%	有效百分比 /%	累计百分比 /%
都参加了	4	16.7	16.7	16.7
都没有参加	5	20.8	20.8	37.5
1 人	5	20.8	20.8	58.3
2 人	5	20.8	20.8	79.1
3 人	3	12.5	12.5	91.6
4 人	2	8.4	8.4	100.0
合计	24	100.0	100.0	—

2. 家庭养老费用较低，多数人能负担养老义务

在 2010 年之前，中国已进入深度老龄化社会，“未富先老”已成为巨大的社会问题。到 2035 年，中国将进入超级老龄化社会。近些年来，随着经济的发展、社会的进步，养老问题越来越成为国家关注的焦点。社会保障问题若要得到很好解决，离不开国家政策的普惠及地方的执行，雷贡村在国家及地方的支持下，很好地解决了社会保障问题，尤其在养老方面取得了重大成果。总体来看，雷贡村家庭养老费用较低，多数人都能负担起养老义务。

从表 2-64 中可以看出，在希望将来养老的主要方式中，被调查家庭选择依靠子女的占 41.7%，选择依靠自身的占 20.8%，选择依靠养老保险的占 29.2%，选择不知道的占 8.3%。这说明雷贡村的近半数村民仍持有传统的子女养老的观念，且对养老保险抱有极大的期望。

表 2-64 希望将来养老的主要方式

养老的主要方式	频率	百分比 /%	有效百分比 /%	累计百分比 /%
依靠子女	10	41.7	41.7	41.7
依靠自身	5	20.8	20.8	62.5
依靠养老保险	7	29.2	29.2	91.7
不知道	2	8.3	8.3	100.0
合计	24	100.0	100.0	—

调查问卷数据统计结果显示，在家庭供养老人一个月的费用方面，需要 100 ～ 500 元的家庭占 42.9%，需要 501 ～ 1000 元的占 57.1%。这表明雷贡村的家庭供养老人一个月的花费处于适中状态。此外，表示能够负担起养老义务的家庭占 85.7%，其中 71.4% 的家庭勉强能够供养老人，完全能够负担养老义

务的占 14.3%；只有 14.3% 的家庭表示不能负担，压力很大。[①] 这些数据表明，雷贡村的大多数家庭都能够负担起养老的费用。

3. “新农保”政策普惠率高、实用性强

作为社会保障体系的一个重要组成部分，养老政策起到了举足轻重的作用，尤其是在老龄化社会国家，不断完善及加强养老政策事关民生之本。

表 2-65 的数据显示，认为政府推行“新农保”政策在一定程度上缓解了养老压力但仍需完善的家庭占 87.5%，认为“新农保”政策解决了农民养老问题的家庭占 12.5%。可见，“新农保”政策虽有需要完善的地方，但是从总体上来看，这个政策的普惠率还是高的，实用性也强。

表 2-65　调查对象对“新农保”政策的看法

对“新农保”政策的看法	频率	百分比 /%	有效百分比 /%	累计百分比 /%
解决了农民养老问题	3	12.5	12.5	12.5
在一定程度上缓解了养老压力但仍需完善	21	87.5	87.5	100.0
合计	24	100.0	100.0	—

（五）住房类型改变，居住环境得到改善

随着社会的发展、时代的进步，人民的生活水平逐步提高，对生活质量有了更高的追求。住房一直是人们最为关注的重要话题之一，表现在对住房面积、住房类型、住房满意度方面的关注，因此，改善住房条件是改善民生的重要步骤。自 2007 年底，在上海市的支持下，雷贡村启动了上海对口帮扶项目。针对村民小组居住分散、村民生产观念落后、基础设施薄弱等实际情况，项目工作组确定了基础设施、能源建设、社会事业、种养殖业等4大类9个子项目。如今，雷贡村在基础设施、生产发展、能源建设、安居工程和社会事业等 5 个方面得到了全面改善，尤其是安居工程的实施，改善了村民的居住条件，解决了特困群众的住房问题。

表 2-66 显示，雷贡村在房屋类型方面，土木结构的家庭占 4.2%，砖混结构的家庭占 83.3%，混凝土楼房的家庭占 8.3%，4.2% 的家庭是其他房屋类型。在居住面积方面，表 2-67 显示，居住面积在 50 平方米以下的家庭占 12.5%，51 ～ 100 平方米的家庭占 45.8%，101 ～ 200 平方米的家庭占 33.4%，200 平方米以上的家庭占 8.3%。可见，雷贡村不仅在住房质量上有了提高，而且大

① 数据来源：雷贡自然村问卷数据。

部分家庭都住上了51～200平方米的住房，居住环境得到了改善。在访谈中，我们也得知，早些年，雷贡村的房屋类型主要是土木结构，砖混结构是近年来新建的房屋类型。土木结构房屋的减少、砖混结构房屋的增多，反映出了雷贡村住房条件的改善。

表 2-66　调查对象的房屋类型

房屋类型	频率	百分比 /%	有效百分比 /%	累计百分比 /%
土木结构	1	4.2	4.2	4.2
砖混结构	20	83.3	83.3	87.5
混凝土楼房	2	8.3	8.3	95.8
其他	1	4.2	4.2	100.0
合计	24	100.0	100.0	—

表 2-67　调查对象住房居住面积

居住面积	频率	百分比 /%	有效百分比 /%	累计百分比 /%
50 平方米以下	3	12.5	12.5	12.5
51～100 平方米	11	45.8	45.8	58.3
101～200 平方米	8	33.4	33.4	91.7
200 平方米以上	2	8.3	8.3	100.0
合计	24	100.0	100.0	—

二、雷贡村民生存在的问题及原因分析

（一）没有骨干产业，经济收入来源单一

雷贡村以种植业为主要收入来源，很大一部分人以此为业，属于就近就业；种植作物主要为甘蔗和水稻，多销往本县，属于就近销售。本地适宜种植的经济林（橡胶和柠檬）却没有多久的种植历史，且产业化程度不高。德宏州柠檬种植面积居全省首位，雷贡村作为德宏州桥头堡建设的一个重要门户，有着得天独厚的优势：雷贡村有着适宜种植甘蔗、柠檬、橡胶等作物的自然环境，这是农业资源优势；在德宏州强有力的区位辐射带动作用下，雷贡村将会享有相对成熟的技术上的指导、政府和企业资金的投入、产业化的优势，可以在生产、加工和销售方面搭“顺风车”，这是区位优势。这两个优势让雷贡村种植业有了积极发展的可能。然而，这两个得天独厚的优势并没有充分发挥作用，雷贡村仍以种植业为主要收入来源。结合访谈我们得知，雷贡村除了被征

地用于工业园建设及高速公路建设之外，剩下的土地很多都转给了其他人租种，如表 2-68 显示，在 24 户被调查家庭中，就有 37.5% 的家庭将承包的土地流转给他人耕种，甚至有 8.3% 的家庭选择将承包的土地废弃抛荒。这说明，雷贡村的土地利用率较低，没有充分发挥其优势，从而造成了没有骨干产业、经济收入来源单一的局面。

表 2-68　承包的土地的使用情况

承包的土地的使用情况	频率	百分比 /%	有效百分比 /%	累计百分比 /%
流转给他人耕种	9	37.5	37.5	37.5
废弃抛荒	2	8.3	8.3	45.8
自己家的其他人员耕种	10	41.7	41.7	87.5
其他（请注明）	3	12.5	12.5	100.0
合计	24	100.0	100.0	—

那么，除了自己耕种承包的土地的家庭之外，其他家庭从事什么职业呢？从表 2-69 中可以看出，外出务工对减轻家庭生活负担的作用非常有限，只有 16.7% 的家庭表示外出务工较大地减轻了家庭生活的负担，83.3% 的家庭表示外出务工只够自己生活。哪怕外出务工人员逐年增加，加之其他收入的增多，该村的主要收入仍主要依靠种植业获得，且在短时期内，不会改变主要收入来源单一、其他隐性收入偏低的情况，所以即使省、州（市）采取的就业政策措施很多，该村在短时间内也难有显著改变。因此，改善雷贡村德昂族村民就业和家庭收入是一个动态的且极其复杂的过程。

表 2-69　外出务工对减轻家庭生活负担的作用

外出务工对减轻家庭生活负担的作用	频率	百分比 /%	有效百分比 /%	累计百分比 /%
较大地减轻了家庭生活的负担	4	16.7	16.7	16.7
只够自己生活	20	83.3	83.3	100.0
合计	24	100.0	100.0	—

从总体上看，雷贡村的经济发展仍比较缓慢，村民收入以种植业等为主，非农经济占的比重较小；支柱产业的支撑力度较小，其他产业的从事人数较少；并且种植业几乎相当于靠天吃饭的产业，自然灾害的来临会截断村民经济来源。从相关分析来看，村民接受相关技能培训与家庭收入有关。村民接受农业技术培训较少、农业技术和生产设备落后、生产管理水平不高也是导致经济发展较慢的原因。本书认为，雷贡村在经济发展中的主要问题是当地的经济潜

力未能发挥，荒地和林业资源明显还未得到充分开发，但技术、资本的缺乏，村民文化水平低的现状，导致自然经济潜力未能充分发挥其作用。同时，常年外出务工人员数量只占劳动力的1/4，且这部分人由于没有知识技能，外出务工得到的收入也很少能够减轻家庭经济负担。另外，缺少致富项目和资金，也是制约雷贡村经济发展的重要原因。

（二）受教育水平低，民族教育缺乏特色

调查问卷统计结果显示，在被调查家庭的文化程度方面，雷贡村村民中小学文化程度的占29.1%，初中文化程度的占45.8%，没接受任何教育的占12.5%，高中及以上文化程度的只有3户家庭，共占12.6%，如表2-70所示。这也从一个侧面反映出该村村民文化程度偏低的这一现实情况。

表2-70 调查对象的文化程度

文化程度	频率	百分比/%	有效百分比/%	累计百分比/%
没接受任何教育	3	12.5	12.5	12.5
小学	7	29.1	29.1	41.6
初中	11	45.8	45.8	87.4
高中	1	4.2	4.2	91.6
中专、技校或职高	1	4.2	4.2	95.8
大学专科	1	4.2	4.2	100.0
合计	24	100.0	100.0	—

德昂族是跨境的、人数相对较少的少数民族，民族特色文化在现代化进程中难以为继。雷贡村德昂族人口的绝对数量少，就近原则也难以将教育模式发展成适合少数民族的教育模式。在这里，学校作为连接社会和少数民族之间的纽带功能并没有实现。现代教育的发展与民族文化的流失是同时的，既要发展好现代教育，又要保护好民族文化，两方面都要做得好几乎是不现实的。因此，就算国家和云南省每年都增加教育投入，但若忽略了教师和学生所处的环境和少数民族心理，就可能导致少数民族文化的遗失及现代教育的失败。

（三）住房改造政府资助力度低，农民满意度一般

"住有所居"一直是是民生中的重要问题，而对于居住条件的满意度又是

衡量政策执行效率的表现。由此要提升人民对居住条件的满意度，就要将政府执行的效率考虑在内。

在调查中，我们发现，政府在雷贡村村民住房改造上的资助力度相对较小。从表2-71中可以看出，在雷贡村村民盖房资金的主要来源中，政府资助只占到12.5%，87.5%的家庭是靠自己的存款和向亲友借钱来盖房的。这说明政府在村民住房改造方面的资助范围有限，资助力度较小，这是导致村民对住房条件满意度不高的一个原因。

表2-71　调查对象盖房资金的主要来源

盖房资金的主要来源	频率	百分比/%	有效百分比/%	累计百分比/%
自己的存款	11	45.8	45.8	45.8
向亲友借钱	10	41.7	41.7	87.5
政府资助	3	12.5	12.5	100.0
合计	24	100.0	100.0	—

在访谈中，也有村民谈道：

> 我们也想住好一点儿的房子，但随便盖一栋房子都要几十万，而我家一年最多能存两三万，这得要多少年才能攒够一套房子的钱啊，而政府补助的范围有限，盖房对于我们来说，真的是一件不容易的事啊！

从这位村民的话中，我们能够清晰地看到，雷贡村村民盖房的压力较大，对住房条件的满意度有待提高。

从表2-72中的数据我们可以了解到，50.0%的家庭在未来五年是否打算盖新房的问题上是持没想过态度的，不打算盖新房的家庭占29.2%，打算盖新房的家庭最少，占20.8%。这也再次说明了由于经济等原因，雷贡村村民盖房的意愿较低。此外，表2-73显示，87.5%的家庭对住房情况的满意度持一般态度，持不满意态度的占8.3%，持满意态度的只占4.2%。从这些数据可以看出，雷贡村村民对住房情况的满意度一般，因此，住房方面仍需进一步加大改善力度。

表 2-72　未来五年是否打算盖新房

是否打算盖新房	频率	百分比 /%	有效百分比 /%	累计百分比 /%
打算	5	20.8	20.8	20.8
不打算	7	29.2	29.2	50.0
没想过	12	50.0	50.0	100.0
合计	24	100.0	100.0	—

表 2-73　对住房情况的满意度

住房满意度	频率	百分比 /%	有效百分比 /%	累计百分比 /%
满意	1	4.2	4.2	4.2
一般	21	87.5	87.5	91.7
不满意	2	8.3	8.3	100.0
合计	24	100.0	100.0	—

第五节　镇康县军赛乡佤族的民生问题及原因

军赛乡是镇康县唯一一个少数民族乡，也是云南省唯一一个以 4 个少数民族为主体的民族乡，主要居住着佤族、拉祜族、傈僳族、德昂族等民族，调查对象新半山小组隶属于忙吉利村委会。忙吉利村属于半山区，位于军赛乡政府所在地的西南部，距军赛乡政府驻地 7 千米，距镇康县城南伞镇 91 千米，距耿马县孟定镇 31 千米；面积为 17 平方千米，海拔为 540 米，年平均气温为 21.6℃，年降水量为 1888.3 毫米，适宜种植水稻等农作物；有耕地 5521 亩，其中人均耕地为 4.05 亩；有林地 17 429 亩；有农户 669 户，有乡村人口 2901 人，全部为农业人口，劳动力有 2030 人，其中从事第一产业的人数有 1876 人。2015 年，全村经济总收入为 5091.39 万元，农民人均纯收入为 8912 元。农民收入来源主要以种植橡胶、咖啡、蔬菜为主。[①] 全村辖 6 个自然村，即一队、老岩田、怕哈林、新半山、南胆、湾子田，以及 12 个村民小组。在 6 个自然村中，新半山村的经济发展较为落后，也是忙吉利村委会佤族最为聚居的地方，气候比其他村寒冷。

① 数据来源：忙吉利村委会。

新半山村是一个佤族边境村。佤族自称“佤”“巴饶克”“阿佤”等，是“住在山上的人”的意思，2000 年前就与布朗族、德昂族等民族的先民一起居住在高黎贡山和澜沧江地区。佤族以农业种植为主，大部分佤族地区的住房结构与傣族的相似。

新半山村辖 3 个村民小组，我们调查的是 3 个村民小组中最大的一个小组，即新半山小组，其位于忙吉利村的西北方向，距忙吉利村 5 千米。新半山小组在半山上，气候比其他村小组寒冷，整个小组共 60 户人家，有 297 人，我们的调查是以户为单位的，共发出 60 份问卷，回收 60 份问卷，回收率是 100%。回收的 60 份问卷中，除了 1 户信息缺失外，其他 59 户填写的都是佤族，如表 2-74 所示。

表 2-74　调查对象的民族

民族	频率	百分比 /%	有效百分比 /%	累计百分比 /%
佤族	59	98.3	100.0	100.0
系统缺失	1	1.7	—	—
合计	60	100.0	—	—

一、新半山小组民生现状

（一）教育及经济收入状况

新半山小组的小学生就读忙吉利小学，中学生就读军赛中学。该小组距离忙吉利小学 3 千米，距离军赛中学 8 千米。目前该小组的义务教育在校学生中，小学生有 24 人，中学生有 4 人。[①] 我们调查的新半山小组是忙吉利村教育发展最为落后的村小组，全村小组中，初中毕业的人数都不到 10%，文盲率达到 50% 以上，人均受教育年限不足 3 年，这样的教育情况，严重阻碍了当地的发展，甚至可以说，直接导致了当地的生存贫困。新半山小组的村民对孩子的教育不是很重视，他们觉得读书与不读书没有多大区别，新半山小组村民的最高学历是初中，全村没有一个人是高中毕业的，这使得他们的发展受到很大的限制，因此，改变他们的教育观是很重要的。在调查中我们发现，孩子辍学的最大原因是家里没钱供他们读书。因此，这就需要当地政府进一步贯彻落实“两免一补”政策，另外再加大对教育的投入，让孩子们

① 数据来源：忙吉利村委会。

都能读书，至少能完成九年义务教育。

新半山小组主要以种植业为收入来源，其中又以种植玉米为主要收入来源，该村小组有橡胶400亩、咖啡800亩。2013年，全村的人均纯收入不足2000元，远远低于2013年临沧市农业局在临沧农业信息网中发布的“2013年，临沧市实现农村居民人均纯收入6066元”的标准，而新半山小组的人均纯收入不到2000元也只是平均水平，在新半山小组60户家庭中，人均年纯收入低于1200元的有30户，在1201～1400元的有10户，在1401～1600元的有13户，而在1601～1860元的只有7户，表明该地人们的生活较为困难。①

（二）“新农合”现状

1.“新农合”覆盖率达100%，减轻了村民的负担

所调查的60户家庭全部参加了“新农合”，参加户数有效百分比达到100%，如表2-75所示。而从表2-76中可以看出，在“是否能负担现在的医疗费用”问题的回答中，8.3%的家庭表示能负担现在的医疗费用，63.3%的家庭表示勉强能负担现在的医疗费用，28.3%的家庭表示完全不能负担现在的医疗费用。这表明超过七成的家庭基本能够负担医疗费用。

表2-75 参加“新农合”的情况

参加“新农合”情况	频率	百分比/%	有效百分比/%	累计百分比/%
是	60	100.0	100.0	100.0

表2-76 是否能负担现在的医疗费用

是否能负担医疗费用	频率	百分比/%	有效百分比/%	累计百分比/%
能	5	8.3	8.3	8.3
勉强能	38	63.3	63.3	71.7
完全不能	17	28.3	28.3	100.0
合计	60	100.0	100.0	—

此外，从表2-77中也可以看出，98.3%的家庭认为“新农合”能够减轻家庭负担，其中有80.0%的家庭表示减轻很多，有18.3%的家庭表示减轻不多，只有1.7%的家庭表示没有减轻。也就是说，绝大部分家庭认为“新农合”是很有效的，能够减轻很多家庭负担。

① 数据来源：新半山自然村访谈数据。

表 2-77　“新农合”减轻家庭负担的程度

“新农合”减轻家庭负担的程度	频率	百分比 /%	有效百分比 /%	累计百分比 /%
减轻很多	48	80.0	80.0	80.0
减轻不多	11	18.3	18.3	98.3
没有减轻	1	1.7	1.7	100.0
合计	60	100.0	100.0	—

2. 对目前的医疗条件满意度较高

首先，通过表 2-78 可知，有 86.7% 的家庭认为目前的“新农合”水平挺好，仅有 8.3% 的家庭认为应由政府承担全部医疗费用。这表明村民对目前的“新农合”是认可的。

表 2-78　“新农合”达到什么程度才合理

“新农合”达到什么程度才合理	频率	百分比 /%	有效百分比 /%	累计百分比 /%
政府全部承担	5	8.3	8.3	8.3
目前的水平挺好	52	86.7	86.7	95.0
不知道	3	5.0	5.0	100.0
合计	60	100.0	100.0	—

其次，从表 2-79 中也可以看出，在所调查的家庭当中，96.7% 的家庭都表示对目前医疗条件很满意，只有 3.3% 的家庭表示不满意。这一数据清晰地揭示出，绝大部分家庭对目前的医疗条件有着较高的满意度。在访谈中，我们也发现，“新农合”报销的比例相对较高，相比过去看病完全自费来说，“新农合”在很大程度上节省了村民的医疗费用开支，提高了村民对目前医疗条件的满意度。

表 2-79　对目前医疗条件的满意度

满意度	频率	百分比 /%	有效百分比 /%	累计百分比 /%
很满意	58	96.7	96.7	96.7
不满意	2	3.3	3.3	100.0
合计	60	100.0	100.0	—

最后，在过去，新半山小组只有一些当地的“老人医生”，所谓“老人医生”，并不是真正懂医术的老人，而是这个老人在村里有一定的声望、见识较

广。他给人看病都是根据自己的经验及从更老一辈传下来的经验，去找一些草药给病人吃，但稍微严重一点的病就无法治疗了，村里很多老人生病后，几乎可以用等死来形容，因为他们没有更多的钱去医治，只能从小病就一直拖着，直到死亡的真正降临。现在，这种状况发生了明显的变化，村民的医疗观有了重大改变。在面对家人生病时选择的治疗方式的调查中，有 56 户选择到医院治疗，只有 4 户表示先给病人做法事，治不好再到医院治疗，如表 2-80 所示。

表 2-80　家人生病时选择的治疗方式

家人生病时选择的治疗方式	频率	百分比 /%	有效百分比 /%	累计百分比 /%
到医院治疗	56	93.3	93.3	93.3
先给病人做法事，治不好再到医院治疗	4	6.7	6.7	100.0
合计	60	100.0	100.0	—

3. 看病更方便

过去，新半山小组的基础设施比较薄弱，基本没有一条完善的公路，致使当地与外界的联系受阻。另外，医疗设施落后，村卫生所离新半山小组比较远，平时生病一些人就只能在当地找找草药，而这些药方也是老一辈的人传下来的；还有一些人是忍着疼痛不去就医，久而久之就成为大病，但看大病需要到县城的医院，无疑要花掉家里的一大笔钱，这对于当地人来说是很困难的，小病不医才会拖成大病，这让本来收入就较低的家庭难以负担。现在，这种状况有了明显改变，既有了卫生所，也有了卫生院，村委会距离卫生所 3 千米，距离镇卫生院 8 千米，看病方便多了。从表 2-81 中也可以看出，在 60 户被调查家庭中，觉得现在看病比较方便的占 66.7%，觉得很方便的占 28.3%，只有 5.0% 的家庭觉得不方便。由此可知，村民对看病的方便程度整体上满意度较高。

表 2-81　看病的方便程度

看病的方便程度	频率	百分比 /%	有效百分比 /%	累计百分比 /%
很方便	17	28.3	28.3	28.3
比较方便	40	66.7	66.7	95.0
不方便	3	5.0	5.0	100.0
合计	60	100.0	100.0	—

（三）养老保障状况

1. 大部分人对“新农保”政策是了解的

由表 2-82 可知，在有效的 60 个样本中，了解“新农保”政策的家庭占到了 98.3%，其中，很了解的占 15.0%，比较了解的占 78.3%，了解一点的占 5.0%；不了解的仅占 1.7%。这表明，村民对“新农保”政策的了解程度有了非常大的提升，为进一步做好养老保险工作奠定了良好的基础，是实现“老有所养”的最基本保障。

表 2-82 对“新农保”政策的了解程度

对“新农保”政策的了解程度	频率	百分比 /%	有效百分比 /%	累计百分比 /%
很了解	9	15.0	15.0	15.0
比较了解	47	78.3	78.3	93.3
了解一点	3	5.0	5.0	98.3
不了解	1	1.7	1.7	100.0
合计	60	100.0	100.0	—

2. 60 周岁及以上的老人都享受了“新农保”待遇

在调查的家庭中，没有 60 周岁及以上老人的家庭占 55%，也就是说，新半山小组有超过一半的家庭没有 60 周岁及以上的老人，有 1 个和 2 个 60 周岁及以上老人的家庭均占 20%。[①] 这说明新半山小组是一个老龄人口不太多的村子。

另外，从表 2-83 中可以看出，家里老人正在享受“新农保”待遇的占到了 96.3%。绝大多数老人享受到了“新农保”待遇，这既提高了老年人的生活质量，同时也减轻了家庭的养老负担。

表 2-83 享受“新农保”的情况

享受“新农保”的情况	频率	百分比 /%	有效百分比 /%	累计百分比 /%
正在享受	26	43.3	96.3	96.3
没有享受	1	1.7	3.7	100.0
小计	27	45.0	100.0	—
系统缺失	33	55.0	—	—
合计	60	100.0	—	—

① 数据来源：新半山自然村问卷数据。

3. 村民有较高的养老保险意识，对“新农保”改革较为认可

从表 2-84 中可以看出，在 60 户被调查家庭中，95.0% 的家庭中 16 周岁以上的人都参加了“新农保”，只有 5.0% 的家庭没有参加“新农保”。这表明村民的养老意识有了很大提高。正像有村民所说的：

> 现在每年交的养老保险金也不多，缺了那部分钱，家庭的生活也可以正常维持下去，而且交得时间越长，以后能拿到的养老保险金就越多，不管怎么说，都是自己划算，因此，即使年龄还小，也要交养老保险。

这位村民的想法是众多村民想法的一个代表，表明村民有着较高的养老保险意识。

表 2-84　16 周岁以上人员参加“新农保”的情况

16 周岁以上参加“新农保”的情况	频率	百分比 /%	有效百分比 /%	累计百分比 /%
都参加了	57	95.0	95.0	95.0
都没有参加	3	5.0	5.0	100.0
合计	60	100.0	100.0	—

此外，从表 2-85 中也可以看出，在所调查的家庭中，认为“新农保”政策在一定程度上缓解了养老压力但仍需完善的家庭占 63.3%，认为“新农保”政策解决了农民养老问题的家庭占 16.7%。这说明“新农保”有一定的实质效果，在村民的养老问题上发挥着举足轻重的作用。

表 2-85　对“新农保”政策的看法

对“新农保”政策的看法	频率	百分比 /%	有效百分比 /%	累计百分比 /%
解决了农民养老问题	10	16.7	16.7	16.7
在一定程度上缓解了养老压力但仍需完善	38	63.3	63.3	80.0
没有实质性的效果	4	6.7	6.7	86.7
不清楚	8	13.3	13.3	100.0
合计	60	100.0	100.0	—

（四）住房保障状况

在调查中，我们也发现，与过去相比，近年来无论是住房结构类型，还

是居住面积等都有了明显的改善，村民对住房条件的满意度也有所提升。

首先，在对60户家庭的调查中得知，在2000年前盖房子的家庭占21.7%，2000年之后盖房子的家庭占78.3%。这表明2000年之后，新半山小组村民的经济收入有了一定的提高，很多村民就开始把结余的钱用来盖房子以改善住房条件。至于盖房的原因，大部分家庭是为了改善居住条件，占60%；20户是因为分家；2户是因为搬家；1户是因为结婚娶媳妇；1户是因为房屋拆迁。① 近年来，很多家庭在改善住房条件后住进了砖混结构的房屋，如表2-86所示，房屋类型属于砖混结构的家庭占61.7%，土木结构的家庭占35.0%。这一数据充分说明当地村民对住房的重视及其住房结构类型也得到了很大的改善。

表 2-86　调查对象的房屋类型

房屋类型	频率	百分比 /%	有效百分比 /%	累计百分比 /%
土木结构	21	35.0	35.0	35.0
砖混结构	37	61.7	61.7	96.7
其他	2	3.3	3.3	100.0
合计	60	100.0	100.0	—

其次，村民的住房居住面积也表现出越来越大的趋势，也体现了村民住房条件的改善。如表2-87所示，居住面积在101～200平方米的家庭达到61.7%，在51～100平方米的家庭占35.0%，只有3.3%的家庭还居住在50平方米以下的房子里。这表明从总体上看，目前村民的住房居住面积还是较大的。在访谈中我们也发现，过去，村民的经济收入较少，兄弟几家住在一个院子的情况比较常见；而近年来，随着经济收入的提高，大多数村民都新建了住房，一家一个院子的情况还是常见的。这充分印证了村民住房居住面积在逐步扩大的事实。

表 2-87　调查对象住房居住面积

居住面积	频率	百分比 /%	有效百分比 /%	累计百分比 /%
50 平方米以下	2	3.3	3.3	3.3
51 ～ 100 平方米	21	35.0	35.0	38.3
101 ～ 200 平方米	37	61.7	61.7	100.0
合计	60	100.0	100.0	—

① 数据来源：新半山自然村问卷数据。

最后，在调查问卷统计结果中我们也发现，在未来五年，还有55%的家庭打算盖新房。① 这表明村民对住房条件的改善越来越重视。而在对住房情况满意度的调查中，60户家庭中有17户家庭表示满意，占28.3%；38户家庭表示一般，占63.3%；只有5户家庭表示不满意，占8.3%；如表2-88所示。这表明新半山小组村民对住房情况总体是满意的。

表2-88　对住房情况的满意度

满意度	频率	百分比/%	有效百分比/%	累计百分比/%
满意	17	28.3	28.3	28.3
一般	38	63.3	63.3	91.7
不满意	5	8.3	8.3	100.0
合计	60	100.0	100.0	—

二、新半山小组民生存在的问题及原因分析

（一）教育发展落后

据调查，在新半山小组中，初中毕业的人屈指可数，更多的人是小学都还未毕业。在60户被调查家庭中，初中毕业的人只有1人，一半以上的人是没有接受过教育的，表明当地的人才很是缺乏。另外，在孩子的教育上，家长也很不重视，在调查中我们发现，全村小组正在读书的孩子很少，其中最高也就是在读初中，没有就读高中的，成人中也没有高中毕业的。而对于孩子的教育，显然家长的期望也是比较低的，如表2-89所示。

表2-89　希望孩子读书读到哪个阶段

希望孩子读书读到哪个阶段	频率	百分比/%	有效百分比/%	累计百分比/%
未作答	40	66.7	66.7	66.7
小学	5	8.3	8.3	75.0
初中	4	6.7	6.7	81.7
高中	5	8.3	8.3	90.0
大学及以上	1	1.7	1.7	91.7
读到哪算哪	5	8.3	8.3	100.0
合计	60	100.0	100.0	—

① 数据来源：新半山自然村问卷数据。

其中，有 8.3% 的家长希望孩子读到小学毕业就可以了，而只有 1.7% 的家长希望孩子读到大学及以上。在访谈过程中我们也发现，即使是大学及以上学历，他们也只希望孩子读到大学毕业即可，更不用说读硕士、博士，对于这些称呼，很多家长表示并不理解，也不知道硕士、博士是什么样的学历，在他们眼中，大学已经是最高学历了。但当问道他们希望孩子以后做什么工作时，有 13.3% 的家长回答希望孩子以后从事教师行业，他们觉得教师的工作比较稳定，而且社会地位也比较高；有 6.7% 的家长希望孩子以后能从事医生行业。① 除此之外，有一些家长希望自己的孩子五年级毕业之后回村里当教师，这是他们的思想观念中仍存留的旧思想——小学毕业可以当教师，笔者认为这可能是当地交通闭塞而导致他们与外界“脱轨”的表现。

教育是国之根本，是经济政治发展的需要，而新半山小组村民对孩子的教育却如此忽视。在调查问卷统计结果中也发现，当地的辍学率是非常高的，达 45%；而在辍学的阶段上，都是在小学阶段就辍学；在辍学的原因中，有 28.3% 的孩子是因为家里条件不好供不起，还有 16.7% 的孩子是自己不想读书。① 教育得不到发展，经济的发展就会因此受到制约，如此恶性循环，才导致当地的经济一直得不到发展，而当地人也就摆脱不了贫困。

（二）生存贫困

生存贫困是指贫困人口没有达到维持基本生存水平所需要的物质条件。生存权也是人的最基本权利之一，对于新半山小组的生存贫困，我们主要从收支结构、住房两方面来分析。

1. 收支结构不平衡，支出远远大于收入

新半山小组是忙吉利村委会所辖的一个村民小组，与其他村民小组相比，这是最为贫困的村小组，他们收入来源的绝大部分是种植业，如表 2-90 所示，种植业收入占总收入的 52.94%。在访谈过程中我们得知，种植业中又是以种植玉米为主要的经济收入来源，家庭平均的年收入大约为 7200 元。

① 数据来源：新半山自然村问卷数据。

表 2-90　新半山小组收入结构描述统计量

收入结构描述	N	极小值 / 元	极大值 / 元	和 / 元	均值 / 元	占比 /%
您家 2013 年的种植业收入	60	500	12 000	230 570	3 842.833 3	52.94
您家 2013 年的养殖业收入	60	0	8 800	46 656	777.600 0	10.71
您家 2013 年的本地做生意收入	60	0	3 500	3 500	58.333 3	0.81
您家 2013 年的本地建筑业收入	60	0	6 000	14 000	233.333 3	3.21
您家 2013 年的外出务工收入	60	0	20 000	109 800	1 830.000 0	25.21
您家 2013 年的运输业收入	60	0	0	0	0.000 0	0.00
您家 2013 年的固定工资收入	60	0	0	0	0.000 0	0.00
您家 2013 年的其他收入	60	0	7 500	31 000	516.666 7	7.12
您家 2013 年的总收入	60	500	57 800	435 526	7 200.433 3	100.00

而新半山小组的家庭支出方面，如表 2-91 所示。

表 2-91　新半山小组支出结构描述统计量

支出结构描述	N	极小值 / 元	极大值 / 元	和 / 元	均值 / 元	占比 /%
您家 2013 年的医疗支出	60	0	13 500	109 400	1 823.333 3	11.62
您家 2013 年的教育支出	60	0	14 000	61 100	1 018.333 3	7.05
您家 2013 年的投资生意支出	60	0	15 000	15 000	250.000 0	1.73
您家 2013 年的农业生产支出	60	0	5 000	15 800	263.333 3	1.82
您家 2013 年的宗教祭祀活动支出	60	30	1 860	32 710	545.166 7	3.77
您家 2013 年的吃饭、水电气等支出	60	50	6 980	136 522	2 275.366 7	15.75
您家 2013 年的服装支出	60	0	4 000	48 000	800.000 0	5.54
您家 2013 年的人情往来支出	60	0	3 000	26 450	440.833 3	3.05
您家 2013 年的交通、通信支出	60	0	6 000	29 990	499.833 3	3.46
您家 2013 年的建房、维修房屋支出	60	0	90 000	323 600	5 393.333 3	37.33
您家 2013 年的婚丧嫁娶的支出	60	0	30 000	50 000	833.333 3	5.75
您家 2013 年的其他支出	60	0	10 000	28 700	478.333 3	3.31
您家 2013 年的总支出	60	600	104 360	866 820	14 447.000 0	—

新半山小组的家庭支出中比例较大的是建房、维修房屋支出和家庭的吃饭、水电气等支出。通过表 2-90 和表 2-91 两个表的对比可以发现，该村小组家庭的支出远远大于收入，在这种收支极度不平衡的情况下，新半山小组村民生活困难也就不难理解了。

在收支问题的满意度方面，新半山小组中有53.3%的家庭对目前的收支状况表示不满意，他们认为这样的收支不平衡，让他们无法承担生活的压力；有25%的家庭表示家里的收支刚刚平衡，无任何结余；有16.7%的家庭认为可以承担支出，比较满意；只有5%的家庭觉得一年下来，家里还有些余钱，可以勉勉强强过日子，因此表示满意。[①]也就是说，有95%的家庭一年下来是没有余钱的，这使得他们的生活非常困难。

在访谈中遇到这样一个案例：

户主为杨××的家庭，其家庭情况极不乐观。杨××家共有四口人，其中有两个儿子，大儿子2014年刚满10岁，目前就读于忙吉利村完小一年级；小儿子8岁，目前还未读书，在家里帮忙干活。按国家规定的入学年龄来说，大儿子今年应该就读四年级，小儿子应该就读二年级，但由于家庭条件不允许，哥哥只能读一年级，而弟弟却不能读书。杨××说："我也很想让他们早一点儿读书，但两个孩子读书，压力太大了，家里实在拿不出钱供他们同时读书。"杨××家主要靠夫妻两人种玉米及其他农作物的收入来维持家庭的基本开销，当问他为什么不外出打工时，他说："我看到我们村有些人外出打工后给家里寄回钱了，我也想出去打工，但我汉语掌握得又不好，所以没法出去，只能在村里搞种植了。"的确，在访谈中，我问的问题他很难明白，他说的我也很难理解，还好有新半山村小组的组长帮我们翻译，不然真的很难明白彼此的意思。杨××家2013年的年收入为3300元，支出却达到了7886元，对于这样的收支情况，的确很难供两个孩子读书。具体情况见表2-92、表2-93。

表2-92　杨××的家庭2013年收入简况

项目	收入/元
种植	2000
养殖	1300
本地做生意	0
本地建筑业	0
外出务工	0

① 数据来源：新半山自然村问卷数据。

续表

项目	收入 / 元
运输业	0
固定工资	0
其他	0
总收入	3300

表 2-93 杨 ×× 的家庭 2013 年支出简况

项目	支出 / 元
医疗	1000
教育	3000
投资生意	0
农业生产	150
宗教祭祀活动	500
吃饭、水电气等	2036
服装	500
人情往来	200
交通、通信	0
建房、维修房屋	0
自家婚丧嫁娶	0
其他	500
总支出	7886

上面这个案例清晰地揭示出了村民收支严重失衡的现实情况，再次印证了前面的问卷调查统计结果。

2. 住房虽然有所改善，但由此而欠债的情况比较严重

新半山小组村民的住房条件虽然有了改善，大多住房已为砖房，但几乎每家都欠着亲戚的钱，欠债情况比较严重。欠款的主要原因及比例如表 2-94 所示。

表 2-94 欠款的主要原因及比例

欠款的主要原因	频率	百分比 /%	有效百分比 /%	累计百分比 /%
未作答	21	35.0	35.0	35.0
看病	8	13.3	13.3	48.3
婚丧花费	3	5.0	5.0	53.3
建房	22	36.7	36.7	90.0

续表

欠款的主要原因	频率	百分比 /%	有效百分比 /%	累计百分比 /%
做生意	1	1.7	1.7	91.7
发展农业生产	2	3.3	3.3	95.0
家里的日常开销	1	1.7	1.7	96.7
买车或买房	2	3.3	3.3	100.0
合计	60	100.0	100.0	—

在新半山小组村民欠款的主要原因中，建房所占的比例是最大的，达到了 36.7%。他们的住房条件虽然得到了一定的改善，但与其他村小组相比，还是比较落后的，其他村小组中有 50% 的家庭是洋房，而新半山小组却没有一栋洋房，且住房为砖房的家庭也只有 60%，这还不包括厨房，只是仅限于正房，厨房是砖房的家庭都不到 10%。而仅仅只是建砖房，就已使得他们的家庭负债累累，入不敷出，甚至使得有些家庭连日常开销都要向亲戚借款。

（三）不愿外出务工，缺乏职业技能

新半山小组的村民几乎不出村寨，因此，外出务工的人也很少，他们的生产方式比较原始，除了种植业，几乎没有其他任何的生存技能，有些人外出帮别人割胶，但由于村里橡胶较少，会割胶的人很少，职业技能人才较为缺乏。从表 2-95 中也可以看出，村里不愿意外出务工，认为外出务工不如在家务农的家庭占 50.0%；愿意外出务工，认为外出务工比在家务农好的家庭只占 33.3%；不愿意外出务工，害怕上当受骗的占 16.7%。这一主观意愿也导致了村里外出务工人员较少的现实情况。在调查问卷统计结果中，除了缺失 1 户的信息外，只有 16.9% 的家庭表示家里有人外出务工，而没有外出务工的家庭占绝大多数，达到 83.1%。[①]

表 2-95 是否愿意外出务工

是否愿意外出务工	频率	百分比 /%	有效百分比 /%	累计百分比 /%
愿意，外出务工比在家务农好	20	33.3	33.3	33.3
不愿意，外出务工不如在家务农	30	50.0	50.0	83.3
不愿意，外出务工害怕上当受骗	10	16.7	16.7	100.0
合计	60	100.0	100.0	—

① 数据来源：新半山自然村 2013 年问卷数据。

另外，从养殖业方面来讲，他们的技能也比较传统，甚至不知道什么是饲料，更不知道饲料是用来做什么的，他们都是用粮食来喂养牲畜，很环保。但当猪、鸡生病时，却只能等死，因为村里没有兽医。这都反映出了该村村民职业技能匮乏、生产生活方式相对落后的情况。具体情况可见下面的个案资料。

案例一：

> 刘 ×× 今年 28 岁，家里共有 6 口人，其中有 2 个小孩，父母 40 多岁，家里有剩余劳动力，他也很想像他表哥一样去孟定镇农场帮别人割胶，但可惜的是他不会割胶，他的妻子也不会。当问到这一问题时，刘 ×× 说他真想去帮别人割胶，这样可以减轻家里很多负担，但他不会割胶，这让他失去了一个打工的机会，也无法减轻家里的经济负担。他说，在他们村里，像他这样不会割胶的年轻人有很多，如果村干部或政府能开展一个“割胶培训班”，肯定会有很多人来学习，这样会在很大程度上增加家庭经济收入，改善村民生活条件。

在问到养殖技术时，被访者陶 ×× 这样说。

案例二：

> 我今年 51 岁了，也不想出去打工，要去打工也是让我儿子去，我就只想在家里带孙子孙女，照顾老人。我问她，为什么不在家里养猪和鸡来卖，她说她以前养过，但不赚钱，一年到头就只能卖几头猪，粮食投入又多，还不如卖粮食划算。后来我才知道，他们家的猪是用玉米和猪草喂养的，没有用饲料，这样虽然很环保，但战线拉得太长，最终只会导致高投入，低产出。当我问她为什么不用饲料喂养时，她说她不知道有饲料，也不知道该怎么用饲料喂养，她说他们村一直都是用玉米和猪草喂养的。当我说以后让她用饲料喂养时，她说饲料太贵了，划不来，她觉得还是会亏钱，这或许就是他们缺乏养殖技术而导致的吧。

导致上述状况的原因有很多，但主要还是传统观念根深蒂固，思想不解放。在调查中我们发现，首先，在新半山小组，每年都会杀年猪，无论哪家杀年猪，都会请全村的人去他家做客，一年到头，好不容易养到两三百斤的猪，全村吃了一天之后，就已经所剩无几了，这样的消费观念极大地扼杀了当地的生产积极性。其次，新半山小组的人没有集富的思想，“今朝有酒今朝醉，明日无酒喝凉水”，他们都是有什么就吃什么，整个村小组都处于这样的状态，这很不利于当地的发展；最后，新半山小组村民很排外，当地的女儿可以嫁出去，但男孩子绝不能娶其他民族的女孩，他们觉得其他民族的人不容易相处，这就阻碍了生产方式的交流及一些经验的学习，很不利于新半山小组的长期发展。

（四）民生问题的原因分析

在民生改善进程中，新半山小组之所以还存在这么多问题，究其原因，如表 2-96 所示。

表 2-96　制约家庭收入的因素

制约家庭收入的因素	频率	百分比 /%
缺少致富项目	22	21.0
自己学历低，外出找工作难	3	2.9
缺少生产技术和资金	46	43.8
信息来源少	4	3.8
家里劳动力少	11	10.5
家乡的自然环境恶劣	19	18.0
总计	105	100.0

1. 家乡的自然环境恶劣

新半山小组属于半山区，自然条件不好，表现在当地的土地较为贫瘠，适合种植的经济作物就是玉米，但由于技术落后，当地的种植方式仍采取的传统方式，导致玉米的产量较低，经济收入也一直上不去。从表 2-96 中可以发现，认为是家乡的自然环境恶劣制约家庭收入的家庭占到了 18.0%。忙吉利村处于亚热带，可以种植橡胶，但由于新半山小组的地理位置处于半山上，适合种橡胶的耕地很少，这也是该村小组比其他村小组落后的一个原因。

2. 交通条件较差

由于处于半山区，新半山小组的交通条件较差。在 2010 年以前，村里几乎没有公路，无论需要什么东西，都是靠人力背上山，直到 2011 年之后，该地的道路建设才有所好转。现在虽然可以通车，但道路并不平坦，仍十分崎岖，加之该村小组处于半山上，道路全为坡路，且坡度较大，骑车也比较困难。由此可见，该地较差的交通条件，也是该地贫困的原因之一。

3. 缺少生产技术、资金和致富项目

在访谈中我们得知，新半山小组缺少生产技术、资金和致富项目。从表2-96中可以看出，43.8%的家庭认为制约家庭收入的因素是缺少生产技术和资金，21%的家庭认为是缺少致富项目，18%的家庭认为是家乡的自然环境恶劣。1995年9月6日，军赛乡被列入云南省506个农田水利基础设施建设扶贫攻坚乡；1996—2000年的“九五”期间，临沧市镇康县的勐捧镇被列为小额信贷扶贫试点县。虽然军赛乡已被列为扶贫对象，但新半山小组除了咖啡这一项扶贫项目，其他的扶贫项目及资金都很少。因此，当地人还是很希望能多一些致富项目的，而且当地人是比较勤奋的，如果多一些致富项目，或许他们的经济情况能够得到很大的改善。

第六节　福贡县匹河乡怒族的民生问题及原因

怒江州地处我国西南边境，与缅甸相邻，有长达449.5千米的国境线，辖福贡县、贡山县、兰坪县、泸水市三县一市，全州总面积为14 703平方千米。由于历史与自然条件的限制，怒江州的社会发展一直以来处于较为落后的状态，自然环境的限制可以说是怒江州发展最主要的阻碍。此外，怒江州还具有多民族、多宗教的特殊性。怒江州人口为52万，其中少数民族人口占总人口的92.2%。怒江州境内生活着傈僳族、怒族、普米族、白族、独龙族等少数民族，尤其是其中的怒族、独龙族属于少小民族；除了民族众多，怒江州境内的宗教信仰也有很多种，以福贡县、贡山县较为典型，主要有天主教、基督教、佛教三种。

怒江州整体发展较为滞后，发展滞后、地处边境、多民族、多宗教等因素使得怒江州的民生问题呈现出特殊性与复杂性，民生发展举步维艰。2010年7月，国家明确提出要对集中连片特殊困难地区实施扶贫开发攻坚，怒江州也在其中。就目前情况来看，怒江州的民生发展取得了一定的成就，如通过“溜索改桥”、道路硬化工程，交通条件得到了很大改善，但从总体发展的状况来看，还存在着诸多亟待解决的问题。

匹河乡是全国仅有的一个怒族乡，调查对象五湖小组隶属匹河怒族乡托坪村委会，是一个怒族边境村。怒族别称“怒苏”“阿怒”“阿龙”等，主要分布在怒江州的福贡县、贡山县、泸水市、兰坪县，以及迪庆州的维西县和西藏自治区的察隅县等地。怒族以从事农业生产为主，主要种植玉米、水稻等；传统住房以干栏式竹楼、木楞房、土墙房和石头顶房为主。

一、福贡县匹河怒族乡托坪村五湖小组概况

匹河怒族乡隶属于福贡县，下辖棉谷、托坪、普洛、知子罗、架究、老姆登、果科、瓦娃、沙瓦等9个村委会，一共有47个自然村、96个村民小组，属于云南省扶贫攻坚乡之一，许多村子分布在高黎贡山、碧罗雪山半山腰。匹河乡内除了怒族外，还分布着白族（勒墨）、傈僳族、纳西族等民族。边境线长16千米，西部与缅甸接壤，东部与兰坪县相邻，南部紧接泸水市洛本卓乡。乡政府驻地在匹河，海拔为1060米，匹河意指前河与达洛河交汇处。

调查对象五湖小组隶属匹河怒族乡托坪村委会。托坪村位于匹河怒族乡乡政府西南面，东连怒江，西临缅甸，南毗邻泸水市洛本卓乡俄嘎村，北接本乡架究村，总面积为44.1平方千米，离乡镇政府驻地1千米。村委会下辖4个村民小组，即五湖、托坪、腊甲底、色德，6个自然组，总户数为166户，总人口为675人。

五湖小组属于山区，海拔为1060米，年平均气温为15.4℃，年降水量为1024毫米；耕地面积为164亩，其中水田面积为34亩，旱地面积为130亩，主要种植玉米。2014年，全村小组经济总收入为13.3万元，人均纯收入为2673元，属贫困村小组。[①] 全村小组共28户，有109人，全部都是怒族。本次在五湖小组的调查，因1户外出，我们共发出问卷27份，回收问卷27份，回收率是100%。

二、五湖小组民生现状

（一）村民对义务教育表示满意

教育是一种实现社会纵向流动的主要途径，寒门学子可以通过自己在学

① 数据来源：托坪村委会。

业方面的努力与勤奋，实现向上层社会的流动，享受更好的物质生活，实现自身更好的发展。因而教育的公平，意味着发展机会的公平，是社会公平的重要体现，实现学有所教，是促进社会公平，维护社会和谐的重要任务。

通过问卷调查发现，在五湖小组，70.4%的被调查家庭对目前义务教育政策表示满意，7.4%的家庭表示比较满意，7.4%的家庭表示不满意，14.8%的家庭不清楚，如表2-97所示。此外，绝大多数被调查家庭觉得教育支出占家庭收入的一小部分，家庭有能力支付。由此可见，义务教育政策的确减轻了五湖小组村民的教育负担，降低了孩子在义务教育阶段的辍学率，大大降低了孩子由于家庭经济困难而失去受教育机会的概率。

表2-97　对目前义务教育政策的满意度

满意度	频率	百分比/%	有效百分比/%	累计百分比/%
满意	19	70.4	70.4	70.4
比较满意	2	7.4	7.4	77.8
不满意	2	7.4	7.4	85.2
不清楚	4	14.8	14.8	100.0
合计	27	100.0	100.0	—

从总体上看，村民对目前义务教育政策是持满意态度的，我们从下述访谈中可知一二。

问：您的孩子中有在读书的吗？

玖××：有的，大的在读小学。

问：对贫困家庭的孩子，村里和学校都会有一些资助吗？

玖××：有的，村里在发低保金时，家里有学生的会多给些，都是直接给现金，对于特别贫困的家庭还会再多给些。学校有没有资助就不很清楚了。

问：总的来说，您觉得我国的义务教育政策好吗？

玖××：很好呀，现在小孩上学也不用交学费了，还有各种补贴，我们的压力减小了很多。

问：那您对当前义务教育在农村的整体发展情况有什么意见，或者说您认为还存在哪些方面的问题，或还有哪些地方需要改进吗？

玖××：就我们村来说吧，我希望我们村能有一所幼儿园、一所完小，让孩子更方便地接受更好的教育。

问：现在贵村的孩子是什么时候开始学英语的，您知道吗？

玖××：好像是从初中开始吧，我的孩子现在也还小，我对这个也不是很了解，不好意思。

（二）以种植业为主要收入来源

托坪村居住着怒族、傈僳族两个民族，其中怒族人口数占总人口数的99%。2014年，农民人均纯收入为2653元。托坪村以种植业和畜牧业为主要收入来源，属贫困村。

全村共有耕地面积999亩，其中水田面积有89亩，主要种植荞子、玉米、籼米、水稻。坡度在25°以上的耕地就占90%以上，不具备生产粮食的优势，但有广阔的荒山、草坡和林间草地，具有发展畜牧业的巨大潜力。同时，拥有丰富的森林资源，适宜发展各种经济林木。

托坪村委会提供的数据显示，2014年，五湖小组人均纯收入仅为2673元，而同年全国农民人均纯收入大约为9900元，五湖小组人均纯收入只占全国农民人均纯收入的1/4左右，可见五湖小组人均纯收入之低。

（三）“新农合”参合率高，医疗观念有了巨大变化

据调查问卷统计结果，在五湖小组，有85.2%的家庭参加了“新农合”，14.8%的家庭没有参加“新农合”，见表2-98。而在问卷调查和访谈中，我们也进一步发现，没有参加“新农合”的家庭，多是因为家中成员年纪小来不及申请。由此可见，五湖小组村民参加“新农合”的比例很高。

表2-98 参加“新农合”的情况

是否参加“新农合”	频率	百分比/%	有效百分比/%	累计百分比/%
否	4	14.8	14.8	14.8
是	23	85.2	85.2	100.0
合计	27	100.0	100.0	—

政府建立“新农合”制度的目的就是使农民在生大病时能住得了院，能尽可能减轻农民的医疗负担，解决看病贵、就医难的问题，真正使农民“病有

所医”。对于边疆少数民族地区来说，这一政策的意义更是重大。在此次调查中，我们发现五湖小组的村民在就医观念上发生了很大的改变：面对家人生病时，有96.3%的家庭会优先选择到医院治疗，仅有3.7%的家庭因为宗教信仰习惯而选择先到医院，治不好再请法师给病人做法事，见表2-99。同时，从表2-100中也可以看出，有77.8%的家庭觉得“新农合”可以减轻很多家庭负担，亦有22.2%的家庭觉得减轻不多，显然，边疆少数民族对“新农合”的态度还是以支持为主的。

表2-99 家人生病时选择的治疗方式

家人生病时选择的治疗方式	频率	百分比/%	有效百分比/%	累计百分比/%
到医院治疗	26	96.3	96.3	96.3
先到医院，治不好再请法师给病人做法事	1	3.7	3.7	100.0
合计	27	100.0	100.0	—

表2-100 “新农合”减轻家庭负担的程度

“新农合”减轻家庭负担的程度	频率	百分比/%	有效百分比/%	累计百分比/%
减轻很多	21	77.8	77.8	77.8
减轻不多	6	22.2	22.2	100.0
合计	27	100.0	100.0	—

（四）以家庭养老为主

在我们所调查的农户中，五湖小组只有少部分的老年人未参加养老保险，养老模式仍以传统的家庭养老为主，部分村民外出务工后的“空巢老人”现象也开始出现。托坪村仅有一个养老院，且受家庭养老观念的影响，“老来享福”“老有所养”的观念对当地村民的伦理造成了一定程度的冲击。农村养老机构还处于初步发展阶段，制度建设不完善、收费与服务呈现非正比的情况也使得部分村民对国家养老政策持观望态度。

推行农村养老保险是农村养老事业发展的必然趋势。近年来，我国农村的养老保险虽然取得了很大成绩，但制度化设计仍不能满足农民的需要，尤其在边境少数民族地区不能搞“一刀切”，要因地制宜地搞好有针对性的制度设计，这是一个必然的发展方向。

（五）住房条件有了很大改善

目前在五湖小组的房屋类型中，土木结构房屋占 14.8%，砖混结构房屋占 66.7%，混凝土楼房占 7.4%，其他类型占 11.1%，见表 2-101。总体来说，五湖小组的房屋类型以砖混结构房屋为主，房屋的安全性中等。在访谈中我们也得知，过去，村民的房屋主要以土木结构为主；近年来，随着村民经济收入水平的提高，才逐渐向砖混结构房屋过渡。房屋类型的这一改变体现出了五湖小组村民的住房条件有了很大改善。

表 2-101　调查对象的房屋类型

房屋类型	频率	百分比 /%	有效百分比 /%	累计百分比 /%
土木结构	4	14.8	14.8	14.8
砖混结构	18	66.7	66.7	81.5
混凝土楼房	2	7.4	7.4	88.9
其他	3	11.1	11.1	100.0
合计	27	100.0	100.0	—

同时，从表 2-102 中可以看出，村民对住房情况持满意态度的有 40.8%，持一般满意态度的有 29.6%。说明总体上村民对住房条件是满意的，从村民自身的心理感受反映出了其住房条件的改善。此外，有 77.8% 的家庭有计划在未来 5 年内重盖新房，有 66.7% 的家庭更倾向于在五湖小组居住。① 这在一定程度上也说明村民的住房条件在未来几年内还可以得到进一步的改善；至于为什么大多数的村民还是愿意居住在农村，可能是受传统文化中小农经济思想的影响。

表 2-102　住房情况的满意度

满意度	频率	百分比 /%	有效百分比 /%	累计百分比 /%
满意	11	40.8	40.8	40.8
一般	8	29.6	29.6	70.4
不满意	6	22.2	22.2	92.6
很不满意	2	7.4	7.4	100.0
合计	27	100.0	100.0	—

总体来看，五湖小组大部分村民对目前的住房条件表示满意。住房条件

① 数据来源：五湖小组问卷数据。

的改善，在一定程度上得益于国家政策的支持，该地区享受修建住房的补助力度较大。一位接受访谈的村民表示，在他们家建房的过程中，享受到了国家提供的 1/3 的建材补贴，盖房压力大大减轻。下面是与罗 ×× 的访谈，他表示政府对盖房子有过补贴。

问：您家住房条件如何？

罗 ××：住房条件不是很好，天花板也没有，没有单独厨卫，做饭很不方便。

问：家里没盖新房吗？

罗 ××：没有，我的身体也不太好，现在住的是几年前盖的房子。

问：大概是什么时候盖的？

罗 ××：2009 年吧。

问：那个时候盖房有没有得到政府补贴？

罗 ××：有的，给了些建筑材料，自己也花了差不多 1 万元，断断续续盖了 3 个月才盖好。

三、五湖小组民生存在的问题及原因分析

（一）对教育的意义认识不到位，没有幼儿园，撤点并校后问题多

1. 对教育的意义认识不够、重视不足

1）相对封闭的环境以及长期滞后的文化发展在一定程度上造成了当地村民对教育发展没有足够的重视。怒族自古以来都生活在滇西北高黎贡山、碧罗雪山的半山地区，基于生存的需要，怒族传统教育主要是对生产生活技能的传承，加之怒族没有自己的文字，因而文化教育方面一直较为落后。怒族历史上曾以刻木、结绳的方式来记载事件，这样的记事方式持续至外国传教士进入怒江州，传教士进入怒江州之后，编设了一套拉丁化傈僳文，一些加入基督教的教徒便学会了使用这种文字。1910 年，清政府批准在贡山的茨开及菖蒲桶两地开设两所汉语学堂，之后陆续有一些学校办办停停，却始终没有改变怒族文化教育落后的状况。今天，当地村民对教育的重视程度也远远低于全国平均水平，访谈中也得知，学生的学习热情不够，家长对教育的重视程度也不够。

2）家长受教育程度低。在被调查的27个村民中，仅有5人表示受过高中及以上教育，没接受任何教育的有5人，小学文化程度的有8人，初中文化程度的有9人，如表2-103所示。家长的受教育程度低也是造成他们对教育的意义没有深刻认识的原因之一，自然对于孩子的学业也缺乏明确的目标。

表2-103　调查对象的文化程度

文化程度	频率	百分比/%	有效百分比/%	累计百分比/%
没接受任何教育	5	18.5	18.5	18.5
小学	8	29.6	29.6	48.1
初中	9	33.4	33.4	81.5
高中	1	3.7	3.7	85.2
中专、技校或职高	1	3.7	3.7	88.9
大学专科	3	11.1	11.1	100.0
合计	27	100.0	100.0	—

五湖小组中有很大一部分村民表示，希望孩子以后不是农民就可以。接受访谈的村民多数表示，孩子上学能上到什么阶段就到什么阶段，虽然大部分村民认为上学读书本是一条改变命运的道路，但在村民的生活中，学历既与收入没有直接联系，又与工作没有直接关系，因此，教育在村民心目中的价值也自然受损。下面是一位李姓村民接受我们访谈时的问答。

问：您知道的您朋友家里有孩子上大学的，他们毕业后的工作情况如何吗？

李××：我知道有一个毕业后到现在还没有找到工作。但一般人还是只读到高中就不会再读了。

问：那您自己的孩子呢，希望他们读到哪个阶段？

李××：我不求自己的孩子大富大贵，只希望他们个个平平安安、健健康康，没有大病就最好了。

2. 没有幼儿园，撤点并校造成小学生上学不便

1）托坪村没有幼儿园，造成五湖小组的适龄幼儿无法上幼儿园。有的家长会把孩子送到乡里去上幼儿园，但有的孩子只能等到年龄合适后直接上一年级。资金与人才的缺乏，是该地学前教育空白的主要原因。边远贫困的艰苦环

境，难以吸引人才到此任教，即使能够获得资金新建一所幼儿园，也没法找到专业的学前教育教师。只有实现了社会的全面发展，整体条件有了较为全面的改善，学前教育空白的问题才能从根本上得以解决。

2）托坪村只有一所色德小学，学校里只有1位代课教师和17个学生。小学只有一至四年级，四年级之后，孩子们就要到乡里就读，学生上学路途远，交通又不方便，这给学生、家长造成了很大的不便。之所以出现这样的困难，很大方面是由政策的“一刀切”导致的。我国从2001年开始实施撤点并校，整合农村义务教育资源，调整农村义务教育学校布局。2002—2017年，小学数量骤减64%、29万所。撤点并校之后，孩子只能到更远的地方就学，2013年审计署的一份抽查报告显示，每天上学徒步5千米以上的农村小学生超过10万人。有调查显示，只有近1/4的留守儿童每周能和父母通上电话，一半以上的留守儿童与父母通话的时间在3分钟之内。①

腊甲底、五湖和托坪的学校撤销后，适龄儿童都需要到匹河中心完小就读。

在访谈中，有很多人反映了上述情况，下面是其中一位的问答。

问：您的小孩读书都免学费、书本费吧？

斯××：嗯，免费的。现在孩子读书上学条件很好，但是希望村里能有幼儿园或学前班，这样孩子可以早些去读书。山上那些孩子读书很不方便，只能等到七八岁的时候，直接读一年级。

问：我们了解到贵村只有一所色德小学，好像只有一到四年级，那之后呢？

斯××：之后就得去乡里完小读书，但是路很不方便，离学校又太远。

问：贵村有没有幼儿园？

斯××：村里没有，但县里有，乡里也有。村里有些家庭也会把孩子送去读。

问：那贵村有没有到境外读书的孩子？

斯××：这个就不知道了，其他村应该有吧。

① 《中国农村——3亿人出走后的世界》，2019-05-30，http://user.guancha.cn/main/content?id=122122&s=fwtjgzwz[2019-08-17]。

撤点并校的政策虽然在一定程度上整合了教育资源，但实施后也出现了一些问题。

第一，撤点并校后增加了学生、家长的教育负担。在义务教育实施“两免一补”政策背景下，义务教育阶段学生所需的教育费用很少；而撤点并校之后，许多学生要到离家较远的学校上学，因而产生了交通费用；同时，在学校寄宿也产生了伙食费等额外的费用。这些费用增加了家庭的经济负担，有些地方甚至因此出现了辍学率反弹的现象。在访谈中也有村民表示，到乡里去上学给学生、家长带来了很多不便。

第二，交通安全、食品安全问题突出。撤点并校之后，许多孩子要到离家较远的学校上学，同时义务教育阶段的孩子年龄又比较小，容易在上学、放学途中出现安全问题，许多道路本身就存在较大的安全隐患，使得交通安全的问题更为突出。食品安全问题也是学生家长比较关心的问题，孩子不在父母身边，教师又很难掌握和监控学生的饮食情况，同时，学校食堂提供的食物的安全性也是家长所担心的。

第三，教师任务加重，更难吸引优秀人才。撤点并校之后，大多数学生需要在学校寄宿，加之这些孩子年龄较小，这就大大加重了学校教师的工作负担，教师在完成教学任务的同时，还要照顾孩子的饮食起居。这样一来，农村学校教师工作的繁重容易使人避而远之，吸引人才也就变得异常艰难。

3. 村民难以承担高中及之后教育的费用

在义务教育阶段，得益于国家政策的扶持，家庭承担的教育费用压力大大减轻。但高中及之后教育的大部分费用还是要靠家庭来承担的。对边远贫困的五湖小组来说，许多家庭是难以承担起这些费用的。一位耿姓村民在访谈中讲了一个案例：

> 我们村还有些孩子因为学费问题读不起高中、大学的。有一对姐弟，他们的父亲很早之前就不在了，妈妈也因为子宫癌离开得早，姐姐读完高中，因为家里没钱上大学，就去打工了。现在，弟弟在读高中，听说也是读完高中就要去打工，很可惜的。

从这个例子也可以看得出，由于该地的封闭性较强，信息不畅通，当地村民对许多可以利用的政策也不太了解。当地村民比较熟悉的社会援助方式是低保与政府补贴，就以这对姐弟来说，他们原本可以通过助学贷款等方式解决教育费用问题的。

（二）收入水平低，生活贫困

滇西北怒江地区多山，交通不便，社会发展水平一直以来较为落后，在解放初期，全州大部分地区依旧处于刀耕火种的生活状况，生产力水平十分低下。人们的收入来源少，收入水平低。通过问卷调查结果我们得出，目前五湖小组村民的收入依旧远远落后于全国平均水平，家庭平均年收入仅为21 270.07 元，且收入差距较为明显，收入最低的家庭一年的收入仅为 1600 元，而收入最高的家庭年收入有 62 600 元。至于影响其经济收入的因素，从表 2-104 中可以看出，在制约五湖小组家庭收入的主要因素中，缺少生产技术与资金占 30.0%，缺少致富项目占 22.9%，信息来源少占 18.6%，自然环境条件的限制占 17.1%，自己学历低不好找工作占 7.1%，工作难找钱难挣占 4.3%。

表 2-104　制约家庭收入的主要因素

制约家庭收入的主要因素	响应		个案百分比 /%
	频率	百分比 /%	
缺少致富项目	16	22.9	64.0
工作难找钱难挣	3	4.3	12.0
缺少生产技术与资金	21	30.0	84.0
信息来源少	13	18.6	52.0
自己学历低不好找工作	5	7.1	20.0
自然环境条件的限制	12	17.1	48.0
总计	70	100.0	280.0

根据我们的调研，我们认为造成该地收入水平低下的原因主要有以下五个方面。

1. 自然条件的限制

怒江州 98% 以上的土地为高山峡谷，76% 的耕地坡度在 25° 以上，这使得怒江州的发展空间十分有限，发展方式也受到限制；同时这样的自然条件造成怒江州交通不便，交通的不便又加剧了怒江州的封闭性，严重阻碍了怒江州的发展。由于自然条件的限制，五湖小组的粮食种植仅够家用——自食或喂养牲口，很少用其来换取收入；由于自然条件的限制，部分村民用电、用水还存在较为明显的困难，电视、电话的信号连接存在问题。家庭安全用水等都有较大局限；此外，自然条件的限制，使得乡镇、村委会、学校、卫生院、养老院分布得较为分散，村民生活极为不便。健康水平和生活水平低，也限制了该地的经济发展。

2. 收入过分倚重种植业和养殖业

由于自然条件的限制，该地区社会发展水平落后，人们的收入过分倚重种植业和养殖业。直至现在，在五湖小组的27户受访家庭中，只有7户表示家中没有种植业方面的收入，超过半数的受访家庭表示家中有养殖业方面的收入。

3. 缺少生产技术与致富项目

近年来，政府加大了扶持力度，通过向村民发放作物幼苗、提供种猪等形式帮助农民在种植业、养殖业方面创收。虽然政府对村民也进行了技术培训，但培训的普及度还不够，有的村民没有接受过培训，因而在种植、养殖过程中会出现种种问题，最终无法实现创收，这就使得扶持的目的没有达到。由于地理位置的封闭性和较为恶劣的自然条件，五湖小组难以吸引资金来创建致富项目；而在五湖小组内部，由于知识、能力的欠缺，村民也无法自己组织、创建致富项目。这样的情况普遍存在于五湖小组中，从与村中一位普姓村民的访谈中可见一斑。

问：您家收入来源情况如何？主要依靠什么获得收入？

普××：主要靠种植玉米，一年差不多有5000元。

问：您家养猪吗？母猪保险补贴有吗？

普××：养的，就是养殖技术还不太好，有买母猪保险，一头猪死了的话可以得到1000元补贴。

问：那其他方面有没有补贴呢，如水稻、玉米，还有核桃、草果种植等？

普××：之前有给过水稻、玉米的化肥，核桃苗、草果苗也免费给了，但是不太好，还是会自己去买些来种。现在还没有收成，要一两年后才会有效益。

问：农机购置有补贴吗？

普××：有的，好像补贴了好几百，具体多少我也记不清楚了。

问：那您觉得在增加收入方面政府应该做些什么？

普××：在种植业方面，希望能够有技术人员下乡实地教学。在养殖业方面，希望政府多给予我们些资金支持，特别是在资金周转困难、效益不好的时候；另外多给予我们些技术培训，让我们可以科学化生产，扩大效益才有保障，增收才不是问题。

4. 信息来源少

首先，五湖小组村民都是怒族人，受教育水平低和传统宗教的影响，外出务工、学习的村民较少。当地外出务工人员很少，且多为短期务工，这限制了该村小组与外界的信息交流。其次，自然条件恶劣、交通不便也制约了该村小组与外界的交流，村民对国家政策、社会时政了解得少，不利于村民有效利用现有政策、补贴发展经济。再次，村干部对国家政策、时事了解不及时，宣传力度不够，使得村民生产发展局限于旧的制度和技术，难以实现突破。最后，村中电视、网络设备的不完备也限制了当地村民之间的交流，使得当地经济发展滞后，此外，当地人故步自封、安于现状的观念也阻碍了当地商品经济的发展，使得贫困加剧。

5. 交通不便

托坪村委会一份关于帮助解决修缮水沟和人马驿道的报告中提到，从托坪组到色德组的某段人马驿道不断下沉，特别是遇暴雨天气，下沉和损坏更严重，交通非常不便。在访谈中 90% 的村民认为，本地贫困的重要原因之一就是交通不便。交通不便不仅表现在本村的对外连接上，也表现在地理特征上，如山岭众多、陡石峭壁，以及气候条件上，如因降水量大，碎石滚落阻碍道路。这都大大影响了当地的现代化进程，影响了当地经济社会的发展，造成当地严重贫困的状况。

虽然怒江州自然条件艰苦恶劣，但同时大自然也慷慨地给予了怒江州人民丰富的自然资源作为馈赠。特殊的峡谷景观是极具吸引力的旅游资源，然而由于交通不便，丰富的自然资源没有得到有效的开发和利用，大多数想到怒江旅游的人也因交通不便对其望而却步。解决交通不便的问题成为促进怒江州发展的重要环节，便利的交通能带动怒江州旅游业的发展，可以把怒江州丰富的自然资源转换成人们的财富。

（三）就业技能缺乏，就业观较为传统

五湖小组村民的就业形式具有单一性的特点。知识与技能的缺乏，成为村民就业的阻碍，同时，传统的择业观念也对村民的就业有很大的限制。

1. 村民的知识、技能较为缺乏

如前所述，村民自身的文化水平较低，工作技能较为缺乏，加上很少受到过相关技能的培训，导致其自身缺乏就业所需的知识与技能。从表 2-105 中可以看出，在 27 户受访家庭中，仅有 29.6% 的家庭表示接受过相关技能的培训，没有接受过相关技能培训的家庭达到 70.4%。知识、技能的缺乏，导致五湖小组村民就业形式较为单一。

表 2-105　是否接受过相关技能的培训

是否接受过相关技能的培训	频率	百分比 /%	有效百分比 /%	累计百分比 /%
有	8	29.6	29.6	29.6
没有	19	70.4	70.4	100.0
合计	27	100.0	100.0	—

2. 村民的就业观念较为传统

通过对调查问卷所得结果的分析发现，五湖小组的许多家庭主要从事种植业与养殖业。在 27 户受访家庭中，有 11 户表示自己或家人愿意外出务工，占 40.7%，16 户表示不愿意外出务工，占 59.3%，如表 2-106 所示。可见不愿意外出务工的家庭占多数。在访谈中，我们发现村民不愿意外出务工而喜欢在家务农的原因，主要是担心外出务工上当受骗，在家里生活较为舒心等。这种较为传统的就业观念也导致该村村民就业形式单一、经济收入较低等事实。

表 2-106　是否愿意外出务工

是否愿意外出务工	频率	百分比 /%	有效百分比 /%	累计百分比 /%
愿意	11	40.7	40.7	40.7
不愿意	16	59.3	59.3	100.0
合计	27	100.0	100.0	—

另外，在访谈中，我们发现只有1/3的受访者表示家里有固定收入，有11个受访者表示家中有外出务工的收入，这11个家庭有5000～54 000元的收入来自外出务工，且外出务工能带来远远高于其他途径带来的收入。但由于就业观念较为传统，仍有超过半数的村民不愿外出务工。从与波姓村民的访谈中可见五湖小组的外出务工情况。

问：贵村有外出务工的人员吗？他们一般是短期务工还是长期务工？

波××：外出务工的人很少，主要还是短期的。

问：都到哪些地方去打工？

波××：主要是亲朋好友介绍，一般都是去有熟人的地方，那些地方的钱也比较好赚。

问：那为什么他们要去外面打工？

波××：主要还是赚钱改善生活，才能娶到老婆，为家人看病等；还有一些人是不知道在家干什么就跟着别人出去了，觉得出去可以长长见识。

问：就您了解的情况，这些外出务工的人在外面顺利吗？

波××：不是很顺利，因为文化水平低，语言沟通也不顺畅，很难找到好工作。

问：那对于这样的情况，您是怎么想的？

波××：我就希望政府能出面组织他们外出务工，这样就有保障了。

（四）医疗条件难以满足村民的需要

受特定自然地理、经济社会发展及历史因素的制约，云南少数民族地区的医疗卫生事业明显滞后，存在着医疗条件不完善，看病不方便，医疗费用无力承担等问题。受到经济条件的制约，五湖小组村民无法享受到高级医疗设备的治疗，即便有高级医疗设备，村里的医疗卫生人员也大都不会操作，卫生所的医疗条件无法满足实际的医疗需要。在对目前医疗条件的满意度的调查中，仅有48.1%的家庭表示满意，其中很满意的只有14.8%；而表示不满意和很不满意的家庭超过了一半，如表2-107所示。因此，对于边疆少数民族地区，政府部门还应加大提升医疗条件的力度。

表 2-107　对目前医疗条件的满意度

满意度	频率	百分比 /%	有效百分比 /%	累计百分比 /%
很满意	4	14.8	14.8	14.8
比较满意	9	33.3	33.3	48.1
不满意	9	33.3	33.3	81.4
很不满意	5	18.6	18.6	100.0
合计	27	100.0	100.0	—

此外，还存在部分疾病不属于医保报销之列，但医疗费用却十分高昂，一些较为常用的药品没有纳入报销范围的问题。在五湖小组，医疗经费不足的问题也很突出。村民觉得医疗条件方面存在的主要问题，从大到小依次是医疗设备及药品缺乏（38.5%）、医疗人员技术水平差（26.9%）、离看病的地方太远（15.4%）、服务人员态度差（11.5%）、医疗卫生环境差（7.7%），见表 2-108；医疗条件方面存在的其他问题见表 2-109。可见，当地目前的医疗条件难以满足村民的需要。

表 2-108　医疗条件方面存在的主要问题

医疗条件方面存在的主要问题	响应		个案百分比 /%
	频率	百分比 /%	
离看病的地方太远	8	15.4	34.8
医疗设备及药品缺乏	20	38.5	87.0
医疗人员技术水平差	14	26.9	60.9
服务人员态度差	6	11.5	26.1
医疗卫生环境差	4	7.7	17.4
总计	52	100.0	226.1

表 2-109　医疗条件方面存在的其他问题

医疗条件方面存在的其他问题	频率	百分比 /%	有效百分比 /%	累计百分比 /%
交通不便	16	59.3	59.3	59.3
有时医生不在岗位	11	40.7	40.7	100.0
合计	27	100.0	100.0	—

解决边疆少数民族地区的医疗服务问题，改善边疆少数民族地区的医疗民生现状，需要积极推行“新农合”制度，完善农村的社保体系。在对五湖小

组的调查中，村民反映在“新农合”中感受到的最突出的问题主要有：对“新农合”政策不清楚（29.0%）；就医程序不够方便（16.1%）；报销比例低（9.7%）；对医疗机构不信任（6.5%），如表 2-110 所示。所以，应加大对“新农合”政策的宣传和普及力度，提升医疗机构的服务质量，针对村民的实际需求进行改革和完善，使当地的医疗条件尽量满足村民的需求，以提升他们对医疗服务的满意度。

表 2-110 “新农合”中感受到的最突出的问题

“新农合”中感受到最突出的问题	响应		个案百分比 /%
	频率	百分比 /%	
对“新农合”政策不清楚	9	29.0	36.0
报销比例低	3	9.7	12.0
就医程序不够方便	5	16.1	20.0
对医疗机构不信任	2	6.5	8.0
没问题	12	38.7	48.0
总计	31	100.0	124.0

第三章
滇老边境少数民族民生现状及问题

中国、老挝两国的边界位于云南省西双版纳州勐腊县和普洱市江城县，边境线长 710 千米。在这一线，我们于 2013 年 2 月选取了分属于基诺族、傣族和布朗族（克木人）3 个民族群体的 3 个村寨进行调查。基诺族是西双版纳州独有的民族群体，仅分布于距离景洪市约 30 千米处的基诺山，为人口较少的民族。因此，我们选择基诺族无疑是了解中老边境一线少数民族民生状况的典型案例之一。我们选择了勐腊县磨憨经济开发区管委会管理之下的尚勇镇尚勇村委员会所辖的 4 个傣族村小组作为调研对象，该村距离老挝国界直线距离均在 5 千米以内。磨憨是位于中老边界最南端的国家级口岸，傣族是这里少数民族群体中的主体民族，因此，我们将傣族村寨的选点坐标锁定在尚勇村。此外，我们还选取了隶属于尚勇镇尚岗村委会的王四龙村，该村因被列入国家民族事务委员会专项扶持云南特有较少民族群体布朗族的克木人和莽人实现跨越式发展的项目，得以举村从山区下迁至省级国道旁。因此，对于本书的研究主题而言，所选调查对象具有多元代表性。

第一节　景洪市基诺族的民生问题及原因

景洪市内居住着傣族、基诺族、哈尼族、布朗族、瑶族、苗族等民族，调查对象回鲁村小组（以下简称“回鲁村”）隶属于景洪市基诺族乡司土村委会，是一个基诺族边境村。基诺族是一个古老的民族，基诺是民族自称，过去汉语多音译为“攸乐”，意为“跟在舅舅后边”，加以引申为“尊崇舅舅的民族”。1979 年 6 月，经民族识别后成为中国的第 56 个民族。过去，基诺族以传统的农业种植为主，主要种植玉米、旱稻和棉花，辅以采集和狩猎，基诺族生活的地区盛产木瓜、香蕉等水果，茶叶种植历史悠久，兼营打铁、竹篾编织、纺织、酿酒、木工等。基诺族住房一般为干栏式竹楼，如图 3-1 所示，多是一个小家庭住一个竹楼。

（a）远景　　（b）近景

图 3-1　回鲁村民居

司土村委会共辖 7 个村民小组，这次调查选取了回鲁村，该村辖 1 个村民小组，共发出 70 份问卷，回收问卷 70 份，回收率是 100%。

2013 年，我们入村调查时，回鲁村有农户 70 户，总人口有 329 人，其中，男性有 165 人，女性有 164 人，全部从事第一产业。① 至 2014 年底，人口增长

① 数据来源：司土村委会回鲁村小组《基诺乡 2012 年农业生产情况到户调查汇总表》。

至 333 人。[①]

基诺乡是基诺族的主要聚集地。如表 3-1 所示，在访问的 70 户家庭中，有 95.8% 的家庭是基诺族，仅有 4.2% 的家庭为其他民族，分别为彝族、藏族、景颇族。

表 3-1　调查对象的族别

民族	频率	百分比 /%	有效百分比 /%	累计百分比 /%
彝族	1	1.4	1.4	1.4
藏族	1	1.4	1.4	2.8
景颇族	1	1.4	1.4	4.2
基诺族	67	95.8	95.8	100.0
合计	70	100.0	100.0	—

一、回鲁村民生基本状况

（一）经济作物资源

西双版纳州的地形地貌主要包括低山区、低丘区、中山区、山间盆地、河谷区等，低山区的海拔在 800 ～ 1300 米，占西双版纳州总面积的 65.3%，是西双版纳州地貌格局的主体；低丘区的海拔在 500 ～ 800 米，占西双版纳州总面积的 19.4%；中山区的海拔在 1300 ～ 1500 米，占西双版纳州总面积的 10.6%；山间盆地与河谷区只占西双版纳州总面积的 4.7%。由于独特的地理位置、气候特征及地形地貌，西双版纳州具有丰富的矿产资源、地热资源、林业资源、水力资源和生物资源。

基诺族所在的基诺山，超过 95% 土地的坡度在 25° 以上，是典型的纯山区，是云南普洱茶古六大茶山之一。最低海拔为 550 米，最高海拔为 1691 米；总面积为 622.9 平方千米，其中森林面积有 59.4 万亩（国有林有 44 万亩，集体林有 6.8 万亩，国家自然保护区有 8.6 万亩），森林覆盖率为 88.24%（该数据包括橡胶、茶树等经济林面积，其中，橡胶林约占 17.8%[②]，所占比例最大，2011 年初达 166 679 亩）。[③]橡胶适合种植的海拔在 500 ～ 900 米，根据调查

---

① 数据来源：司土村委会回鲁村小组长提供的数据。

② 景洪市地方志办公室：《景洪年鉴 2011》，昆明：云南民族出版社，2012 年，第 159 页。

③ 云南省景洪市统计局：《景洪市统计年鉴（2011）》，第 100 页，第 101 页。

中的直观观察及相关数据可以判断，基诺山凡是适合橡胶种植的区域几乎都已被橡胶林覆盖。就在数日前，回访回鲁村组长时获悉，基诺山上的橡胶林早已种到了海拔 1100 ～ 1200 米的林区了，只要不属于国有林的范围，即使不适合橡胶种植的林地也都种上了。[①] 这一状况在西双版纳州和德宏州都普遍存在。

回鲁村属于低山区，海拔在 680 ～ 960 米，年平均气温为 20℃，年降水量为 1400 毫米。全村有耕地 186.2 亩，人均耕地为 0.56 亩，主要种植稻谷、玉米等作物；拥有经济林地 4329.8 亩，其中橡胶有 4312 亩，茶叶有 17.8 亩；其他经济类作物为：花生有 1.6 亩，西瓜有 42.1 亩，香蕉有 55 亩，菠萝有 42 亩。[②] 相较于西双版纳州丰富多彩的资源，回鲁村资源较为单一，缺乏矿产资源、地热资源及生物资源。

（二）经济收入

回鲁村的经济收入主要以林业和种植业为主。2012 年，回鲁村的林业收入为 784 万元，种植业收入为 178.05 万元，畜牧业收入为 50.55 万元，第二、三产业收入为 8.23 万元，农民人均纯收入为 14 881 元。全村 70 户有摩托车 149 辆，有机动车（轿车、农用车、皮卡、面包车、越野车）49 辆[③]，主要用于外出交通和运输橡胶原料。

回鲁村资源单一，只能依靠林业资源来发展经济，所以农民收入主要以橡胶为主。据该村村小组长和会计反映，橡胶种植收入占据了该村收入的绝大部分。从该村 2012 年的经济数据来看，橡胶收入约占总收入的 77%。2012 年，家庭总收入在 70 000 元及以上的农户占到总被调查户数的 34.3%，其次是在 30 001 ～ 50 000 元，占到总被调查户数的 45.7%，年总收入低于 30 000 元的户数占总被调查户数的 25.7%。从总体上看，回鲁村村民的家庭总收入存在一定的差距。

（三）基础设施及住房条件

截至 2009 年底，回鲁村已实现水、电、路、电视、电话“五通”。2014 年，回鲁村完成村内路灯设施建设。截至 2012 年底，全村 70 户都实现通水、通电、通有线电视，以及拥有固定电话或移动电话。由此可见，回鲁村基本上实现了

① 数据来源：2015 年 8 月 23 日课题组与回鲁村组长一家座谈、跟进调查获得数据。

② 数据来源：司土村委会回鲁村小组《基诺乡 2012 年农业生产情况到户调查汇总表》。

③ 数据来源：司土村委会回鲁村小组。

现代化通信。村内建有文化活动室，并在景洪市统计局下属的统计站的结对帮助下修建了 1 个篮球场。

回鲁村的进村道路为土路，村内主干道路均为硬化的路面；回鲁村距最近的车站有15千米，距最近的集贸市场也有15千米，由于距离交通中心较远，村民出行并不方便。

（四）医疗、教育状况

2013 年末，西双版纳州共有卫生机构 800 个，其中，医院有 29 家，卫生院有 34 家，诊所、卫生所、医务室有 412 个，村卫生室有 278 个，疾病预防控制中心有 4 个，妇幼保健院（所、站）有 4 个，计划生育技术服务机构有 10 个；卫生技术人员有 7445 人，其中，执业医师和执业助理医师有 2352 人，注册护士有 2645 人；各类卫生机构共有床位 5683 张。[①] 回鲁村村民的医疗主要依靠勐罕镇卫生院，而回鲁村距离该卫生院有 15 千米，且该卫生院的医疗条件非常艰苦，医疗设施有限，和州医院的医疗水平相比差距甚大。

如表 3-2 所示，该村参加“新农合”的家庭有 67 户，占到总被调查家庭的 95.7%。到 2013 年底，参加“新农合”的人数为 311 人。

表 3-2　参加“新农合”的情况

参加“新农合”的情况	频率	百分比 /%	有效百分比 /%	累计百分比 /%
从未听说	1	1.4	1.4	1.4
参加了	67	95.7	95.7	97.1
没有参加	2	2.9	2.9	100.0
合计	70	100.0	100.0	—

回鲁村没有生活排水沟渠，没有公厕和垃圾集中堆放场地，生活设施不完备，给环境的净化功能带来压力。

回鲁村的中学生到景洪市第三中学就读，小学生到景洪市基诺民族小学就读，回鲁村距离景洪市中小学校有 65 千米。调查数据显示，目前，该村接受义务教育的在校学生共有62人，其中正在接受高中及以上教育的共有14人。

① 《西双版纳傣族自治州 2013 年国民经济和社会发展统计公报》，2014-04-07，http://www.xsbn.gov.cn/214.news.detail.dhtml?news_id=35645[2017-11-08]。

二、回鲁村民生现状存在的问题及原因分析

根据访谈调查、实地田野观察及问卷分析的情况，为避免面面俱到而使关键问题被淹没，我们在此部分内容的撰写中以最突出、村民最关切的问题为主。

（一）交通不便是教育、医疗卫生及物资流通等发展的瓶颈

作为西双版纳州的首府，景洪市道路四通八达，交通出行工具多样化；基诺族乡交通便利，国道 213 线、昆曼公路穿境而过，境内乡村道路四通八达。然而，回鲁村却面临着交通极为不便的困境，和市、乡交通条件相比可谓天壤之别。虽然回鲁村已通公路，但进村 15 千米的大多路段仅能容一辆车通过且为崎岖的土石山路，这令我们一路提心吊胆（带我们进村的小组长说，他们的汽车轮胎 1 ～ 2 年就得换一次）。如果在雨季，交通条件更为恶劣，只能依靠摩托车进出。

交通问题牵涉出诸多的民生问题，回鲁村突出表现在以下三个方面。

1. 增加受教育成本

截至 2009 年 7 月，基诺族乡有 1 所初级中学、1 所中心小学、4 所村完小；教职工有 148 名，教师合格率为 98.6%。但回鲁村没有学校，村里学生必须到乡里或市里接受义务教育。由于交通不便，孩子上学均须由家长开车或驾驶摩托车接送，来回一趟至少需要 2 个小时，投入在交通工具及燃油上的费用不少。村子距离学校较远，下山的道路破损严重，所以初中的孩子一般都寄宿在学校，家长每周接送一次，孩子独自在外生活期间的开支也相应增加不少。

2. 外出就医十分不便

回鲁村虽设有一个卫生室，但仅仅是一间挂了牌子的空房间，没有医护人员。我们在该村调查时，得知之前的卫生员离开之后就再没回来。村民就医主要依靠距离 10 多千米之外的勐罕镇卫生院，去该卫生院的话不仅需要村民自行解决交通工具及其费用，而且最令村民焦虑的是，当急病发生时因交通不便而错失最佳治疗时机，甚至为此付出生命代价。因此，在因交通不便直接关联产生的一系列问题中，最为急迫的当属就医不便。

3. 生产生活物资的运输成本过高

随着橡胶种植产业规模的形成，橡胶林开割面积的逐年扩大，一方面，回鲁村村民的经济收入随着胶水产量的递增而快速增加；另一方面，交通条件的窘迫对运输大批量产品外出的制约更为突出。于是，逐渐脱贫的村民将收入的相当部分投入到了交通工具的购买上，以缓解运送胶水的紧张状况；同时，也能解决其他农副产品，如菠萝、西瓜等的对外输出，以及输入村民日常生活物资所需。路况条件恶劣对车辆的损耗极大，油耗及维修成本是正常车辆的数倍，回鲁村村民要为15千米的路途付出高昂的交通成本。

（二）物质财富的增长与村民精神生活的需求形成鲜明对比

2013年2月9日，入寨问卷调查当天，正值大年三十。基诺族不过春节，他们一年中最为盛大的节日为特懋克节，3日前已经隆重庆祝过了。我们在小组长、村支书和村会计的安排和协助下，于当晚7点在篮球场旁的村办公场所与各户代表相约讲解问卷事宜，其中有几位已喝醉的代表，遂与其中几位男子攀谈起来，得知原因有二：其一，特懋克节前后本是基诺乡村民较为空闲之时，得闲大家就聚在一起娱乐一番；其二，苦恼于有钱没处花，故唯有借酒娱乐。他们抱怨这几年口袋里有钱了，可交通不便，村子里的休闲娱乐设施几乎没有，大家的精神文化需求得不到满足……过去腰包里没钱，一年到头都忙于生计，倒也没这个问题，有钱了却烦恼没有消遣之地。物质财富的增长与村民精神生活的需求形成鲜明对比。

（三）单一经济模式已显现出生计方式的脆弱性

以回鲁村为例，该村99.6%的林地种植的都是橡胶，2010年，干胶的市场收购价格达到峰值，为38元/千克；2012年，降至15元/千克，2014—2015年连续两年跌落至9元/千克。全村几乎将所有的人力、物力资源都押在了橡胶这一个项目上，但其产出不仅受气温、降水等自然条件的影响，同时更受国际橡胶市场价格因素的影响。近几年橡胶价格的垂直下跌令经济来源几乎全靠橡胶种植的回鲁村基诺族村民无计可施。此外，基诺山自20世纪末以来迅速发展的橡胶种植业，使得基诺山森林植被锐减。目前，除了国有防护林（海拔几乎均在1000米以上）保存下了原有的植被，以及原古茶树种植分布区外，其余的林地几乎全部种上了橡胶。橡胶种植对于生态环境的破坏和影响已成定论，在此，不再赘言。基诺山群众的经济收入实现突飞猛进的增长，得益于橡胶的种植，同时，尤其是居于山腰地带的村寨民众也尝到了以环境为代价发展的苦果——回鲁村已经连续几年处于水资源紧缺的尴尬困境。在调查中，有村民反映，世代生存于此的基诺先民从未出现过缺水的危机，大山总是慷慨地、源源不断地给生于其中的生灵提供着充沛的水源。未曾想，村中从未断流过的菁沟在春初夏始枯雨季节竟也没了踪影，缺水最严重的时候，村民只能凭辛苦割胶卖胶上得来的收入，换回成箱的矿泉水以聊生计，但买水成本高昂。为解决水源紧缺的问题，回鲁村成为基诺族乡首个装水表收水费的自然村，他们修建蓄水池，自行出资出力为每户安装水表，通过自来水按量收费的办法促进村民节约用水。

第二节　勐腊县尚勇镇[①]傣族的民生问题及原因

勐腊县尚勇镇是一个边境山区农业镇，位于西双版纳州最南端，是一个以傣族为主，汉族、哈尼族、苗族、瑶族、拉祜族、布朗族等多民族聚居的乡镇，离老挝直线距离5千米。尚勇镇东与老挝接壤，西邻勐满镇，北接勐腊镇，具有独特的地理区位优势。全镇面积为803平方千米，国境线长174千米（占全县国境线740.8千米的近1/4），辖区内有3条公路直通老挝（分别为曼庄至老挝丰沙里、新民至老挝勐赛、磨憨口岸至南塔），是昆曼大通道连接东

① 关于“尚勇镇”名称使用的说明。本书调查对象尚勇村委会下辖一、二、三、四小组所属上一级乡镇的名称有2个，即尚勇镇或磨憨镇，并未实现统一。根据《勐腊县志》记载：1953年，尚勇隶属勐腊区，为之一乡；1958年初，尚勇乡从勐腊区划出建尚勇区；1969年，改称前哨公社；1984年，在设区建乡改革中恢复建区；1988年改区为乡。又据《磨憨镇基本概况》接续历史沿革所述：1992年3月，国务院批准磨憨为国家一类口岸；1997年2月，云政复〔1996〕46号文件《关于撤销尚勇乡设立磨憨镇》的批复；2001年5月，磨憨边境贸易区挂牌设立；2004年3月3日，磨憨镇第三届人民代表大会第三次会议召开，该会根据腊人常发〔2004〕3号文件《关于磨憨镇更名为尚勇镇有关事项的决定》，向省政府、省民政厅提交了更名为尚勇镇的要求，但一直未得到批复；2006年9月，磨憨边境贸易区更名为“云南西双版纳磨憨经济开发区”；2007年，尚勇镇磨憨村划归磨憨经济开发区；2011年6月29日，按照六届州常委第93次会议关于尚勇镇整体划归磨憨经济开发区管理的决策部署，举行了尚勇镇划归磨憨经济开发区签字仪式，恢复标准行政地名磨憨镇。以上是尚勇镇自20世纪50年代以来区划、名称的历史沿革，但是，至今为止，“尚勇镇”的称呼仍然使用广泛。《勐腊县2011年》统计年鉴采用的也是“尚勇镇”的名称。本课题组2013年2月调研时，镇政府的挂牌及当地村委会、村民也仍在使用“尚勇镇”的称谓，故本书中所涉称谓使用的是“尚勇镇”。

南亚的国门首镇。[①] 尚勇镇辖磨憨、尚勇、尚冈、曼庄、龙门、磨龙 6 个村委会（均为边境一线村委会）。

调查对象尚勇村委会（以下简称“尚勇村”）辖 13 个村民小组，分别为纳勇、尚勇一、尚勇二、尚勇三、尚勇四、曼金、磨站、南坡、下光明、上光明、董宗保、茶场、茶三队。尚勇村经济收入以粮食、橡胶、茶叶和冬季作物为主。全村有耕地 8508 亩，其中田有 4763 亩，地有 3745 亩，人均耕地为 3.11 亩；有林地 6087 亩；种植橡胶 10 113 亩（323 190 棵）、茶叶 2009 亩、香蕉 3448 亩。2012 年，尚勇村经济总收入为 1702 万元。[②]

尚勇村居住的主体民族是傣族，傣族源于云贵高原，公元前 5 世纪左右，居住在澜沧江、怒江中上游地区。傣族在史籍中，先后被称为“哀牢”“掸”“白衣”“金齿”“黑齿”“白夷”“僰夷”“摆夷”等，傣族以种植水稻和橡胶为主。傣族的建筑以干栏式竹楼为主，分上下两层，以木、竹做桩、楼板、墙壁，房顶覆以茅草、瓦块，上层栖人，下层养家畜、堆放农具什物。傣族主要信仰南传上座部佛教。

一、尚勇村 4 个村民小组的民生数据分析

（一）人口、民族状况

我们选择了傣族人口集中的尚勇村所辖的尚勇一、二、三、四 4 个村民小组，共计 203 户（1023 人）作为问卷调查对象。4 个村民小组户数依次为 70、53、46、34；各小组实际接受参与问卷的户数依次为 67、52、46、34。有 4 户外出，故发放问卷共计 199 份，回收问卷 199 份，回收率是 100%。被调查对象的户口类型如表 3-3 所示。

表 3-3 调查对象的户口类型

户口类型	频率	百分比 /%	有效百分比 /%	累计百分比 /%
农业户口	194	97.5	98.5	98.5
非农户口	3	1.5	1.5	100.0
小计	197	99.0	100.0	—
系统缺失	2	1.0	—	—
合计	199	100.0	—	—

① 数据来源：镇政府提供的《尚勇镇基本概况》。

② 数据来源：尚勇村委会。

按照村委会2012年末的统计数据，4个村民小组共计1023人，其中，傣族有972人，占99.4%；汉族、苗族、瑶族、彝族、哈尼族等其他民族约占0.6%。本次问卷调查请在村的199户，每户出一名代表完成问卷，所问民族成分系填写调查问卷者个人。

表3-4显示，被调查者中，傣族占95.0%，且4个村民小组距离边境直线距离均不到5千米，符合调查有针对性地选择边境民族的选点要求。

表3-4 调查对象的民族

民族	频率	百分比/%	有效百分比/%	累计百分比/%
汉族	6	3.0	3.0	3.0
彝族	1	0.5	0.5	3.5
苗族	1	0.5	0.5	4.0
傣族	189	95.0	95.0	99.0
哈尼族	2	1.0	1.0	100.0
合计	199	100.0	100.0	—

（二）经济发展概况

1. 粮食生产

2012年末，问卷调查涉及的尚勇村4个村民小组共有耕地3010.31亩，其中田有2337.81亩，地有672.5亩；人均耕地为2.94亩，其中人均水田为2.26亩，耕地资源相对较优；2012年，粮食总产量为382 246千克，其中稻谷占50.2%，玉米占38.6%，红薯、洋芋等其他杂粮约占11.2%；人均占有粮食382.25千克。尚勇村13个村民小组2012年的人均占有粮食519千克，高于同年中国人均占有粮食（435.4千克），其中位居首位的董宗保小组人均耕地面积达4.74亩，人均占有粮食1246千克；居第二位的是曼金小组，人均占有粮食851千克；居第三位的是下光明小组，人均占有粮食792千克[①]；包括前3个小组在内，尚勇村有8个村民小组当年人均粮食占有量超过了全国平均水平；茶三队小组无耕地，主要依靠茶园，因此，拉低了尚勇村人均粮食占有量。总体而言，尚勇村是一个主要依靠传统农业作为生计方式的村子。

2. 茶叶生产

2012年末，尚勇村茶园面积达2009亩，比年初减少了369亩，涉及的

① 数据来源：《西双版纳州农业生产综合统计年报（2012年 尚勇村委会）》（2012年全年粮食产量增减情况表）。

小组有曼金、磨站、茶场和茶三队；当年茶叶生产量为 209 100 千克，其中尚勇一组至四组的茶叶产量依次是 11 400 千克、11 500 千克、11 300 千克，14 000 千克，合计约占尚勇村当年茶叶总产量的 23%。其中，茶叶产量高居首位的仍是董宗保村民小组，达 40 000 千克，董宗保一个小组的茶叶产量就占整个尚勇村茶叶总产量的 19%。

3. 水果生产

香蕉是当地主要的水果经济产业。2012 年，尚勇村有 6 个村民小组种植香蕉，总面积为 3448 亩，总产量为 9438.7 吨，其中作为主要调查对象的尚勇村 4 个村民小组的种植面积为 2723 亩，约占该村香蕉种植面积的 79%，产量为 7481.2 吨，约占该村香蕉总产量的 79%。[①]

4. 橡胶生产

截至 2012 年末，尚勇村 13 个村民小组共有橡胶园 10 113 亩、橡胶 323 190 株，比年初分别增加了 1030 亩、30 900 株，13 个小组均有增加；开割面积为 975 亩，开割株数为 29 250 株，不到橡胶园面积或橡胶总株数的 10%；鲜胶产量为 65.6 吨，干胶产量为 20.08 吨。[②] 因此，橡胶种植生产尚未成为尚勇村经济的主要成分。

调查问卷结果显示，2013 年，尚勇村 4 个村小组家庭总收入集中在 15 001 ～ 20 000 元、20 001 ～ 25 000 元、25 001 ～ 30 000 元、30 001 ～ 35 000 元这 4 个阶段。根据村委会提供的数据，2012 年，尚勇村农民人均纯收入为 3207 元，其中各小组由高到低分别为茶场（4944 元），茶三队（4942 元），纳勇（4202 元），尚勇四组（3458 元），尚勇三组（3407 元），尚勇二组（3385 元），尚勇一组（3130 元），磨站（3044 元），南坡（3046 元），上光明（3022 元），下光明（2732 元），曼金（2653 元），董宗保（1378 元）。通过对比各小组人均耕地和粮食占有量可以得知，人均耕地和粮食占有量与各小组人均年纯收入呈反比：人均占有粮食量位列前三位的小组，其人均年纯收入恰好依次位于倒数三位；人均耕地和粮食产量占据绝对优势的董宗保小组，其人均年纯收入却居于末位，与人均年纯收入最高的茶场小组相差 3566 元。

---

① 数据来源：《西双版纳州农业生产综合统计年报（2012 年 尚勇村委会）》（2012 年水果生产情况表）。

② 数据来源：《西双版纳州农业生产综合统计年报（2012 年 尚勇村委会）》（2012 年橡胶生产情况表）。

（三）基础设施

尚勇村所有村民小组均已实现“五通”，进村道路为柏油路。目前，有 11 个村民小组的村内道路为水泥硬化路，5 个村民小组建有办公用房，7 个村民小组建有篮球场。

（四）教育状况

根据尚勇村委会提供的 2013 年数据，尚勇镇有中学 1 所，即尚勇中学；有小学 17 所，即尚勇中心小学 1 所、完小 6 所、初小 10 所；共有教职工 132 名；校舍占地面积为 15 698.5 平方米；初中生有 1020 人，入学率达 100%；小学生有 1056 人，入学率达 100%。①

从对尚勇村 4 个村民小组的调查问卷数据中（表 3-5），我们可看出其相关性强度比重是很大的。

表 3-5　义务教育普及阶段交叉制表

普及阶段	男		女		合计	
	人数	百分比 /%	人数	百分比 /%	人数	百分比 /%
初中	20	90.9	2	9.1	22	100
高中	28	68.3	13	31.7	41	100
大学	47	71.2	19	28.8	66	100
终生免费	16	55.2	13	44.8	29	100

尚勇村的中学生到尚勇中学就读，小学生到中心小学、上光明小学、南坡小学就读。目前，在尚勇村接受义务教育的在校学生中，初中生有 118 人，小学生有 136 人。调查问卷涉及的 4 个小组均无适龄儿童辍学的现象。但是，几乎所有家庭的孩子的受教育程度也只限于义务教育阶段。调查结果显示，该村的教育状况问题突出，具体情况在后面有关尚勇村民生改善中凸显的问题中再做分析。

（五）医疗卫生

到 2012 年底，尚勇村 13 个村民小组参加“新农合”的人数为 2698 人，

① 数据来源：尚勇村委会。

参合率达 98.6%，村民的医疗主要依靠乡镇卫生院。据问卷调查数据，尚勇村 4 个村民小组中，“本人和家人参加了新型农村合作医疗”的家庭占 98.5%，也就是说，有 1.5% 的家庭还没得到“新农合”的实惠。①

全镇各类医疗卫生机构齐全，辖区内医疗主要依靠镇、村医疗机构。除各类私人门诊外，还有镇属卫生院 2 个，即尚勇镇卫生院和磨憨口岸卫生院。全镇每个村委会都有卫生所，医疗卫生设施设备配置相对齐全，其中包括急救设备和检验设备。由此可见，尚勇村的医疗设施日趋完善。

（六）养老与社会保障改善状况

到 2012 年底，尚勇村 13 个村民小组参加“新农保”的人数为 1123 人。调查问卷统计结果显示，尚勇村 4 个村民小组中，有 56.8% 的家庭都有 55 岁以上的老人需要供养，其中有 1 个老人的占 31.7%，有 2 个老人的占 23.6%，有 2 个以上老人的占 1.5%，如表 3-6 所示。而且需要调查对象供养老人的家庭占 85.2%。由此可见，尚勇村需要供养老人的家庭很多。

表 3-6 调查对象家中 55 周岁以上老人数量

55 周岁以上老人的数量	频率	百分比 /%	有效百分比 /%	累计百分比 /%
没有	86	43.2	43.2	43.2
1 个	63	31.7	31.7	74.9
2 个	47	23.6	23.6	98.5
2 个以上	3	1.5	1.5	100.0
合计	199	100.0	100.0	—

此外，尚勇村 4 个村民小组中，有 76% 的家庭去年一年的总收入在 40 000 元以下。而家庭供养老人 1 个月所需费用在 100 ～ 500 元的占 32.7%，其次在 501 ～ 1000 元的占 26.5%，最后在 1000 元以上的占 25.0%，不用供养的仅占 15.8%，如表 3-7 所示。这表明了尚勇村家庭的养老负担是非常沉重的。但是随着经济的发展，国家对社会保障问题的加强，尚勇村的养老状况得到了很好的改善。

① 数据来源：尚勇村调查问卷数据。

表 3-7　调查对象家庭供养老人 1 个月所需费用

供养老人 1 个月所需费用	频率	百分比 /%	有效百分比 /%	累计百分比 /%
不用供养	31	15.6	15.8	15.8
100 ～ 500 元	64	32.2	32.7	48.5
501 ～ 1000 元	52	26.1	26.5	75.0
1000 元以上	49	24.6	25.0	100.0
小计	196	98.5	100.0	—
系统缺失	3	1.5	—	—
合计	199	100.0	—	—

（七）住房及住房改善状况

调查数据显示，目前尚勇村 4 个村民小组中，有 81.4% 的家庭是土木结构的房屋；其次是砖混结构，占 12.3%；最后是混凝土楼房，占 4.6%。就居住面积而言，50 平方米以下的仅占 3%，50 ～ 100 平方米的占 26.1%，最多的是 101 ～ 200 平方米的，占到了 44.2%，200 平方米以上的占 26.7%，如表 3-8 所示。

表 3-8　调查对象的房屋居住面积

居住面积	频率	百分比 /%	有效百分比 /%	累计百分比 /%
50 平方米以下	6	3.0	3.0	3.0
51 ～ 100 平方米	52	26.1	26.1	29.1
101 ～ 200 平方米	88	44.2	44.2	73.3
200 平方米以上	53	26.7	26.7	100.0
合计	199	100.0	100.0	—

早在 2009 年《勐腊县社会主义新农村省级重点建设村实施方案》中就提到，"通过 2—3 年建设，省级重点建设村要完成'户十有'、'村十有'的建设目标"。其中"户十有"中就包括了有一幢安居房，有卫生厕所等。就调查数据显示，到 2013 年，尚勇村 4 个村民小组中，有 35.2% 的家庭在盖新房时得到过政府的资助。在盖新房的资金来源中，虽然有 43.2% 的家庭的资金来源都是自己的存款，但是也有 46.6% 的家庭的资金来源是银行贷款或政府资助。这说明政府在改善云南边境地区农村居住条件方面加大了力度。

（八）自然环境与社会环境状况

1. 自然环境

尚勇村是新农村重点建设村。随着新农村建设的发展，尚勇村在很多方面都取得了成就，诸多方面的情况较之以前都有了很大的好转，特别是在村里和社区的自然环境方面取得了很大的进步。在被调查者中，有 75.1% 的人认为村里和社区的自然环境越来越好了，认为村里和社区的自然环境比以前好了的占 82.2%。但是有 25.7% 的人认为自然环境变得越来越差。因此，虽然尚勇村村里和社区的自然环境较之以前都有所好转，但是仍然存在问题，仍需要大家共同努力改善和保护，就这点而言，尚勇村村民给出了高度响应，有 96.1% 的人都认为治理环境需要大家一起努力，并且有 95.2% 的人表示愿意为改善村里和社区的自然环境而义务植树造林。

2. 社会环境

随着尚勇村新农村重点建设村的建设，不仅村民的生活水平得到提高、生活质量得到改善，而且其他诸多方面都取得了进步，如社会环境比较稳定了，村民的社会满意度也提高了。在对干部的工作方面，有 94.4% 的人表示满意，其中很满意的就有 36.2%，对干部选举满意的有 94.9%，对集体活动满意的有 93.7%。这些数据无疑都向我们展示出了尚勇村新农村重点建设取得的成就，即尚勇村社会环境稳定了，社会满意度提高了。

二、尚勇村民生改善中凸显的问题

（一）较单一的传统种植业难以改善边民生计

通过对尚勇村经济结构的调查分析可知，尚勇村 13 个村民小组，耕地和粮食生产最多的董宗保村民小组人均年纯收入最低。

另外，董宗保村民小组也是尚勇村茶叶种植面积和产量最高的小组，2013 年，该小组茶叶产量达 20 000 千克，约占整个尚勇村茶叶总收获量的 19%。该小组在当地传统种植业（稻谷和茶叶）皆占首位，但人均年纯收入（1378 元）与最高的茶场村民小组（4944 元）相比，差距达将近 3.6 倍。目前，董宗保村民小组已大面积种植橡胶，但由于种植较晚，还未进入产胶期。2012—2016 年，橡胶的国际成交价逐年走低，胶农此项经济收入随之进入“寒冰期”。因此，不仅董宗保村民小组经济遭受沉重打击，而且其余村民小组生计同样受挫。

（二）交通问题是制约边民民生发展的基本症结

在调查中得知，村村通路已基本实现，但村与村的道路，以及行政村内各村民小组之间的道路仍存在问题。例如，靠近国道高速公路的尚勇村 4 个村民小组得天独厚地享有了较为便捷的交通资源，但直线距离 14 千米之外的董宗保村民小组的道路，至调查结束仍然是较为狭窄的毛石路。究其原因，改善这样的道路需要当地财政的支持，但地方财政无力解决，致使交通最为困难的董宗保村民小组成为该行政村民生问题最突出的村民小组。董宗保村民小组地处山区，总人口为 220 人，哈尼族是其主体居民，共计 217 人。该小组的占地面积、种植面积和产量虽居于 13 个村民小组之首，但交通不便带来的一系列包括信息、运输、医疗等在内的关切民生发展的障碍，成为制约其发展的基本症结。

（三）教育观念淡薄，青少年成长状况堪忧

虽然调查问卷涉及的 4 个村民小组的数据没有反映出义务教育阶段辍学的情况，但在访谈中得知，当地傣族村民对学校教育普遍漠视。因此，该村仅有极个别初中毕业后继续接受高中教育的学生。截至问卷调查开始前，4 个村民小组中在读高中生仅有 4 个，在读大学生仅有 1 个。并且义务教育的成效低下，基本都是出于被迫完成义务教育的任务而混至初中毕业。从村民完成问卷的难度可见教育成效之一斑。以尚勇三组的 46 户为例，在前来参与问卷的成人代表中，10 人为文盲（40 岁左右居多），19 人为小学学历（其中不乏 20 多岁的青年），13 人为初中学历，4 人为高中学历。其中，在读高中生仅有 2 人，5 户代表不知义务教育为何物。访谈中村民普遍流露出读书无用的认知，他们认为一个大学毕业生即便当了公务员，一个月的薪水不过 3000 多元，远不如割橡胶赚钱，况且绝大部分大学毕业生还当不了公务员，找个工作都不容易。

（四）村内环境生态恶化

该村紧邻磨憨口岸，距离国门不到 5 千米，村内道路还没有完全实现硬化，村内没有一个垃圾集中堆放、处理的场所，生活污水直接外排，在连接着每户与农田之间的沟渠边上，随处可见乱扔的生活垃圾。田间地头上飘扬着各

色使用后废弃的塑料薄膜。在有人入村做客期间，为图方便，各户凡大小宴席均使用一次性筷子、纸杯、塑料袋，宴席结束后产生成堆的白色垃圾，随处放置，村内卫生环境满目疮痍，也污染了水源。当地村民一边怀念过去以芭蕉叶包装食品、盛放食物的传统时代，一边因经济方便纷纷选用一次性纸质、塑料用品，加之又无垃圾处理的场所，原本山清水秀的傣家村寨，遍地充斥着极不和谐的现象。据村委会副主任反映，该村迫切需要建立一个污水处理厂和寻找一处位置适合的垃圾填埋场。云南省已经通过了200万元的污水处理场的项目，但配套资金还未落实，所以该项目被搁置了。而没有垃圾填埋场的最主要原因在于找不到合适地点，所有的土地都分到了各家各户，至今找不到成功解决这一问题的办法。

第三节　勐腊县尚勇镇尚岗村王四龙村布朗族（克木人）的民生问题及原因

克木人是亚洲中南半岛的一个民族，主要分布在中国、老挝、越南和泰国，属蒙古人种南亚类型，使用克木语，属南亚语系孟高棉语族。“克木”意为“人”“人民”，克木人有克木、克比之分。克木人的主体分布在老挝，人口为50多万，在中国境内主要分布于西双版纳州勐腊县、景洪市两地，约有3000人，其中，勐腊县是其主要分布地区。2009年2月，中国云南省内的克木人被确定为布朗族。克木人多住在山坡，村寨稀疏。长期过着游耕生活，以玉米、薯类和豆类为主食。

自2000年以来，我国各地在136个陆地边境县（旗、市、市辖区）开展了一项重要的边境建设行动，即兴边富民行动，该行动在关乎民生的各个领域取得了显著的成效。其中，自2008年以来，云南省对分布于红河州、西双版纳州沿边境一线深山密林之中、生存条件较差的莽人、克木人特困村寨进行了整体搬迁，并帮助他们建设民居，修筑道路，解决通信、电力、饮水、沼气能源供给系统等问题。

云南省采用整村推进的扶贫开发模式帮扶边境贫困少数民族（人口较少民族）实现跨越式发展，在较短的时间内，的确使其民生状况得到了较显著的改善。本书所选取的王四龙克木人村，原先所在位置因交通被村中一条河流所阻，2001年得以举村从山区下迁至省级国道一侧。2009年，云南省启动了为期4年的专项扶持布朗族的克木人和莽人的项目，王四龙克木人村的民生得到了迅速改善，涉及橡胶种植、农药化肥、道路硬化、房屋建设或整修、沼气池建设等诸多方面。本次调查采用的是访谈法。

一、尚勇镇尚岗村委会王四龙克木人村概况

王四龙克木人村隶属勐腊县尚勇镇尚岗村委会，面积为0.73平方千米，属于半山区，海拔为735米；距尚勇镇10千米，距村委会3千米；全村辖1个村民小组，共计64户，有313人，其中男性有154人，女性有169人，劳动力有194人，布朗族（克木人）有293人，汉族有20人。

二、王四龙村的民生现状

（一）经济发展概况

王四龙村有耕地468.27亩，人均耕地为2.03亩；有林地630.51亩，人均林地为2.58亩。主要种植粮食和茶叶，已开始种植橡胶，并采用橡胶与茶叶套种的方式。2009年，云南省专项扶持克木人、莽人的项目启动后，从橡胶树苗到化肥供给再到技术培训均由专项资金对口支持。2014年，全村经济总收入为134万元，其中茶叶收入为109万元，占总收入的81.3%；零星畜牧业收入为6万元，主要养殖猪和鸡。2014年，人均纯收入为2847元，主要以茶叶收入为主。该村主要以茶叶和橡胶种植作为经济发展的提升产业。①

（二）基础设施状况

由于得到针对克木人的集中扶贫项目的支持，该村进村道路完全实现柏油路、水泥路硬化，村子紧邻省道，交通条件相对优越。全村64户有拖拉机44台、摩托车70辆、汽车3辆，这些工具是村民开展农业的重要交通工具。全村64户均已实现通电、通自来水、通有线电视（都有电视机），64户安装电话；58户居住土木结构房屋，6户居住砖混结构房屋。

村内尚未修建办公用房、公厕、垃圾集中堆放场、生活排水沟渠，但在

① 数据来源：尚岗村委会。

克木人专项扶持项目及资金的支持下，每户均已实现人畜分开居住，并建成沼气池（图 3-2），44 户安装了太阳能供水设备（图 3-3），村内环境给人的直观感受是干净整洁。

图 3-2 王四龙村家用沼气池

图 3-3 王四龙村家装太阳能

（三）文教卫生和养老保险

在该村 313 人中，文盲有 93 人，小学文化程度的有 166 人，中学文化程度的有 52 人，大专文化程度的有 2 人。2014 年，在校小学生有 26 人，初中生有 2 人，义务教育入学率为 100%。王四龙村中学生到尚勇中学就读，村子距该中学 10 千米；小学生到尚岗完小就读，村子距该小学 3 千米。

该村有 274 人参加了“新农合”，79 人参加了“新农保”，62 人享受低保。该村村民就医需要到距离村子 10 千米外的尚勇镇卫生院。

三、王四龙村民生现状凸显的问题及其原因分析

（一）经济产业单一，增收困难

王四龙克木人村传统以种植粮食和茶叶为主要生计，除少数几户在村内开设小商店外，其余劳动力几乎都从事第一产业，全村劳动力共计 194 人，其中从事第一产业的达到 163 人。在云南省对口扶持克木人项目开启后，橡胶种植在该村种植业中占据的份额开始迅速增加。橡胶从种植到产胶的周期在 7 ～ 8 年，因此，目前橡胶种植尚未成为王四龙村经济收入的组成部分。项目在启

动之初，正值国际橡胶价格高峰时期，本来期望以橡胶产业带动克木人经济增收，但是，橡胶价格自从2012年开始走低，2015年约为9元/千克，与2010年价格高峰值相比，相差4倍还多。因此，对于王四龙村村民来说，眼看着7年开割期到来，原本一年年期待橡胶增收的愿望，却随着胶价一年年的猛跌，如同一盆盆的凉水浇在了村民热切期盼的心头上。

（二）“等、靠、要”思想严重，自主发展规划意识和能力欠缺

在2012年2月的入户访谈中得知，村民对政府对口大力度的扶持支援建设和发展表示十分满意。但是，交谈中他们表露出对即将结束的为期4年的支援发展结束之后的生活深感担忧，表现出的顾虑主要有两点：一是担心政府在诸如化肥、苗种等直接供给方面停止之后，自己没能力购买；二是担心产出的茶叶不好销售，以及万一橡胶到了产胶期价格却不理想，该怎么办。当被问及对将来生产发展有何打算时，村民表现出一种茫然的神情，由此可见，村民的“等、靠、要”思想严重，自主发展规划意识和能力欠缺。

（三）专项扶持资金规划、分配不够合理，导致连锁问题出现

王四龙村目前从村寨建设、道路修建到橡胶种苗、化肥、技术都是政府对口项目一条龙式的直接提供。对口扶持期间，专项扶持资金规划、分配不够合理，导致连锁问题出现，甚至出现供给的化肥超出实际生产所需，村民将多余化肥出售，引起周围其他民族不满的问题。

（四）缺乏对“新农保”政策的关心和了解，参保率偏低

王四龙村村民共计313人，但截至2014年底，仅有79人参加了“新农保”，参保率偏低。访谈中得知参保率低的原因主要有两个：一是村民的收入有限，经济拮据，最低每年100元的参保费对于村民而言也是一笔不小的开支；二是村民对于“新农保”的后期利益理解得不够清楚。但最关键的原因还是经济收入十分有限，经济困难户较多，该村享受低保的有62人，是在调查该项中比例最高的村寨。

（五）观念意识封闭，克木人难以走出寨门

访谈中得知，克木人不敢轻易与外界发生联系，不仅结婚对象仅能在小

范围的克木人内部选择，而且对外出务工更是感到遥远和惧怕。这样的情况造成的结果就是不利于人口质量的提高和族际关系的发展，观念意识的封闭和生存技能空间的狭窄。

第四章 滇越边境少数民族民生现状及问题

滇越边境线长 1353 千米，与越南接壤的边境州（市）有 3 个。在滇越边境分布的少数民族主要有哈尼族、彝族、傣族、拉祜族、瑶族、壮族、布依族、苗族、回族等民族。在这一边境线，我们先后于 2013 年 2 月、2014 年 2 月选取了文山州的 1 个瑶族村和 1 个壮族村进行了调查。在麻栗坡县，选择了以瑶族居多，与越南的渭川县老寨社、黄树皮县南汀社相邻的猛硐瑶族乡铜塔村委会的小坪寨村（瑶族）。在富宁县，选择了木央镇木贵村委会的下寨小组、水头小组（壮族），这两个小组交叉在一起，很难分清哪户是水头小组的，哪户是下寨小组的，两个小组的族别均为壮族，是富宁县离越南较近的壮族村落，离越南直线距离约为 1.7 千米。

第一节 麻栗坡县猛硐瑶族乡的民生问题及原因

猛硐瑶族乡位于麻栗坡县西南部，东接国家级天保口岸，南与越南的渭川县老寨社、黄树皮县南汀社接界，西邻马关县都龙镇，北靠天保镇。猛硐瑶族乡内居住着瑶族、苗族、壮族、汉族和傣族 5 个民族，调查对象小坪寨村是一个瑶族村寨，隶属铜塔村委会。

铜塔村委会距猛硐瑶族乡政府 17 千米，距麻栗坡县 40 千米；东邻天保口岸，南邻越南，西邻坝子村，北邻麻栗镇；辖垮土、响水、小响水、龙头、小坪寨、马嘿、哪谢、上铜塔、小南坪、老南坪、新南坪、上戈主、下戈主、啊蚌和慢哪 15 个村民小组。铜塔村面积为 29.12 平方千米；海拔为 690 米；有耕地 2205 亩，人均耕地为 0.83 亩，适宜种植玉米、茶叶、竹笋、水稻等；有林地 20 665.8 亩。2012 年，铜塔村有农户 570 户、人口 2666 人，农民生活并不富裕，收入主要以种植业收入为主。2015 年，铜塔村委会经济总收入为 1537 万元，农民人均纯收入为 6662 元。①

瑶族是文山州的世居民族之一，主要分布在富宁县、麻栗坡县、广南县 3 县，有洞波乡、猛硐乡两个瑶族乡，主要居住在山区或半山区，与壮族、苗族村寨相邻；源于先秦时期的“南蛮”部落族群、秦汉时期的“武陵蛮”。文山州内瑶族分盘瑶、蓝靛瑶、山瑶 3 个支系，其中，蓝靛瑶人口较多，分布较广，盘瑶次之，山瑶最少。多数瑶族是明清时期先后从广东、广西交界的西江流域镇龙山区辗转迁入广南府、开化府定居的。瑶族有本民族的语言，属汉藏语系苗瑶语族瑶语支。瑶族自古喜好五彩服饰；3 个支系都视银饰为吉祥、富贵、幸福的象征；瑶族的主要节日有盘王节；大部分瑶族以农业生产为主，兼营林业；瑶族的信仰主要有自然崇拜、祖先崇拜、图腾崇拜及道教信仰等。

小坪寨村属于山区，海拔为 684 米，年平均气温为 20.1℃，年降水量为 1615.8 毫米。小坪寨村共辖 1 个村民小组，有农户 79 户、乡村人口 286 人，村民的收入以种植业为主，主要种植玉米、水稻等。有耕地 180 亩，人均耕地为 0.65 亩；有林地 1228.21 亩。2015 年，小坪寨村的经济总收入为 141.85 万元，农民人均纯收入为 4208 元。①

在小坪寨村，我们发出了 60 份问卷，回收问卷 60 份，回收率是 100%。从抽样对象的基本情况与统计结果来看，抽样对象的年龄主要集中于 19 ～ 60 岁；小坪寨村主要的户口类型为农业户口；文化程度集中于小学和初中，总体的文化水平不高。同时，我们了解到在当地的家庭结构中，家庭人口数集中于三口、四口，如表 4-1 所示。

① 数据来源：铜塔村委会。

表 4-1　抽样对象的基本情况与统计结果

抽样对象基本信息情况		频数	百分比 /%
年龄 / 岁	19 ～ 39	24	40.0
	40 ～ 60	32	53.3
	61 岁以上	4	6.7
户口类型	农业户口	58	98.3
	非农户口	1	1.7
文化程度	没接受任何教育	6	10.2
	小学	23	39.0
	初中	26	44.0
	高中及以上	4	6.8
政治面貌	党员	8	13.3
	团员	10	16.7
	普通群众	42	70.0
婚姻状况	已婚	54	90.0
	单身	4	6.7
	丧偶	2	3.3
民族	傈僳族	1	1.6
	瑶族	59	98.4
家庭人口数 / 人	2	4	7.4
	3	24	44.5
	4	16	29.6
	5	10	18.5

一、小坪寨村民生基本状况

小坪寨村是一个瑶族聚居村，在调查对象中，瑶族占 98.4%。

（一）对义务教育政策表示满意，家长重视教育，对子女期望值高

据了解，小坪寨村的中学生到猛硐中学就读，猛硐中学距小坪寨村 13 千米；小学生到响水小学就读，响水小学距小坪寨村 4 千米。从目前的教育状况来看，小坪寨村所在区域的小学、中学基础设施比较完备，师资队伍力量较为雄厚，适龄儿童入学率、升学率高，对学生的资助体系比较健全，小坪寨村大部分村民对国家的义务教育政策表示满意，这些情况我们可从以下的访谈中得到印证。

访谈一：

问：盘校长[①]，请您给我们介绍一下贵校的基本情况吧。

盘校长：我们响水小学有危房2100平方米，从2012年起，我们的新学校开始修建，今年春季学期所有学生都可以搬进新学校。新建校舍有900平方米左右，其中有一栋教学楼配备了实验室、美术教室、板板通；还有两个多媒体教室，一栋综合楼；有食堂和师生宿舍；一个图书室，有图书2000～3000册，计划将于2014年3月起投资10万元用于扩大学校图书室的规模。学校现有教师10人，其中，男教师有4人，女教师有6人；大学一本学历的有4人，专科学历的有6人；30岁以下的教师有4人，教师平均年龄为45岁。现有学生108人，都是瑶族，其中，女生有46人，男生有62人，留守儿童有8人。所有适龄儿童全部入学接受教育，入学率和升学率均为100%。后勤有2人。由于我们没有幼儿园，所以6岁的孩子必须到学校跟读。所有学生全部享受国家各种补贴和社会的资助，目前，共有12家公司的老板对我校学生进行资助。在教育投入方面，我校严格按照国家的相关教育政策，每月每生生活费补助100元，公用教育经费每年5万元。目前，我们学校的教育水平在全乡来说一直名列前茅，多次获得全乡第1名。

访谈二：

问：叔叔，您家还有孩子在读书吗，您了解贵村教育方面的情况吗？

盘××：有，我儿子在读小学，我觉得教育政策挺好的，不仅不用交学费了，还给孩子提供营养早餐，我们都很满意。

问：贵村没有幼儿园，是怎样对孩子进行幼儿教育的？有没有享受到“两免一补”优惠政策？

盘××：未到入学年龄的孩子到响水小学跟班，小学生、初中生都享受到了“两免一补”优惠政策。

问：贵村现在有几个大学生，正在读初中、高中的有几个？

① 盘云发，54岁，小坪寨村村民，响水小学校长。小坪寨村的大多数人都姓盘。

盘××：我们村好像有6个大学生，不过都已经毕业了，他们现在都在县上或乡上工作。近几年都没有大学生了(叹息)。读初中的有10个，其中有5个在县民中读，有5个在县职中读。

问：那您认为现在的农村义务教育还存在哪些问题？您有没有什么建议？

盘××：我觉得已经很好了。

据表4-2，小坪寨村村民在家庭经济情况改善后最想做的事中，居于首位的是用于孩子教育（29.7%），其次是扩大生产规模，赚更多的钱（22.8%）。由此可见，小坪寨村村民对子女教育是非常重视的。之所以如此，一方面与瑶族自身的文化传统有关；另一方面受到现代社会知识改变命运的观念的影响。

表4-2　家庭经济情况改善后最想做的事

家庭经济情况改善后最想做的事	响应	
	频率	百分比/%
盖房子	12	11.9
用于投资做生意	14	13.8
扩大生产规模，赚更多的钱	23	22.8
买车	11	10.9
存到银行	11	10.9
用于孩子教育	30	29.7
总计	101	100.0

关于对子女未来职业的期待，有29.5%的家长希望自己的子女将来当公务员，20.4%的家长希望自己的孩子当老师，18.2%的家长希望自己的孩子当医生，11.4%的家长表示随便，只要不当农民就行，如表4-3所示。由此可见，大部分家长希望子女从事比较稳定的职业。

表4-3　调查对象对子女未来职业的期待

项目	响应	
	频率	百分比/%
当建筑工	4	9.1
当司机	1	2.3

续表

项目	响应	
	频率	百分比 /%
当公务员	13	29.5
当老师	9	20.4
当医生	8	18.2
做生意	4	9.1
随便，只要不当农民就行	5	11.4
总计	44	100.0

综上，小坪寨村的教育情况总体上较好，家长对子女的教育期望也较高。云南边境少数民族希望通过加大子女的教育投资来改善生存状态的观念应该得到国家与政府的大力支持和帮助，国家在加大教育资金投入的基础上，也要不断加大教育资源向云南边境少数民族地区的转移和倾斜力度，以提高边境少数民族人民的教育水平。

（二）对惠农政策表示满意，边疆安全形势稳固

在小坪寨村，各级政府的惠农政策得到了充分贯彻，有力地促进了当地农村经济社会的发展，提高了农民生活质量，增强了农业综合生产能力，推动了现代农业建设。并且，边疆安全形势也非常稳固。

在调查期间，我们充分感受到了小坪寨村村民对惠农政策的满意之情及对边疆安全的信心，从访谈中可略见一二。

访谈一：

问：贵村有享受到国家的惠农政策吗？

邓××：我们全村都享受的，主要是种子补贴，国家提供种子、肥料，有时候也补贴一部分现金，补贴标准是有的，但记不清了。还有一些项目补贴，如种芭蕉可以得到5000～10 000元的政府补贴，退耕还林的林地补10元/亩，田地补60元/亩。

问：政府对住房是怎么资助的？

邓××：政府提供4.5万元，其中门350元一扇，如果想建得更好、

更大，差额就由自己补上，我们到公路边来建房子，政府才给补助。另外，厨房、院子另给1万元，牲畜圈给1万元。政府统一请2人来盖，木料等由我们自己提供。总的算下来，我们村现在每家都因前年（2011年）、去年（2012年）盖房贷款或借了2万～5万元。

访谈二：

问：叔叔，贵村挺大的，有多少户呢？

盘××：正规来说，有78户，单算户口的话有83户。我们村有的村民不自觉，为了每年1000元的边民定补，有好几家的老人就自己去立了户口。后来我知道这个情况后打电话给派出所说明了情况，派出所才没有给老人新增加户口。现在我们村有313人，其中，女的有170人左右，35岁以下的年轻劳动力基本都出去打工了。大学生有6人，不过已参加工作好多年了；近几年高中毕业的有1人；在职中读了2年后就去打工的有4人；小学都没毕业的有1人，今年21岁了；其他的基本都是初中文凭。我们村现在有汉族6人、壮族2人，其他的都是瑶族。7～13岁的有10人左右，13～16岁的有16人。他们读初中和高中都有直接补助，从2012年开始，初中每年每生补助1500元，高中每年每生补助2300元。他们（学生父母）有的只知道去领钱，好多都不知道这笔钱是国家补助小孩子读书的。

问：您对现在的生活还满意吗？

盘××：还是满意的，现在政府的政策多好，既有我们自己干的空间，还给我们很多的补贴，生活还是不错的。

问：那贵村都有哪些政府补贴呢？

盘××：低保，每户一个人，每户都有，每人每月补助108元；五保户有1户，每月补助75元；边民定补每年每户补助1000元；学生补助除了学校的各种补助之外，还有直接补助，其中初中每年每生补助1500元，高中每年每生补助2300元；养老保险金每个月补助55元；战后伤残补助，我们村共有12人，一等伤残每年补助1800元，二等伤残每年补助1500元；支前民兵每月补助60元。还有只要是做农家乐的，政府都补贴了10 000元。我们得到政府的补贴还是很多的。

问：那您家享受到国家的惠农政策了吗？就是种子补贴之类的，标准是什么？

盘××：我们全村都享受的，主要是种子补贴，国家提供种子、肥料，有时候也补一部分现金，补贴标准是有的，但记不清了。

（三）医疗保障、养老保障逐步健全

医疗卫生方面，小坪寨村的“新农合”参加率达到了100%，医疗条件有了很大改善，村民的医疗观念也有了巨大变化，当家人生病时，大部分人都选择到医院治疗。养老方面，大部分村民对国家养老政策非常满意。小坪寨村主要以传统的小儿子养老为主、国家的养老保险为辅，60周岁及以上的老人都享受了养老金。从下面的访谈中可见这种情况。

问：贵村参加“新农合”的情况怎么样？现在还用交费吗？具体情况是什么？

王××：我们村参合率为100%，现在不用交钱了，国家帮忙交了。住院可报70%，药品可报30%，门诊免30%；乡镇门诊免30%，住院起付1000元。大病的话农村医保可报一大部分，还可以到民政局报一部分，总的算下来，有时候还会“病富”了，哈哈。

问：那贵村有自己的瑶族民间医药品牌吗？

王××：没有。

问：贵村的卫生室是哪年建的，有专职医生吗？

王××：2004年建的，只有村委会才有医生，以前说要配的，但医生来了2天就走了，小病到连队要点药，大病就到医院。

问：贵村的人生病后有做法事或者供神的吗？

王××：没有，我们不迷信的。

问：贵村的传统养老方式是什么？为什么？

王××：小儿子养老，习惯了，老人更喜欢小儿子。

问：您怎么看您自己的养老问题？您认为现在的“新农保”政策怎么样？

王××：我希望我的儿子养我。国家补贴一部分，我自己交一部分保险，以后能减轻孩子的负担就更好了。现在的“新农保”政策好，我们家都参加了，只是不知道到了60岁以后能不能真的领到保险金。

问：叔叔，养老保险政策是由政府买单的，以后肯定会越来越好的，

您不用担心的。

王××：希望吧！

问：贵村60岁及以上的老人多吗？他们领到养老金了吗？他们的主要娱乐活动是什么？

王××：我们村60岁及以上的老人好像有27个，他们每个月都会领到55元的养老金。我们村没有敬老院，也没有老年人娱乐设施，以前的老人会唱山歌，现在几乎听不到了。老人的娱乐活动相当少，大部分时间老人都会下地干活。

二、小坪寨村民生存在的问题及原因分析

（一）收入水平低，对收支情况不满意，缺少生产技术和资金，缺少致富项目

如前所述，至2015年，小坪寨村农民人均纯收入仅为4208元，远远低于全国平均水平，2015年，全国农民人均纯收入已突破万元，大约为14 522元。可见，小坪寨村的瑶族农民收入是极低的。

此外，通过比较小坪寨村的种植业、养殖业、固定工资、外出务工这几类的收入情况，我们发现，该地外出务工收入是家庭经济收入的主要来源。种植业和养殖业收入居其后，来源于固定工资的收入相对较少。通过计算各项收入的标准差可看出，该村以上四项收入的标准差均较大，这在一定程度上表明村内每个家庭的收入差距也较大。

问：贵村的主要收入来源是什么？主要种植些什么？

盘××：主要是打工，每年纯收入多的有1万元左右，少的有四五千元。主要种茶叶。

问：贵村有哪些产业？

盘××：有芭蕉和甘蔗，政府给2000元补助，但只有10多家承包栽种。

问：贵村外出务工的都从事哪些工作？是政府组织的吗？

盘××：以前是政府的劳务输出，现在是自己去的，基本上都是去广东、深圳、福建，在电子厂、服装厂工作或者帮人家包装。一年下来，能拿回家来的只有几千元，多一点的有一万多元。

在问卷所列的家庭支出项目中，我们可以看到，小坪寨村 2013 年家庭总支出的均值为 59 666.67 元，如表 4-4 所示。

表 4-4　调查对象的 2013 年家庭总支出情况

均值 / 元	*N*	标准差	合计 / 元	分组中值 / 元	均值的标准误
59 666.67	60	52 039.061	3 580 000	52 435.00	6 718.214

而支出居于首位的是建房、维修房屋支出，户均高达 45 724.433 元，占总支出的比例约高达 76.63%。①

表 4-5 显示了小坪寨村村民对家里一年收入开支情况的满意度。认为家庭的收入无法承担支出，生活负担重，对家里收入开支情况感到不满意的人占总调查对象的 28.3%；认为略有结余，勉勉强强过日子，对家里收入开支情况感到一般的人占 46.7%；仅有 6.7% 的人认为生活越过越好，对家里收入开支情况感到很满意。由此可见，小坪寨村民对家里收入开支情况的整体满意度并不高。

表 4-5　调查对象对家里一年收入开支情况的满意度

满意度	频率	百分比 /%	有效百分比 /%	累计百分比 /%
无法承担支出，生活负担重，不满意	17	28.3	28.3	28.3
略有结余，勉勉强强过日子，一般	28	46.7	46.7	75.0
可以承担支出，比较满意	11	18.3	18.3	93.3
生活越过越好，很满意	4	6.7	6.7	100.0
合计	60	100.0	100.0	—

由表 4-6 可分析得出，该村村民认为制约其家庭收入的因素主要是缺少生产技术与资金（32.9%），其次是缺少致富项目（26.4%）。

表 4-6　制约家庭收入的因素

制约家庭收入的因素	频率	百分比 /%
缺少致富项目	24	26.4
外出打工工作难找、钱越来越难挣	19	20.9

① 数据来源：小坪寨自然村问卷数据。

续表

制约家庭收入的因素	频率	百分比 /%
缺少生产技术与资金	30	32.9
信息来源少	5	5.5
自己学历低，不好找工作	13	14.3
总计	91	100.0

在访谈中，有村民表示造成家庭经济收入不高的原因，主要是“等、靠、要”思想在作怪，另外，懒惰也是重要的原因。

访谈一：

问：叔叔是贵村的致富能手，那就您看来，贵村还有哪些方面需要改善，或者说要怎样贵村才能更加富裕。

盘××：说实话，我们村最大的问题就是懒。能出去的都出去打工了，其实留在家里好好搞生产，一年到头也能赚2万～3万元，但是大家都不愿意。我家开了一个茶厂，每年都要收好多茶叶，近几年我都只能请附近村子的人来干活。我们村还是有好几种特色产业的，如老山茶（产量很大，价格在0.65～0.75元/千克），此外还有草果、八角、芭蕉、甘蔗等产业。现在国家政策这么好，什么都有补贴，可大家都不太喜欢奋斗了，就想等着吃国家的救济粮。

访谈二：

问：贵村的主要收入来源是什么？主要种植些什么，产量怎么样？

李××：主要收入来源是外出务工收入，每年纯收入多的有1万元左右，少的有四五千元。主要种茶叶，我们村的老山茶在文山州是比较出名的，产量也很大。每年只需要在3—10月份的时候好好管理茶叶，一年最多忙100天，就可以纯赚2万元以上，可就是没有人愿意做。年轻人基本不干活。人家其他村的来帮我家采茶，每天150元左右，多劳多得。不怕你笑话，我们村村民思想落后，人也都懒了。

（二）基础设施不够完善

在基础设施方面，多数村民表示主要是水和路的问题。我们在访谈中也能够清楚地感受到村民对基础设施建设的迫切诉求。

问：您认为还有哪些方面需要改善的，或者说要怎样贵村才能更加富裕。

李××：水和路。我们村的田地都是梯田，不通车，所有庄稼只能靠人背回来。而且我们没有三面水渠，只能靠天吃饭。现在我们村最需要的就是修一些到庄稼地的路，只要能通摩托车就行了。另外再修一些三面水渠，钱呢可以政府帮扶一部分，我们自己出一部分。

问：贵村的基础设施建设情况呢？

李××：我们村只有一个活动室、一个陈列室、一个球场，活动场所十分有限，没有广播、喇叭等，开会等集体活动只能靠村干部用嘴喊。有线电视收费太高，每年500多元，没有几家能安得起，现在多数人家都用的是锅盖（村村通），雷雨天很危险，而且信号也不太好。

至2015年，小坪寨村的基础设施建设有了明显变化。截至2015年底，全村有67户通自来水，有79户通电，有67户通有线电视；安装电视机的农户有67户；拥有移动电话农户数有79户。[①]

第二节　富宁县木央镇壮族的民生问题及原因

木央镇坐落在富宁县城西南部的中越边境线上，居住着汉族、壮族、苗族、瑶族、彝族、仡佬族六种民族，调查对象下寨、水头小组是壮族村寨。

壮族是文山州少数民族中人口最多的民族，主要分布在文山、砚山、丘

① 数据来源：铜塔村委会。

北、广南、富宁等县（市），壮语属汉藏语系壮侗语族壮傣语支，分为北部和南部方言两类，布越语（富宁、广南、丘北沙人话）属北部方言，语音、词汇和语法结构基本相同。关于壮族的来源有很多说法，大部分学者认为，壮族来源于我国南方的古越人。据历史记载，文山壮族和广西壮族同源，是侬智高的后裔。壮族有丰富多彩的节日，最具有壮族特色的是花街节。壮族村寨多依山傍水，几十户、几百户聚族而居，多数地方气候适宜，土地丰饶，物产丰富，适宜种植小麦、玉米、水稻等农作物，也适宜种植三七、烤烟、辣椒等经济作物。壮族的宗教多为自然崇拜和祖先崇拜。

下寨、水头小组隶属木央镇木贵村委会，木贵村农民收入以种植业收入、务工收入为主。木贵村的面积为 18.6 平方千米，海拔为 1541 米，属于山区。木贵村有耕地 1756 亩，人均耕地为 1.1 亩，主要种植水稻、玉米等；有林地 15 347 亩。木贵村委会下辖 10 个村民小组，共 437 户，有 1702 人。2015 年，木贵村经济总收入为 844 万元，农民人均纯收入为 5593 元。

下寨小组农民收入以务工收入为主；面积为 1.87 平方千米，海拔为 1110 米，属于坝区；有耕地 141 亩，人均耕地为 0.77 亩；有林地 941 亩。下寨小组共有 45 户，有 174 人。2014 年，下寨小组经济总收入为 54 万元，农民人均纯收入为 4847 元。

水头小组农民收入也以务工收入为主；面积为 1.91 平方千米，海拔为 1110 米，属于坝区；有耕地 147 亩，人均耕地为 0.8 亩；有林地 996 亩。水头小组共有 47 户，有 178 人。2014 年，水头小组经济总收入为 64 万元，农民人均纯收入为 4523 元。①

在下寨、水头小组，我们通过偶遇抽样的办法抽取了 50 户作为调查对象，发出问卷 50 份，回收问卷 50 份，回收率是 100%。通过对 50 份问卷分析得出，在民族族别一栏选汉族的有 2 份问卷，选彝族的有 1 份问卷，选壮族的最多，有 46 份问卷，还有一份问卷失效，失效的原因是被访问对象拒绝回答此问题，如表 4-7 所示。

① 数据来源：木贵村委会。

表 4-7 调查对象的族别

民族	频率	百分比 /%	有效百分比 /%	累计百分比 /%
汉族	2	4.0	4.1	4.1
彝族	1	2.0	2.0	6.1
壮族	46	92.0	93.9	100.0
小计	49	98.0	100.0	—
系统缺失	1	2.0	—	—
合计	50	100.0	—	—

一、下寨、水头小组民生基本状况

（一）对义务教育表示满意，辍学率低，家长对孩子的未来期望值高

关于下寨、水头小组的教育状况，该村享受国家关于义务教育的各种优惠政策，且上学也比较便利。下寨、水头小组的中学生到木央第一中学就读，学校距离村子 10 千米；小学生到木贵完小就读，学校距离村子 3 千米。有村民表示，教育方面最需要改进的就是修好道路，希望政府解决木贵大道到下寨、水头小组的道路崎岖难走的问题，以方便孩子上学；另外希望学校食堂的物价能有所下调。

多数村民对目前义务教育状况表示满意，其中非常满意的占 16%，满意的占 46%，比较满意的占 18%，不满意的占 16%，很不满意的占 4%。可见，下寨、水头小组村民对义务教育的满意率还是很高的。

至 2014 年，下寨小组接受义务教育的在校学生中，小学生有 25 人，中学生有 13 人；水头小组接受义务教育的在校学生中，小学生有 28 人，中学生有 13 人。

当被问及您家有没有辍学的小孩时，82% 的家庭回答没有辍学的小孩，18% 的家庭回答有辍学的小孩。这样的教育状况在边境民族村中算比较好的。

当被问及没有读书的原因是什么时，小孩自己不想读书的占 25%；没有钱，供养不起的占 50%，这两个是主要原因，还有读书无用，不如早点打工等原因。

调查问卷统计结果显示，有 76.4% 的家庭希望自己的孩子读到大学，获得学士学位；有 23.3% 的家庭认为孩子读到哪里算哪里。可见家长对孩子的

学历期望值是高的。当被问及您希望您的孩子从事农民工作吗这个问题时，只有 3.2% 的家庭回答愿意，96.8% 的家庭回答不愿意。可见人们对通过教育来改变孩子命运的想法很强烈。①

（二）外出务工减轻了家庭的负担

2014 年，下寨、水头小组的总人口为 352 人，而两个小组的外出务工人员就有 170 人，也就是说，有将近一半的人外出务工。其中，下寨小组全村外出务工收入为 13 万元；常年外出务工人数为 70 人，其中，在省内务工人数为 11 人，到省外务工人数为 59 人。水头小组全村外出务工收入为 16 万元；常年外出务工人数为 70 人，其中，在省内务工人数为 5 人，到省外务工人数为 65 人。②

当被问及您或您的家人是否愿意外出务工时，有 84% 的家庭回答愿意，他们认为外出务工比在家务农好；有 12% 的家庭回答不愿意，认为外出务工不如在家务农好；有 4% 的家庭回答不愿意，他们害怕外出务工上当受骗；如表 4-8 所示。可见，愿意外出务工的家庭占绝大部分。

表 4-8 调查对象家庭对外出务工的意向情况

是否愿意外出务工	频率	百分比 /%	有效百分比 /%	累计百分比 /%
愿意，外出务工比在家务农好	42	84	84	84
不愿意，外出务工不如在家务农	6	12	12	96
不愿意，外出务工害怕上当受骗	2	4	4	100
合计	50	100	100	—

当被问及您家是否有人在外务工时，42 户回答有，占 84%；8 户回答没有，占 16%。再次表明下寨、水头小组的村民外出务工是普遍状态。

当被问及您家有几个人在外务工时，有 1 人在外务工的占 28.6%，有 2 人在外务工的占 48.9%，有 3 人在外务工的占 14.3%，有 4 人在外务工的占 8.9%。再次印证了下寨、水头小组村民外出务工是常态。根据我们的分析结果，有 75.5% 的村民外出务工是在大城市（省会城市、直辖市），有 10.2% 的村民是在中小城市，在县城的占 4.1%，在乡镇或就近的占 10.2%。

① 数据来源：下寨、水头小组问卷。

② 数据来源：木贵村委会。

外出务工对于当地的村民来说具有重要的作用，有 28.6% 的家庭表示外出务工是其主要的收入来源，51% 的家庭认为外出务工较大地减轻了家庭生活的负担，8.2% 的家庭认为外出务工对减轻家庭生活负担有一定的帮补作用，有 12.2% 的家庭认为外出务工只够自己生活。[①]

综上，外出务工在一定程度上对该村经济的发展和和谐村落的构建起到了积极作用，它不仅成为农民收入的来源，更是社会发展的动力。

（三）大部分村民对“新农合”“新农保”政策表示满意

1. 医疗卫生

（1）参合率达 100%，对“新农合”表示满意

在医疗卫生方面，下寨、水头小组的“新农合”参加率都已达到 100%，并且村民都享受了各种医疗优惠待遇，村民对“新农合”整体感到满意。当被问到您对目前医疗条件的满意度时，70% 的家庭觉得满意，只有 26% 的家庭觉得不满意，4% 的家庭觉得很不满意，如表 4-9 所示。总体来看，村民对“新农合”表示满意的居多。

表 4-9 调查对象对目前医疗条件的满意度

满意度	频率	百分比 /%	有效百分比 /%	累计百分比 /%
很满意	10	20	20	20
比较满意	25	50	50	70
不满意	13	26	26	96
很不满意	2	4	4	100
合计	50	100	100	—

（2）医疗观念有了明显变化，对医疗条件表示满意

当被问到您家人生病时一般选择什么样的治疗方式时，50 户家庭都回答到医院治疗。表明村民的医疗观念有了巨大变化。

当被问到您觉得是否存在医疗设备及药品缺乏、医疗人员技术水平差的问题时，大部分家庭的回答为否，比例达到 74%，如表 4-10 所示。这表明村民对医疗卫生领域在上述这些方面是满意的。

① 数据来源：下寨、水头小组问卷数据。

表 4-10 是否存在医疗设备及药品缺乏、医疗人员技术水平差的问题

是否存在医疗设备及药品缺乏、医疗人员技术水平差的问题	频率	百分比 /%	有效百分比 /%	累计百分比 /%
是	13	26	26	26
否	37	74	74	100
合计	50	100	100	—

2. 养老保险

（1）60 周岁及以上的老人都享受了“新农保”

下寨、水头小组 60 周岁及以上的老人较多。当被问到您家 60 周岁及以上的老人有几个人时，有 5 户家庭表示没有，占 30%；有 25 户表示家里有 1 位 60 周岁及以上的老人，占 50%；有 10 户表示家里有 2 位 60 周岁及以上的老人，占 20%；如表 4-11 所示。也就是说，家里有 60 周岁及以上老人的家庭占绝大多数。

表 4-11 调查对象家中 60 周岁及以上的老人数量

60 周岁及以上老人的数量	频率	百分比 /%	有效百分比 /%	累计百分比 /%
没有	15	30	30	30
1 人	25	50	50	80
2 人	10	20	20	100
合计	50	100	100	—

当被问到您家老人是否正在享受“新农保”时，家里有 60 周岁及以上老人的家庭都表示正在享受。

（2）16 周岁以上的参保率高

当被问到您家 16 周岁以上的人员交了“新农保”费的有几人时，只有 4 户表示家里没有人参加“新农保”，其他家庭或多或少都有人参加，其中，有 7 户表示家里人都参加了，有 4 户表示参加了 1 人，有 10 户表示参加了 2 人，有 11 户表示参加了 3 人，有 10 户表示参加了 4 人，有 4 户表示参加了 5 人，如表 4-12 所示。可见，下寨、水头小组的参保率是高的。

表 4-12 调查对象家中 16 周岁以上人员参加“新农保”的情况

16 周岁以上参加“新农保”的情况	频率	百分比 /%	有效百分比 /%	累计百分比 /%
都参加了	7	14	14	14
都没有参加	4	8	8	22
1 人	4	8	8	30
2 人	10	20	20	50
3 人	11	22	22	72
4 人	10	20	20	92
5 人	4	8	8	100
合计	50	100	100	—

（3）“新农保”政策缓解了养老压力

当被问到您对“新农保”政策的看法时，大部分村民表示认可。有 52% 的家庭认为推行“新农保”政策在一定程度上缓解了养老压力但仍需完善，6% 的家庭认为该政策解决了农民养老问题，18% 的家庭认为该政策没有实质性的效果，另外有 24% 的家庭对该项政策表示不清楚，如表 4-13 所示。

表 4-13 调查对象对“新农保”政策的看法

对“新农保”政策的看法	频率	百分比 /%	有效百分比 /%	累计百分比 /%
解决了农民养老问题	3	6	6	6
在一定程度上缓解了养老压力但仍需完善	26	52	52	58
没有实质性的效果	9	18	18	76
不清楚	12	24	24	100
合计	50	100	100	—

二、下寨、水头小组民生存在的问题及原因分析

（一）收入来源分散，以外出务工为主，没有产业支撑

2014 年，下寨小组的经济总收入为 54 万元，水头小组的经济总收入为 64 万元，两个小组的经济收入均来自种植业，畜牧业，林业，第二、三产业，工资性收入等。但两个小组的人均纯收入都不到 5000 元，下寨小组农民人均纯收入为 4847 元，水头小组农民人均纯收入为 4523 元，都远远低于同年全国农民纯收入平均水平。

从调查问卷统计结果来看，下寨、水头小组的收入来源比较分散，有部分收入来自种植业和养殖业。在访谈中，许多村民表示，种粮食不赚钱，只能够自家吃，主要收入来源是外出务工收入。

从表 4-14 中可见，在下寨、水头小组的家庭收入中，外出务工收入占了很大比例，2013 年，外出务工收入在 10 000 元以上的家庭占到 49%，其中，20 000 ～ 30 000 元的占 40.9%，40 000 ～ 50 000 元的占 8.1%，由此可见，外出务工收入是下寨、水头小组的主要收入来源。

表 4-14　2013 年外出务工收入情况

外出务工收入情况 / 元	频率	百分比 /%	有效百分比 /%	累计百分比 /%
0	5	10	10.2	10.2
1 000	4	8	8.2	18.4
2 000	1	2	2.0	20.4
3 000	2	4	4.1	24.5
4 000	1	2	2.0	26.5
5 000	3	6	6.1	32.6
6 000	1	2	2.0	34.6
8 000	1	2	2.1	36.6
10 000	7	14	14.4	51.0
20 000	11	22	22.5	73.5
25 000	1	2	2.0	75.5
30 000	8	16	16.4	91.9
40 000	3	6	6.1	98.0
50 000	1	2	2.0	100.0
小计	49	98	100.0	—
系统缺失	1	2	—	—
合计	50	100.0	—	—

然而，在这次问卷调查中我们发现，该村很少有村民接受过相关技能的培训。50 份问卷中，只有 4 人在关于您或您的家人是否接受过相关技能培训的问题中回答有，其他 46 人的回答都是没有。参加培训的村民大多都是自己报名参加培训机构的培训，很少是政府提供的免费培训。

在访谈中，该村村民表示，希望政府能够扶持适合本地种植的经济作物的发展，如草药种植、绿色蔬菜规模化种植等。

在您对家里一年收支情况的满意度调查中，有 42% 的家庭表示无法承担支出，生活负担重，不满意；有 34% 的家庭表示略有结余，勉勉强强过日子，一般；只有 18% 的家庭表示可以承担支出，比较满意；6% 的家庭表示生活越过越好，很满意；如表 4-15 所示。可见大部分家庭对收入开支状况是不满意的。

表 4-15 调查对象对家里一年收入开支情况的满意度

满意度	频率	百分比 /%	有效百分比 /%	累计百分比 /%
无法承担支出，生活负担重，不满意	21	42	42	42
略有结余，勉勉强强过日子，一般	17	34	34	76
可以承担支出，比较满意	9	18	18	94
生活越过越好，很满意	3	6	6	100
合计	50	100	100	—

（二）医疗费用负担重，养老负担重，投保档次低，养老观念陈旧

下寨、水头小组在医疗卫生、养老保险方面虽然都取得了很大的成绩，但仍然还存在着一些亟待解决的问题。

1. 医疗卫生方面的问题

（1）大部分家庭仍觉得医疗费用负担重

关于您家是否能负担现在的医疗费用这一问题，有 26% 的家庭回答能负担，有 62% 的家庭回答勉强能负担，有 12% 的家庭回答完全不能负担。从这些数据中，我们可以看出，即使在“新农合”制度下，大部分的家庭也只能勉强负担现在的医疗费用，部分家庭甚至无法负担现在的医疗费用，可见“新农合”制度在某些方面还需要完善，以使更多的人能享受到实惠。

（2）看病不方便

关于您觉得是否存在离医院太远的这一问题，有 86% 的家庭回答是，表示存在这个问题；只有 14% 的家庭回答否，表示不存在这个问题，如表 4-16 所示，可见大部分家庭觉得看病较不方便。

表 4-16 是否存在离医院太远的问题

是否存在离医院太远的问题	频率	百分比 /%	有效百分比 /%	累计百分比 /%
是	43	86	86	86
否	7	14	14	100
合计	50	100	100	—

（3）“新农合”制度还需深化

关于“新农合”达到什么程度才合理这一个问题，有40%的家庭认为政府全部承担才合理，有32%的家庭认为目前的水平挺好，有28%的家庭回答不知道，如表4-17所示。总的看来，大部分的家庭认为政府全部承担“新农合”费用才合理。

表4-17　“新农合”达到什么程度才合理

“新农合”达到什么程度才合理	频率	百分比/%	有效百分比/%	累计百分比/%
政府全部承担	20	40	40	40
目前的水平挺好	16	32	32	72
不知道	14	28	28	100
合计	50	100	100	—

关于“新农合”减轻家庭负担程度的这一问题，有32%的家庭认为“新农合”对家庭负担减轻很多，有62%的家庭认为减轻不多，有6%的家庭认为没有减轻任何负担。从这个数据来看，“新农合”还有一定的改善空间，政府有必要加大对“新农合”的财政投入，使“新农合”能更好地为农民减轻负担。

对于“新农合”仍然存在的一些不够完善的地方，只有政府和村民的共同努力才可以不断地对其进行改善，使“新农合”更好地为民服务。

2.“新农保”方面的问题

（1）对“新农保”政策不太了解

调查问卷数据的统计结果显示，只有2%的家庭对“新农保”政策很了解，有6%的家庭比较了解，有30%的家庭了解一点，剩下的62%的家庭不了解。

（2）养老金无法满足需要，养老负担重，投保档次低

调查问卷数据的统计结果显示，有34.2%的家庭表示家中老人每月领取的养老金刚好能满足老人的日常开销，但是高达65.8%的家庭表示养老金不能满足老人的日常开销。可见，养老金的功能发挥得有限。

问卷数据的统计结果显示，只有33.3%的家庭表示完全能负担养老义务，61.5%的家庭表示勉强能负担，5.2%的家庭表示不能负担、压力很大，即多数家庭对养老义务的承担觉得勉强。①

① 数据来源：下寨、水头小组问卷数据。

当被问及您家每个参保人的投保金额是多少时，高达 84.8% 的家庭的参保人只投保 100 元，投保 200 元的占 4.3%，投保 300 元的占 4.3%，投保 400 元的占 4.3%，投保 500 元的占 2.3%，如表 4-18 所示。也就是说，绝大部分家庭的投保金额为 100 元，而 100 元是投保的最低档次。

表 4-18 参保人的投保金额

投保金额 / 元	频率	百分比 /%	有效百分比 /%	累计百分比 /%
100	39	78	84.8	84.8
200	2	4	4.3	85.1
300	2	4	4.3	89.4
400	2	4	4.3	93.7
500	1	2	2.3	100.0
小计	46	92	100.0	—
系统缺失	4	8	—	—
合计	50	100	—	—

（3）养老观念陈旧

当被问及您希望将来养老的主要方式时，高达 54% 的村民希望依靠子女，依靠自身的占 10%，依靠养老保险的只占 16%，表示不知道的占 20%，如表 4-19 所示。也就是说，传统的家庭养老观念仍是主流。

表 4-19 希望将来养老的主要方式

希望将来养老的主要方式	频率	百分比 /%	有效百分比 /%	累计百分比 /%
依靠子女	27	54	54	54
依靠自身	5	10	10	64
依靠养老保险	8	16	16	80
不知道	10	20	20	100
合计	50	100	100	—

养老一方面是一个家庭的事情，另一方面也是整个社会整个国家的事情；不仅需要一个家庭为之努力奋斗，更需要政府或社会组织对其进行相关政策或社会力量的支持。

（三）住房状况满意度不高，社会环境有待改进，生活压力大

当被问及您家盖房受政府资助的情况时，高达 91.8% 的家庭表示没有得

到过资助，只有 8.2% 的家庭表示得到过资助，如表 4-20 所示。

表 4-20　盖房受政府资助的情况

盖房受政府资助的情况	频率	百分比 /%	有效百分比 /%	累计百分比 /%
有	4	8	8.2	8.2
没有	45	90	91.8	100.0
小计	49	98	100.0	—
系统缺失	1	2	—	—
合计	50	100	—	—

当被问及您对您家的住房情况是否满意时，表示满意的家庭只占 16%，54% 的家庭感觉一般，22% 的家庭表示不满意，8% 的家庭表示很不满意，如表 4-21 所示。可见，村民对住房状况的满意度不高。

表 4-21　对住房状况的满意度

满意度	频率	百分比 /%	有效百分比 /%	累计百分比 /%
满意	8	16	16	16
一般	27	54	54	70
不满意	11	22	22	92
很不满意	4	8	8	100
合计	50	100	100	—

在关于社会治安满意度的调查中，有 8% 的家庭表示对社会治安很满意，有 14% 的家庭表示对社会治安比较满意，有 54% 的家庭表示社会治安一般，有 10% 的家庭表示表示不太满意，有 12% 的家庭表示很不满意社会治安。由此可见，社会治安状况有需要改进的地方，政府或相关机构应当重视当地的社会治安问题。在关于下寨、水头小组的干部选举满意度调查中，有 10% 的家庭表示很满意，有 6% 的家庭表示比较满意，有 40% 的家庭的满意度是一般，有 16% 的家庭表示不太满意，有 26% 的家庭表示很不满意该村的干部选举。可见村民对干部选举的满意率不太高。

随着经济社会的发展、物价升高等，村民的生活压力也在不断增大。调查问卷的统计结果显示，有 68% 的家庭认为相比以前，生活压力越来越大了；8% 的家庭认为一样，没有什么变化；只有 24% 的家庭认为相比以前，生活压力越来越小了。可见村民的生活压力并没有随着社会的发展而减轻，反而更大了。

第五章
云南边境少数民族民生改善的对策及建议

通览各国实践，民生领域的社会政策主要存在再分配型社会政策和发展型社会政策两种模式。再分配型社会政策是伴随福利国家体制出现的，强调公平、普惠、协调，在制度设计上强调项目齐全，覆盖全民，较高标准、较低门槛的准入；在机制上强调国家统揽、政府责任，而比较忽视社会组织、社区和个人的责任。这种模式容易导致国家负担加重、社会创新乏力、穷人福利依赖、失业上升、经济滞胀等严重问题。发展型社会政策也被称为积极型社会政策、生产型社会政策等，是西方国家在反思福利国家弊端的过程中形成的一种社会政策取向。发展型社会政策强调发展、效率与预防，在政策设计上强调创新政策项目、投资人力资本、开发人类潜能、注重福利项目的经济性；在机制上强调国家、社会与个人的分担共责。发展型社会政策对福利国家走出经济危机、焕发发展活力功不可没，但也存在忽视弱势群体、公平受损、福利下降等问题。这两种社会政策模式都不尽科学合理。当前，我国建构的社会政策模式体现了保障和改善民生既要尽力而为，又要量力而行的理念。这种社会政策是一种积极稳妥的社会政策。积极稳妥的社会政策重点强调“积极”，主张社会政策应有利于经济发展，经济发展应有利于促进民生保障走上新台阶，以更好地满足人民的美好生活需要；积极稳妥的社会政策同时强调“稳妥”，社会政策不仅应与经济发展相协调，内部也应均衡发展，社会政策的任何改革创新都不能导致公平受损、福利下降。概括而言，我国社会政策的“积极”之维重在“尽力而为”;“稳妥”之维重在“量力而行”。[①]

云南边境少数民族地区地处中国云贵高原西南部，是中国少数民族分布最多的地区，也是中国“一带一路”倡议规划与发展中西南地区的重要枢纽。云南边境少数民族地区农村的民生改善究竟采用何种模式，这是一个问题。对于云南边境少数民族地区的农村甚至中国农村来说，我们认为，可持续生计是民生改善的一个重要思路，如何使生计可持续，如何持久保持农村综合发展的劲头，是当前一个重要的问题。“可持续生计”是20世纪80年代世界环境与发展委员会报告中提出来的，对于这个词，中国学界并不陌生，但其并未成为我们的一种发展思路。结合在云南边境少数民族地区的调查，我们认为，可持续生计综合发展思路可以为云南边境少数民族地区民生的进一步改善提供一个高屋建瓴的框架，在此框架下，必须走符合云南省省情的民生改善之路。

第一节　教育改善的对策及建议

云南省地处中国西南地区，经济、教育等各方面发展较为缓慢，同时，云南省属于多民族聚居地区，教育的发展相比其他地区存在较大的难度。随着社会的发展，优先发展教育，提高教育的现代化水平，促进基本公共教育服务均等化对建设富裕、文明、和谐的云南具有决定性意义。

一、云南边境少数民族地区教育存在的主要问题

由于历史、地理、经济等综合因素的影响，云南边境少数民族地区的基本公共教育服务存在着受教育水平低、基础薄弱、投入不足、师资缺乏、服务质量不高等严重问题，教育发展明显滞后，教育不公平问题还比较突出，要达到我国东部沿海地区的基本公共教育服务的发展水平还有很艰难的一段路要走。此外，云南边境少数民族地区的教育尚存在一些特殊问题，具体表现在以下五个方面。

---

① 李迎生：《以积极稳妥的社会政策保障和改善民生》，《光明日报》，2019年05月31日，第16版。

第一，边境村民受教育水平低，急需提高边境村民的整体文化素质。历史上，云南边境少数民族的经济文化发展比较缓慢，接受汉文化教育的人较少。自现代教育发展以来，尽管云南省实施了普及义务教育和扫除青壮年文盲等国家政策，实现了“两基”，但受边境少数民族长期形成的生活习惯以及较为缓慢的经济增长的制约，直至现在，家长及适龄儿童的受教育水平仍然较低，村民的整体文化素质仍然偏低。

第二，教育受经济发展的制约明显，高中及以上教育的费用负担重，教学质量整体偏差。云南边境农村至今仍以传统的种植业、养殖业为主，产业结构极其单一，没有支柱产业，尚未形成自己的特色经济，边民增收缓慢。在收入有限的境况下，大多数边境村民在教育投入方面往往捉襟见肘，尤其是高中及之后的教育投入更是难以为继，教育转向若没有经济快速增长的支撑则难以实现。由于边境村民收入一直处于缓慢增长的态势，大部分家庭没有足够的经济实力负担孩子高中及之后教育的费用。

第三，无论经济状况发展如何，边民的现代教育观念大都相对淡薄。历史以来，边境地区的自然和人文环境相对封闭，边境少数民族村民接受的大多是口耳相传的家庭式或村社式传统生计及人际交往教育，对现代教育观念则几乎闻所未闻。自现代教育发端后，边民传统的教育观念仍较牢固，受现代化、全球化浪潮的冲击，边民的教育观念虽然有了一些改变，但“读书无用”等消极思想观念也随之席卷而来，因此，在传统教育观与消极教育观的双重制约下，今天的云南边境少数民族地区仍普遍存在不重视教育的问题，很多孩子初中毕业后就不再继续上学，而是选择打工或者结婚，以减轻家庭的经济负担。加之受大学生就业困难的影响，边境农村的教育投资风险增大，经济发展本来就不佳的边境农村地区更没有能力再为教育加大投资，即使是经济发展状况有明显提高的地区，边民对教育也不够重视，教育期望值偏低，在这样的局面下，教育转向举步维艰。

第四，机械执行“撤点并校”的政策，后遗症严重。在中央政策的指导下，为了提高农村中小学办学质量，自20世纪90年代末全国范围内开始了“撤点并校”行动，大量的农村小学不断被撤并，很多地方由于对国家政策的片面理解，通过“一刀切”方式简单执行中央政策，2006年之后“撤点并校”的负面影响逐渐出现。云南边境少数民族地区也毫无例外地加入了机械执行中央教育政策的行列，由于大规模的“撤点并校”，边境地区的教育出现了诸多严重的后遗症，加剧了边境教育转向的困难。

第五，民族文化保护教育缺失。云南边境少数民族众多，几千年来各民族形成了丰富多彩的民族传统文化，包括织染与服饰文化、婚俗文化、民居文化、节庆文化、民间文学艺术、马帮文化、饮食文化、茶文化、鼓文化等。这些民族传统文化蕴含着独特的民族心理气质，但是我们的基础公共教育服务中对民族文化的保护教育仍显不足。在教育方式上应该对独特的民族性格和特征有所差异，但在教育的过程中，由于多元文化的冲击，不少少数民族的民族特性在逐渐消失，传统的民族文化濒临危机。

二、云南边境少数民族教育改善的对策和建议

“十二五”时期，云南边境少数民族地区的教育发展有了整体提升，边境地区义务教育、职业教育的发展速度加快，边境地区的学校建设逐步推进，民族教育有了显著改进，教育公平有了明显提升。然而，由于种种差异的存在，云南边境少数民族地区的教育仍存在上述诸多问题，严重影响着边境少数民族地区的经济发展，甚至影响着边境安全和社会稳定。自中华人民共和国成立以来，云南边境少数民族地区的教育发展始终高度依赖统一的中央教育体系，主要通过执行从上而下、整齐划一的教育规划发展边境教育，没有充分探究边境地区的特殊性，导致的结果就是机械执行教育政策有余而教育创新不足，久而久之，边境教育缺乏活力且严重滞后于内地教育发展水平的态势日益明显。因此，将发挥边境优势与中央教育政策有机结合，走一条具有边境特色的教育转向之路就成了促进边境教育发展的必由之路。

（一）贯彻落实教育部等相关部门关于义务教育“全面改薄”的计划和部署

为了配合《教育部 国家发展改革委 财政部关于全面改善贫困地区义务教育薄弱学校基本办学条件的意见》，财政部、教育部下达了2014年薄改计划中央专项资金310亿元，资金额度比2013年提高50.77%，并对资金如何分配和使用进行了系统全面的解答。根据上述政策文件的精神，云南省教育厅、云南省发展改革委员会、云南省财政厅联合发文《云南省关于全面改善贫困地区义务教育薄弱学校基本办学条件实施方案》，该方案提出加快全面改善义务教育薄弱学校基本办学条件步伐，是全省义务教育工作在新时期的必然趋势，是全省未来5年重中之重的工作任务。其中，专门提出主要面向农村，立足改善薄

弱学校基本办学条件，不得将教育资金资源向优质学校集中，从规划、资金、政策等方面，对贫困地区、少数民族地区、特殊困难地区、边境地区的薄弱学校给予重点扶持的原则；按照总体规划、分步实施的原则，将规划期确定为2014－2018年；实施范围覆盖全省129个县(市、区）农村义务教育薄弱学校，兼顾县镇义务教育薄弱学校。

2015年1月，云南省教育厅专门成立了关于全面改善贫困地区义务教育薄弱学校基本办学条件的领导小组及办公室，并出台了一系列贯彻和实施国家关于义务教育的政策措施和办法：《云南省全面改善贫困地区义务教育薄弱学校基本办学条件工作专项督导实施方案》《云南省全面改善贫困地区义务教育薄弱学校基本办学条件项目规划》《云南省全面改善贫困地区义务教育薄弱学校基本办学条件专项资金管理办法》等。各州（市）也相应建立了政府统筹领导，县（市、区）政府具体实施，教育、发展改革委员会、财政等相关部门协同推进的工作机制。

“全面改薄”项目自2014年启动，到2015年，全省有9个县（市、区）的义务教育发展基本均衡，并通过了国家督导评估认定。2016年，历经2年的建设期，云南省人民政府教育督导委员会办公室专门就此项工作做出了统一安排和部署，于2016年4月25日至29日展开了专项督导检查。此次检查由云南省教育厅相关领导带队，组成了8个督导检查组分赴包括边境在内的全省16个州（市)，对“全面改薄”学校基本办学条件情况进行了督导检查，形式包括听取汇报、查阅台账资料、实地抽查项目学校等。其中，实地抽查了32个县（市、区）的130余所项目学校，涉及面比较广。

1. 督查通报①

（1）资金投入落实情况良好

云南省“全面改薄”五年规划总投资额为340.49亿元，其中，中央资金为169.39亿元，地方资金为171.1亿元；拟新建校舍1376.21万平方米；设施设备购置总资金为59.18亿元。2014－2015年，全省共投入该专项资金85.72亿元，均按中央、地方5∶5配套比例完成投入任务，另整合其他教育专项工程资金共39.5亿元投入建设，2年总投入达125.22亿元，占五年规划总投资

① 此部分涉及督查情况的资料皆引自《云南省人民政府教育督导委员会办公室关于全面改善贫困地区义务教育薄弱学校基本办学条件专项督导检查情况的通报》《云南省人民政府教育督导委员会办公室文件》两份文件。

额的 36.7%，资金落实情况良好。

（2）项目批复和建设进度顺利

2014—2015 年，全省共批复项目 5308 个，批复校舍建设面积 370.13 万平方米，批复设备购置资金 12.89 亿元。截至 2016 年 3 月，已开工面积为 259.93 万平方米，占批复面积的 70.23%；竣工面积为 110.34 万平方米，占批复面积的 29.81%；完成设备采购资金 6.98 亿元，占批复资金的 54.1%。

2. 督查组此次检查发现的主要问题

（1）校舍建设竣工率和设备采购完成率与国家要求差距较大

按教育部要求，各地于 2016 年底，应确保校舍建设竣工率和设备采购率完成规划任务的 50%。但截至 2016 年 4 月，全省尚有 6 个州（市）的该项目竣工率不到 30%，其中就有 4 个边境州（市），即普洱市（24.96%）、红河州（22.02%）、文山州（14.36%）、迪庆州（12.78%）。8 个边境州的设备采购率均在 30% 以下，其中德宏州位于全省最低水平，仅为 9.37%。

（2）部分地区项目推进缓慢滞后

边境一线州（市），如迪庆州，地处高海拔地区，每年 11 月到次年 3 月都属于停工期，因此，审批项目未能按进度完成。

（3）项目资金缺口较大

按照“全面改薄”项目地方配套资金的安排，省级承担 50%，州、县总体平均承担 50% 的比例任务，但大部分县包括边境县在内财政困难、缺口较大，配套资金难以筹措到位。

（4）个别地方财政滞留教育专项资金

2016 年之前，德宏州县（市、区）教育专项资金不能及时拨付，导致项目建设严重滞后；自 2016 年以来，德宏州政府采取融资贷款的方式保证了教育经费拨付基本正常，但往年所欠的缓拨资金一时难以补回。

（5）购置设备利用率低

首先，县级行政管理部门、学校对科任教师进行相关设备使用的培训不及时、不到位，导致教师“不敢用”“不会用”设备的情况存在，部分设备沦为摆设，甚至处于未曾拆封的搁置状态。其次，部分学校未及时规范地将已到位的设备纳入相关财务固定资产统计，存在资产流失隐患。最后，学校管理维护缺位，导致部分仪器设备还未拆封就已老化，使用不足一年的床、桌椅等设施已出现破损。

3. 针对上述状况，本书认为必须做好下述工作

（1）缩短督查周期，积极跟进项目进度，形成政策实施的良性循环模式

“全面改薄”得到了云南省政府的高度重视，被列为省政府20项重点建设项目督查工作之一，省教育厅每月定期向省政府上报项目进展情况，定期召开全省项目推进会，对项目工程进度滞后的州（市）进行约谈、现场督查。

但是，2016年4月底，云南省督察组组织的为期5天的全面督查项目的进展情况却不尽如人意，甚至部分地区的实施结果与规划存在较大差距。该项目的督查间隔周期过长，5天的督查时间要覆盖16个州（市），大部分督查工作依靠听取汇报完成，致使项目存在拖延、漏洞等问题的可能性增大，难以积极有效地督促相关工作的推进和问题及时有效的得以解决。本书建议缩短督查周期，细分督查阶段，适时跟踪积极跟进项目进度，及时将问题信息反馈到相关各级负责部门，形成政策实施的良性循环模式。

（2）针对县级财政困难程度，合理调整配套资金比例，保证项目顺利落实

云南省“全面改薄”资金的投入实行中央、省、州、县4级分担机制，中央与地方按5∶5分担，地方分担部分综合考虑地区差异，将16个州（市）及3个财政直管县分为4档确定分担比例，即省与州（市）的分担比例，1档按1.5∶8.5分担，2档按3∶7分担，3档按5.5∶4.5分担，4档按7∶3分担。根据实际督查结果来看，县一级财政普遍困难，难以按比例配套相应资金，致使“改薄”项目难以顺利推进。因此，应按实际资金缺口，调整中央、地方，以及地方省级与市、市与县的资金配套比例方案，以保证资金按时落实到位和项目的顺利推进。

（3）建立督查问责机制，才能切实保障项目如期按质按量地完成

从项目实施和督查的实际状况来看，缺乏对因部门、个人责任不到位而造成的问题进行有效问责的机制。除建立分责任目标阶段的督查机制外，还应建立保障将督查中所发现问题的解决落实到相关环节部门、责任人头上的问责机制。问责机制应该由一整套合理合法的体系组成，而不仅仅是约谈，还应按问题的属性和大小，相应地建立与部门绩效、个人绩效，甚至行政处罚、降职等挂钩的制度，并切实施行。否则，缺失了问责机制的督查机制终将落于空洞

境地。

（4）加强政策宣传，进一步挖掘政策资源

积极将上述政策，尤其是以项目形式扶持“改薄”的政策充分宣传到位，主动为边境一线义务教育学校规划项目争取资金、人力、智力和物力的支持；帮助村民挖掘可利用的政策资源，如加大各项教育政策的宣传力度，让村民在教育费用上遇到困难时，能够清晰地知道如何利用政策、享受政策，从而得到帮助。

（二）加快边民经济增收及加大政府投入，为边境教育转向奠定经济基础

云南边境少数民族地区教育转向的制约因素之一是边境地区经济收入水平偏低。例如，景洪市勐腊县傣族尚勇村董宗保小组，2013 年人均纯收入才有 1378 元；前述的怒族五湖小组，2014 年人均纯收入只有 2673 元。如此低的收入要支撑高中及之后的教育费用显然强人所难，边境地区教育水平低下的局面不可避免。因此，必须要打破边境传统的以种植业、养殖业为主的单一生计模式，充分发挥边境资源优势，加大对边民的培训力度，创新边民就业模式，建构以现代支柱产业为核心、其他经济方式为辅助的边境立体组合生计模式，大力增加边民收入，为教育转向奠定经济基础。

同时，政府教育经费投入应充分遵循“因地制宜”的原则，充分考虑到地区城乡经济水平的差异，加大对贫困边远地区少数民族的教育经费扶持力度。一是认真落实“两免一补”政策，足额拨付农村义务教育阶段家庭经济困难寄宿学生生活费和补助资金，以使学生能安心读书。二是切实执行普通高中国家助学金、中职学校国家助学金和免学费等政策，让贫困家庭的学生及时拿到奖学金、助学金，以完成学业。三是做好生源地助学贷款工作，同时要健全教育收费管理制度，深入开展治理教育乱收费工作，督导各项惠民政策落实情况。除此之外，还需进一步加大对边境少数民族教育投入的政策倾斜力度，多方筹措教育经费，积极争取社会团体、各企事业单位以及个人的投资及捐助，只有这样才能真正缓解边境教育投入的不足。同时，要对各类经费实行专款专用、统一安排的制度，以确保教育经费使用的有效性。

（三）转变教育观念，改革办学体制，为边境教育转向扫除障碍

教育转向必须要抓住重点，走综合创新之路，就云南边境地区的教育而言，教育观念转变、办学体制改革、职业教育发展要放在综合创新重中之重的位置。在云南边境少数民族地区，大多民众的思想比较保守，对孩子教育的关心不够，觉得读书没有多大的用处。因此，一方面，村干部需要大力宣传读书的好处；另一方面，学校要提高办学质量，增强学校教育对边境民众的吸引力，让他们认识并感受到教育的重要性。同时，要积极探索多元办学模式，坚持以政府为主导，吸收社会力量和社会资金参与办学的模式，鼓励民办教育的发展，把民办教育和公办教育纳入整体的教育体制中，相辅相成、互相促进。目前，云南边境少数民族地区在教育方面存在着两个极端群体：一是那些想读书、能读书，但是苦于家庭负担过重，且受毕业后就业困难影响的群体；二是那些受教育水平低，但已经过了九年义务教育年龄的中老年群体。对这两个群体，国家应该通过发展职业教育的手段，让他们有一技之长，先就业，先独立，特别是对第一个群体，国家要进行正确的政策引导，积极鼓励他们接受职业教育。职业教育投入低、时间短、针对性强，能较好地满足这两个群体的实际需要。①

（四）动员社会支持，发展学前教育，为边境教育转向提供正确的切入导向

实现教育转向，抓好幼儿教育是重要的一环，没有幼儿教育或幼儿教育存在短板，会导致后续教育偏向或整体教育质量偏差。我们的调查问卷统计结果表明，云南边境少数民族地区的很多自然村都没有幼儿园。比如，匹河怒江乡托坪村就没有幼儿园，部分家长会把孩子送到乡里上幼儿园，但有的孩子只能等到年龄合适后直接上一年级。因此，必须要动员社会的支持，如借助慈善组织、公益组织等一些民间组织的力量，加上地区政府、当地群众的共同努力，发展学前教育。学前教育是教育中的重要一环，学前教育要帮助学生养成一些良好的习惯，规范学生的在校行为，从而为学生进入小学做准备；在学前教育阶段，要让孩子的智力因素得到科学的开发，非智力因素得到良好的培养。

---

① 董磊磊：《边境民族社区民生问题研究——以云南省文山县小街镇者底村为例》，云南师范大学硕士学位论文，2013年。

（五）重视学生安全，根除“撤点并校”后遗症，为边境教育转向提供安全环境

机械执行顶层设计带来的“撤点并校”后遗症等问题必须主动根除，留守儿童问题也必须重视，解决好这些问题，可以为实现教育转向提供安全环境。针对“撤点并校”带来的安全问题要有针对性地进行解决：一是要重视学校的食品安全，建立学校食品安全监督体系；二是要重视学生的交通安全，对需要乘车往返于家和学校的学生做出统一的交通安排，并对交通费用给予适当补贴。与此同时，我们也发现，云南边境少数民族地区由于青壮年外出务工，部分人选择把孩子留给年迈的父母照顾，但这种隔代教育对孩子的成长弊大于利。在这方面，作为父母应该加强与子女的联系和沟通；学校方面则要加强对留守儿童的关心和心理疏导。

第二节　劳动就业改善的对策及建议

根据我国目前的社会状况，实现劳动就业保障服务均等化是我国的一个社会目标，同时也是维护公民权益的客观要求。王飞鹏认为，我国公共就业服务均等化的基本思路应如下：①应在覆盖城乡全体劳动者的基础上，将公共就业服务均等化作为最终目标。②应以“公平正义、科学发展”为基本指导思想，以“促进就业”为出发点，坚持分阶段、有步骤、有差异地推进，逐步实现由目前的统一筹划、制度有别向制度统一、标准有别，再向制度统一、标准统一转变。具体可分三步走，即完善体系、城乡对接、提高水平。③应以各类农民工、灵活就业者、城镇失业人员及失业大学生等就业困难群体为突破口，实现城乡就业服务体系的有效衔接。④应建立健全公共就业服务均等化的法律体系、服务标准和绩效评价体系，引进市场化竞争与客户满意评价的激励约束机制，促进公共就业服务供给主体多元化，为公共就业服务均等化提供长效机制。[①]

为了促进边境地区的经济发展，改善边民的生计方式，提高边民生活水平，国家于2000年正式启动了兴边富民行动，2007年开始实施边疆解“五难”

① 王飞鹏：《我国公共就业服务均等化问题研究》，首都经济贸易大学博士学位论文，2012。

惠民工程。同时，云南省先后出台了《云南省农村扶贫开发纲要（2001—2010年）》《云南省“十一五”整村推进规划》《云南省关于加强扶贫开发“整村推进”工作的实施意见》《云南省扶持人口较少民族发展规划（2011—2015年）》《云南省扶持人口较少民族发展专项建设规划》《云南省兴边富民工程“十二五”规划》等。2015年，国家出台《国务院关于支持沿边重点地区开发开放若干政策措施的意见》，加大了对边境地区民生改善的支持力度；2016年，云南省委、省政府出台的《云南省全面打赢“直过民族”脱贫攻坚战行动计划》，针对省内9个“直过民族”实施精准扶贫。通过近年来的扶持和开发，云南边境少数民族的生计有了很大改善，边境脱贫取得了巨大成就，经济发展水平有了整体提高，边民的就业水平有了提升，劳动力转移稳步推进，边境地区人力资源开发正式启动。

在工业化、信息化背景下，全国各地农村迎来了大规模的生计模式转型，大多数农村地区，逐渐由单一型“以粮为主”的生计模式成功转型为“以市场导向为主”的多元产业结构的生计模式。并且，“科技下乡”等活动将科学技术输入广大农村，使农业的耕作不再单纯依靠人力、畜力，而是朝着更加专业化、机械化、科技化、产业化的方向发展，甚至已出现了有技能的文化农民[①]，全国农村的生计模式出现了新的变化。这些转型在云南边境少数民族地区也有不同程度的体现，但是，云南边境少数民族地区仍以单一的产业结构为主要生计模式，边民主要还是从事种植业和养殖业，生计方式比较脆弱。虽然有些边境村出现了以外出务工收入为家庭主体收入的现象，但不是普遍现象，有些地方甚至还发展了现代农业、旅游业，但大多是小作坊式经营，没有形成支柱产业，边民仍以传统的种植业和养殖业为主，严重贫困问题仍很突出。2010年，25个边境县（市）贫困人口还有64.51万人，贫困发生率为12.1%，高于全省平均水平3.5个百分点。云南省特有的景颇族、佤族、拉祜族、傈僳族等民族的贫困人口占本民族人口的50%以上。[②]

从云南边境少数民族地区的劳动就业情况来看，突出的问题有五个：第一，产业结构单一，主要集中于种植业、养殖业方面，村民缺少从事其他职业的知识和技能，职业种类较为单一，没有支柱产业；第二，边境村民自给自足的思想根深蒂固，比较容易满足于现状，大多数人选择就近谋生计，同时季节

① 秦红增，曹晗：《新文化空间的建构与前瞻：从耕读传家到乡村新习》，《广西民族大学学报（哲学社会科学版）》2016年第6期，第8-15页。

② 《云南省加快少数民族和民族地区经济社会发展“十二五”规划》，《今日民族》2011年第9期，第9-28页。

性外出务工人员多，常年性、稳定性外出务工人员较少，跨区域务工人员少，外出劳动者竞争意识和生存能力差，过分眷恋乡土和依赖现有社会关系；第三，经济增收缓慢；第四，自然环境比较封闭的农村，外出打工人员少，赋闲劳动力多；第五，就业观比较传统，就业渠道狭窄。

造成上述问题的因素有很多，普遍因素主要有以下几个：一是环境因素，边境一线的村寨大部分属于山区，没有大面积的平地，只适宜种植一些山地作物，加之交通不便，很难进行大规模的产业发展；二是财政因素，边境地区的财政资源有限，配套资金落实难，导致无力进行大规模的生产投入及规模化生产，加上生产技术落后，市场信息相对封闭，投资吸引力不足等，边境地区难以出现支柱产业；三是政策执行因素，有些边境干部没有严格执行中央政策，甚至出现得过且过、以权谋私的现象，这些不作为或乱作为严重阻碍了边境地区经济发展的良性运行。除此之外，比较突出的因素还有：边境资源未得到充分开发，没有形成特色经济和优势产业；部分边民的“等、靠、要”思想严重，自主规划发展的意识和能力尚未形成；等等。

针对这种状况，本书认为，应该做好如下工作。

一、建构以现代支柱产业为核心、其他经济方式为辅助的边境立体组合生计模式

在古代社会，人类的生计模式其实并不单一，“人们经常采用多种经济生业来互相弥补，或以此分散单一经济生业的风险。在传统中国农村，农家经常在田边采野菜，在田沟及小溪中捡螺捕鱼，拿自己生产的手工艺制品与采集的野生药材到市集上卖，农闲时出外打工，这些都多少能补贴家庭消费之需，以及降低穷困匮乏的风险”①。云南边境地区的少数民族同样也存在这些生计方式，主要以山地种植、养殖、采集、狩猎为主。然而，这些看起来似乎多元的生计模式其实十分脆弱，且不说这些生计方式是人类历史上公认的最原始的生计方式，更由于边境多山的现实，这些原始生计方式受自然环境的制约比平原地区大得多，所以，历史以来边境少数民族在这样的生计方式下的生存极为艰辛。这些原始生计方式在现代化背景下已经无法满足边民现实生活的需要，更不可能实现边民生活质量的彻底改善。根据前述困境，本书认为，建构以现代

① 王明珂：《反思史学与史学反思》，上海：上海人民出版社，2016年，第53页。

支柱产业为核心、其他经济方式为辅助的边境立体组合生计模式是最重要的工作，这里的现代支柱产业指的是依托边境现有资源，符合边境少数民族就业特点，依靠科学技术及科学管理制度建立适应边境发展的大型产业，如文山州的三七产业，西双版纳州的茶产业、橡胶产业都为边民带来了不少实惠，但这些类型的产业不仅数量少，而且规模极其有限；其他辅助性经济方式是指因地制宜、能够充分发挥边境资源优势的其他产业，如热带区经济产业、边境民族文化旅游产业、边境矿业、边境特色创业等。通过科学合理的组合，把边民有机融合于这些产业中，让他们在各自不同的岗位上发挥自身优势，逐渐形成以边民为中心的现代化、高效、立体的组合生计模式，从而破除旧有的生产效率低下、盲目不合理、无计划的原始生计模式，以此带动边境经济向多元化方向发展，实现边民生计模式的彻底升级和改变。

二、坚持种植业的基础地位，创新民族文化旅游产业，推进边境农村劳动力经济结构调整

种植业是云南边境农村经济总收入中关键性的一部分，在发展农村经济的时候应该充分坚持种植业的基础性地位。例如，腾冲市猴桥镇长塘村的草果种植已经发展了20多年，已经建立起草果专业合作社来提供栽培技术支持，且水源好、光线好的林地基本都已用于林下草果的种植，但剩余的绝大部分林地还得不到利用，专业栽培技术难以“下乡”，种植技术和管理技术的专业知识不能真正普及大众，生产水平低下。因此，长塘村应在坚持种植业基础地位的同时，充分利用剩余土地资源种植其他经济作物，将专业的栽培技术与科学的管理技术“社会化”，提高经济生产的多元性及科学性。

加快产业结构调整步伐，实现跨越式发展，这是边境地区经济与社会发展的决策者所面临的艰巨任务。在产业基础相对薄弱、市场经济发展先天不足的条件下，依照传统的发展思路，利用政策、项目、技术、人才等手段发展地方经济，自然是必不可少的。然而，若要实现所谓的“弯道超车”，则似乎是不现实的。只有充分利用边境地区丰富多样的民族文化资源，培育具有地区特点、民族特点的特色产业，同时让边境地区各族民众适应并更好地参与市场经济发展，才能不断壮大民族文化产业，增强边境地区经济与社会发展的核心竞

争力，真正实现兴边富民的目标。[①] 统计显示，2015 年，云南省文化产业实现增加值为 425.05 亿元，全省文化产业增加值占 GDP 的比重为 3.12%。全省共有文化企业 19 721 家，从业人员有 24 万人，实现营业收入 900 亿元。全省共有规模以上文化企业 464 家，其中，制造业有 107 家、批发零售业有 120 家、服务业有 237 家，从业人员有 6.69 万人，实现营业收入 515.03 亿元，比上年增长 35.1%。其中，数量仅占全省文化企业总数约 2% 的规模以上文化企业，以 25% 左右的从业人员贡献了全产业近 60% 的产值。[②] 云南边境 16 个少数民族有着得天独厚的、丰富的、多样性的文化资源，在发展地方经济的同时不断增进边境地区各民族之间、地区之间、城乡之间的文化交流，增强不同社会群体之间的认识和了解，进一步提升边境地区的文化活力，无疑是兴旺边疆的一条重要路径。[③] 长塘村属于典型的农业经济区，傈僳族风情独特，拥有得天独厚的特色边境口岸，因此可以创新发展民族文化旅游产业。猴桥镇党委提出以胆扎、轮马、猴桥为中心发展民族文化旅游，以及以琅琊山探奇、地热开发、槟榔江沿线生态观光为一体的旅游休闲产业区，创新发展长塘村民族文化旅游产业，打造民族文化旅游产业品牌，推进农村劳动力经济结构由第一产业向第二、三产业转移，相信在不久的将来将会产生积极的效果。

三、“走出去、走回来”相结合

（一）实现边境农村人力资源的合理转移，保障农民工权益

如前所述，云南边境少数民族地区存在的大量闲置劳动力制约着边境地区经济的增长。因此，应该建立有效的制度，通过“基础文化＋专业技能”的有针对性的培训，将闲置劳动力向经济发展好的地区转移，以带动边境经济向多元化发展。大量边民的转移，不仅能给边民带来增收，而且边民带回的大量外界信息会刺激边境农村向城市化发展，逐渐缩小边境农村与城市的差距。当然，在此过程中，必须充分保障外出边民的权益，为他们提供一个良好的就业环境，充分发挥他们自身的才能，以便更有效的创收。近年来，云南省在这方面做了大量的工作，效果较为理想。为了保障农民工的权益，云南省发布了

① 吕俊彪，赵业：《“文化兴边”：兴边富民行动的另类选择》，《广西民族研究》2019 年第 1 期，第 115-120 页。

② 《文创前沿 • 云南省民族文化产业提升需求分析》，2018-08-16，http://sh.qihoo.com/pc/9192aa3274fbc8bde?cota=4&tj_url=so_rec&sign=360_e39369d1&refer_scene=so_1 [2018-11-19]。

③ 吕俊彪，赵业：《“文化兴边”：兴边富民行动的另类选择》，《广西民族研究》2019 年第 1 期，第 115-120 页。

《云南省人民政府关于解决农民工问题的实施意见》，该意见对解决农民工收入偏低和生产生活条件差的问题提出了具体的实施办法；还对保障农民工权益，解决拖欠农民工工资的问题，提高农民工工资水平，改善农民工生活条件等方面做出了规定；以及对“加强农民工就业服务、培训和劳动合同管理工作”“解决农民工社会保障问题”“为农民工提供平等的相关公共服务”“健全维护农民工权益的保障机制”等方面做出了具体的规定。此外，云南省还发布了《云南省农民工服务手册》《云南省农民工工资支付保障规定》等一系列保障农民工权益的规章。

（二）因地制宜，做好扶持边境民族经济发展及引导边民回乡创业的工作

国家应该更加注重边境少数民族的民生问题，增加对边境少数民族的资源投入和加大政策倾斜力度。除此之外，当地政府要因地制宜，一方面要建立有效的制度，尽量使边境大量闲置劳动力实现转移就业，即“走出去”；另一方面，鼓励年轻人回乡创业，积极引导边境农村发展特色经济，即“走回来”。例如，小坪寨村近几年的主要收入来源逐渐转向以外出务工收入为主，但长期依赖单一的打工收入并不能真正解决问题，诸如因此出现的空巢家庭、留守老人、留守儿童、养老问题等，这些问题若得不到很好的解决，则将会阻碍民生建设的进程。因此，当地政府要结合当地的自然地理等特殊情况，发展适宜的特色经济。据了解，从 2013 年开始，麻栗坡县猛硐瑶族乡积极指导农户开展甜脆玉米的种植，这一举措是一个好的开端。缺乏青壮劳动力是景洪磨憨镇尚勇村农业生产效率低下的主要原因之一，同时大量年轻人外流又造成农村出现空巢老人、留守儿童等多种社会问题。当地政府应提供优惠政策鼓励年轻人回乡就业、创业，尽量避免人才外流，为当地的经济发展注入新的活力。通过宣传教育改变农民固有的就业思路，引进新型农业发展模式，使其生产经营活起来。

四、鼓励、援助现有农村闲置劳动力，做好劳动就业培训，助推边民就地就业

对没有或丧失劳动能力的边民必须实行社会救助；对有能力、有进取心

的失业边民可以给予一定的信贷支持；长期处于失业状态的边民，出现情绪低落、家庭不和乃至离异的不在少数，他们常被看成是社会的包袱，是消极的社会不稳定因素。因此，倡导和鼓励自力更生、艰苦奋斗的精神不仅有利于从根本上鼓舞边民的生存斗志，还有利于形成良好的社会风气。

制约云南边境农村经济收入来源的主要因素在于村民职业技能的缺乏，很多职业无法胜任，外出务工也多是从事一些职业技能要求低的体力劳动，加之缺乏就业信息来源，导致他们在市场中缺乏竞争力，工作极不稳定，收入较低，且从事的工种单一。因此，政府需要进一步加强对现有农村闲置劳动力的职业技术培训，同时，及时发布相关就业信息助推边民就业。当前，政府相关部门对当地与就业相关的培训主要集中在较为基础的层面，部分村民的培训需求得不到满足，使其在就业方面的知识较为局限；政府提供的有助于改善当地村民生活条件的、职业多样性的、适应经济发展的培训少。例如，腾冲市猴桥镇长塘村外出务工人员较少，闲置劳动力相对较多，可以有针对性地对这部分闲置劳动力群体进行劳动技能培训，提高有劳动能力的贫困村民的就业能力，促进贫困人口稳定脱贫。对劳动者的技能培训需要在两方面特别注意：一方面是对农业劳动者的培训，应加强有关现代农业和农业科技方面的培训，提高他们的农业生产技能和运用现代化农业实用技术的能力；另一方面，还应该增加其他技能培训，培养出一批会其他技术的农民，可以在其他岗位立足，增加农民就业的可能性。

五、千方百计增加边民收入

依托小城镇建设、重点工程建设、产业建设，采取综合措施，广泛开辟边民增收渠道。例如，景洪市回鲁村的橡胶、茶叶等是该村重要的经济增长点，首先要着力培养高产稳产橡胶园，推进橡胶深加工，使橡胶生产规模化、产业化；其次要充分提高茶叶的综合生产能力，形成自己的品牌，提高茶叶附加值；最后还要引进适合生长的其他经济作物，如蔗糖、咖啡、果蔬等。要充分利用好发展现代农业和实施农业现代化的机遇，使经济作物给边民带来更多的收入。

第三节　医疗卫生改善的对策及建议

“病有所医”就是国家建立社会医疗保险制度和农村合作医疗保险制度，使广大群众能够享有初级医疗保障。国家在全国农村倡导建立“新农合”，偏远地区也不例外。云南边境少数民族地区在医疗卫生改善方面虽然取得了很大的成绩，但依然存在较多的问题：第一，医疗费用开支仍然很高。看病难和看病贵对于很多长期生病或重病患者来说依然是个严峻的问题，尤其是那些孤寡老人。第二，配套设施差，医生数量不足，以致村民生了病不能得到及时医治。第三，医疗筹资存在较大的困难。第四，村民对新医改的认识不全。比如，对补偿机制、报销程序和大病补偿，哪些药物是可以报销的、哪些药物是不可以报销，以及“新农合”政策等方面还不太清楚。第五，有些村民观念落后，对身体健康的关注程度低，不愿意投入过多资金，甚至还有一些求助于迷信和土方法，而不信任现代医疗技术的村民。第六，政府的制度支持力度不够大，农村医疗卫生治理制度还不完善，改革面临着巨大困难。

一、加强医疗救助

提供医疗救助服务的医疗卫生机构应当在规定范围内，按照本地合作医疗或者医疗保险用药目录、诊疗服务项目目录，为救助对象提供医疗服务。提供医疗救助服务的医疗卫生机构应当完善并落实各项诊疗规范和管理制度，保证服务质量，控制医疗费用，适当减免救助对象的诊疗费用及药品费用。

二、扩大农村医疗资源供给，加强医疗队伍建设

邱虹、杨宇的研究显示，云南省高等级综合医院集中在经济较发达的州（市）。目前云南省共有 6 所三级甲等综合医院、39 所二级甲等综合医院，其中，6 所三级甲等综合医院集中在 2 个市，14 个州（市）没有三级甲等综合医院；39 所二级甲等综合医院分布在 12 个州（市），4 个州（市）没有二级甲等综合医院。全省人均生产总值最高的昆明市有 5 所三级甲等综合医院、10 所二级甲等综合医院，分别占全省三级甲等综合医院总数的 83.3% 和二级甲等综合医院总数的 25.6%。乡镇卫生院建设滞后表现在两个方面。一是硬件建设

滞后。截至2011年7月，全国政府办乡镇卫生院建设达标率为61%，云南省1385所乡镇卫生院建设达标率为24.3%，仅约为全国平均水平的40%。二是人才建设滞后。《2011年中国卫生统计提要》的数据显示，2010年，我国农业人口乡镇卫生院床位和卫生人员平均是1.12张和1.30人；云南省农业人口乡镇卫生院床位和卫生人员平均是0.91张和0.37人，分别仅相当于全国平均水平的81%和28%。①

2011年，云南省16个州（市）只有5个州（市）每一千人口执业（助理）医师、注册护士数达到全省平均水平，这5个州（市）均是全省经济相对发达的地区，其中，全省人均生产总值最高的昆明市每一千人口执业（助理）医师、注册护士数分别为3.13人和2.63人，是全省平均水平的2.2倍与2.4倍、全国平均水平的1.75倍和1.73倍。②

农村医疗卫生改革是一个系统工程，云南边境农村的医疗卫生改革有许多问题亟待解决，其中，医疗资源的配置必须摆在首要位置来解决。以腾冲市长塘村为例，目前，医疗资源过分集中在保山市市区、腾冲市，长塘村的基本医疗条件不完善，农民一直存在看病难、看病贵的问题。要想改变此现状，就必须扩大农村医疗资源的供给。首先，可以借鉴发达国家在医疗建设方面取得的经验。其次，要引入人才或是把当地医疗人员外送培训。再次，要对边疆民族地区医疗人员给予相应的优惠政策。可以在现有条件和资源的基础上借鉴优秀经验，根据长塘村的基本情况开展改革和试点工作，把更多的人才、技术引向长塘村。此外，当地政府应加大对县乡两级医疗机构基础设施建设、乡镇卫生院医疗设备规范化建设，以及村卫生室规范化建设的投入，改变基层医疗机构建设滞后的现状。最后，加大“新农合”的宣传力度，让更多的村民透彻了解“新农合”政策，主动积极参与“新农合”，以增强医疗卫生保障。

三、建立多渠道公共卫生服务筹资机制

基本医疗卫生服务的资金来源不能只依靠一种筹资方式，如只依靠政府财政支持，或者只依靠社会保险的筹集。因为基本医疗卫生服务面对的是庞大的群体，需要的资金投入很大，只依靠一方会是很大的压力，并且会阻碍基本

① 邱虹，杨宇：《基本公共卫生服务均等化的问题及对策——对云南省公共卫生服务系统的调查与分析》，《财政研究》2012年第5期，第48-53页。

② 张曙晖：《实现基本公共服务均等化》，昆明：云南人民出版社，2015年，第122页。

医疗卫生服务的发展，所以需要多元化的筹资方式。对于财政不足的问题，可建立引入社会资本，以市、区两级政府预算为基础的多渠道公共卫生服务筹资机制。

四、充分利用电脑及网络，简化医疗报销手续

云南边境农村地区的村民，大部分受教育水平低，在住院报销时会遇到不少难题。比如，报销时必须携带身份证、门诊证明、医保卡、处方单、病历本等，仅是整理这些证明材料就可以将村民弄得头昏脑涨。因此，应该简化医疗报销手续，如可以直接由医院建立病患人员信息库，从挂号开始，全部采用电脑操作与纸质操作相结合的方式，建立统一的病患人员信息。只要提供身份证，病人在哪里就过医、患过什么病、接受过哪些治疗等信息都会统一显示，到报销机构可以凭身份证、医保卡直接报销，这样既可简化报销的手续，又可减轻医患双方的负担。①

五、降低药品价格，严格控制管理

看病难、看病贵的另外一个原因在于较高的医疗费用，只要医疗费用不降，即使再高的补偿比例都无济于事。而医疗费用的核心在于药价，药品属于刚性需求的消费品，不愁卖、不愁销，人人都会生病，无论大病小病，只要生病就要用药。在这样一种状态下，国家要以立法的形式规定常见病的用药品种及指导价格。对于常见病，无论是急性的还是慢性的，国家可以以立法的形式规定其用药范围、品种及价格。医生在为病人治疗时所选的药物只能是规定内的药物，对违规、违法操作的医生，按照规定进行处罚。而对于新药，国家要加大审查力度，对其生产成本及销售价格要进行排查，对于生产成本低，销售价格又高，牟取暴利的厂商要以罚款、关闭等方式进行处罚，不能任由其漫天要价，赚取黑心钱。①

六、建立评估与督导体系

加强对医疗卫生服务机构的监督，建立绩效考评机制，对提供医疗卫生

① 董磊磊：《边境民族社区民生问题研究——以云南省文山县小街镇者底村为例》，云南师范大学硕士学位论文，2013 年。

服务的单位实行服务质量的等级考评；对医疗卫生服务人员实行激励与惩罚相结合的机制。以公告服务的成本为测算基点，根据人数和服务项目确定支出标准。建立可量化的服务指标及考核标准，做到专款专拨，实现资金使用和服务工作之间的合理衔接。

对违反医疗卫生服务规定的单位和个人实行问责制，尤其是财政支出的部分，更需要政府及人民的监督，包括对医疗卫生服务机构的内部进行监督。公共卫生服务的财政投入关系到很多部门和工作人员的工作，实行问责制与干部选拔、任用激励机制相结合的方式，能保证公共卫生财政的专款专用。建立透明化的财政支出和信息公示制度，能够使人民大众充分行使其监督权，推动基本医疗卫生服务均等化。

第四节　养老保障改善的对策及建议

云南边境少数民族地区的养老保障存在的主要问题表现在六个方面。第一，对“新农保”的宣传力度不够。边境农村地理位置比较偏僻，信息传递技术手段不够成熟，这就造成了当地人对“新农保”这一政策的了解程度比较低。第二，参保率有了提高，但仍然较低。参保率低的原因有很多，如宣传力度不够；当地政府在“新农保”政策推行中遇到了难以解决的问题，或是当地人因为“新农保”也要缴纳一定的费用而不想参加；“养儿防老”的思想在边境地区农村仍然盛行；一些政策措施存在落实不到位的问题，在一定程度上阻碍了“新农保”政策的实施；养老金不能完全满足老人的日常开销，这也是当地人不愿参加养老保险的原因；此外，当地人对预期寿命的估计过低也是参保率低的一个重要原因，领取养老金的时间、地点的限制也是原因之一，这些也会降低参保率。第三，保障水平低。大多数边境村民选择的保费是最低档的每年100元，很难发挥养老保险的作用。第四，老年人口贫困严重，保障率偏低。第五，老年组织、协会少。第六，当地人大多是以家庭养老为主，养老保险次之，依然沿用着传统的养老方式。

上述问题我们可以从怒江州福贡县匹河怒族乡托坪村五湖小组收集到的资料及与村民的访谈中可见一斑。

在五湖小组的109人中，2011—2013年除了2名残疾人不用缴纳养老保险费之外，只有56人登记在册。2011年，有56人缴纳了最低档次的100元养老保险费；2012年，有48人缴纳了最低档次的100元养老保险费，其中有8人未交；2013年，除了2人死亡外，56人中有15人未缴纳养老保险费，其余都缴纳了最低档次的100元养老保险费。

下面是与斯姓村民的访谈情况。

问：贵村的养老方式是什么？

斯××：由小儿子养老。

问：您觉得这种养老方式有什么好处？

斯××：这样固定由小儿子养老，子女之间就不会推来推去，对老人来说还是可以的，但就是小儿子的压力会比较大。

问：贵村有老年人的娱乐设施吗？老年人的娱乐活动有些什么？

斯××：没有，老年人一般都是待在自己的家里，都不怎么出去，信教的会唱唱歌。

问：贵村有敬老院吗？

斯××：没有，子里甲乡有一个敬老院，从四河到那里只需要半小时，我们村的老人也可以去那里的。

问：那您了解那里的情况吗？比如，敬老院里有多少老人？进入敬老院要什么条件？那里生活环境怎么样？

斯××：有多少老人就不清楚了，一般无依无靠、很贫困的老人都可以去吧。听他们说那里的老人生活得挺好，还可以种种菜，做点手工活等。

问：那还真的挺不错的，种菜和做手工活还可以活动筋骨。贵村60岁以上的老人领取的基础养老金是多少？

斯××：老人好像是3个月领一次，一人190元。

问：您觉得农村养老保险政策怎么样？

斯××：挺好的，老了以后生活上也有保障。

问：您认为“新农保”政策存在哪些问题？对此您有什么样的意见和建议？

斯××：就希望可以更多地针对每个家庭的具体情况，在缴费标准和养老金领取上能有些不同，对有残疾人、贫困的家庭要多了解，多帮助，少缴点儿费用，多领点儿养老金。还有就是养老金比较少，如果养老金能随着物价涨一点儿就更好了，即使要我们多缴点儿费用也是可以的。

问：您家现在的养老负担重不重？您担心自己以后的养老问题吗？

斯××：现在感觉还好，孩子也小，公公婆婆也还都能干活，不需要我们负担多少，但是以后孩子大了，公公婆婆年纪大了，我们的经济来源又少，到时候压力会很大，特别是我公公，太爱喝酒了，还经常酒精中毒，现在还只有50多岁，六七十岁的时候怕身体会更糟糕了。

问：那您担不担心自己以后的养老问题？

斯××：这要看孩子以后孝不孝顺了。未来的事也不怎么去想，最希望的就是老公更成熟些，小孩未来更懂事点儿。

一、加大宣传力度，使“新农保”深入人心

边境村寨信息沟通相对不便，村民受教育程度普遍较低。因此，做好“新农保”宣传工作必须要适应当地情况，最基础的工作就是要用当地人听得懂、喜闻乐见的方式做好“新农保”政策的宣传工作。采取的宣传方式可以多种多样，如组织乡村干部工作人员或大学生逐户讲解“新农保”政策，充分利用互联网、广播、电视等现代化多媒体手段宣讲“新农保”政策的优越性，等等。

二、综合解决老年人的养老问题

老年人的照料需求已成为一大社会问题，要想解决这一问题，需做好以下三方面的工作。

一是要完善养老制度，贯彻落实好国家的养老政策。同时，应该帮助老年人建立老年文娱中心，促进老年人之间的沟通交流，减轻老年人的孤独感，从精神上给予老年人安慰。

二是对于有条件的乡村，应该以村为单位建立养老院、敬老院，鼓励留守老人走进养老院、敬老院。国家和地方必须相互配合、支持，先解决老人缺乏生活照料的问题；而对于有条件，不想送老人进养老院或敬老院的家庭，要积极动员。

三是针对目前突出的农村“空巢老人”现象，政府应鼓励农民工回乡就业创业，以便解决老年人赡养的问题。政府要做好当地养老服务观念的宣传工作，制定地方养老制度，鼓励村民积极发展当地养老事业，做到服务人员、服务设施、服务质量的优化，缓解当地的养老困境。

三、多渠道提供养老物质支撑

鉴于目前当地的实际情况，将养老义务全部交给政府承担是难以实现的，也有违我国传统的家庭伦理道德规范，政府也没有足够的实力承担当地的养老义务与负担。然而在现有的条件下，想在短时间内改变当地的收入现状也十分困难。因此必须在现有条件下多渠道提供养老物质支撑，如可以通过土地保障、养老金、子女补贴三者相结合的方式构建多渠道的养老物质支撑。第一，加快土地流转，以土地换保障，将老人手里的土地以承包、租赁等方式流转到有需求者手中，根据流转合同，老人获得一定经济和实物补偿，这样既可以让土地资源得到合理利用，老人也可获得一份生活保障；第二，加大政策宣传力度，深入开展农村养老保险工作；第三，监督子女履行养老义务，保证养老水平，村委会在这方面是可以有所作为的，平时应该多走访、多了解，对于因家庭养老产生的各种纠纷，要及时解决。[①]

第五节　住房保障改善的对策及建议

“改革开放以来，我国农村发生了历史性的变化，农村有了很大发展，农民的生活水平有了很大的提高，农村建房热持续升温，农村面貌、农民的居住条件得到明显改善。建房是农村居民的第一需求。逐渐富裕起来的农民在住房消费方面的支出也不断增大。居住质量、居住条件改善在农村居民提高生活消费水平的目标中始终占有重要地位。目前农民住房正逐步向楼层更高、面积更大的方面发展，少数富裕户的住房已向别墅发展。”[②] 毋庸置疑，这是全国各

① 董磊磊：《边境民族社区民生问题研究——以云南省文山县小街镇者底村为例》，云南师范大学硕士学位论文，2013 年。

② 孙学玉等：《当代中国民生问题研究》，北京：人民出版社，2010 年，第 191 页。

地农村住房发展的普遍趋势，云南边境少数民族地区也出现了这样的发展趋势，然而，相较全国普遍趋势而言，云南边境少数民族地区的住房尚存在诸多问题。第一，大部分住房仍以土木结构为主，居住条件仍需进一步改善。第二，在政府扶助力度方面，文件规定与实际落实相差较大，建筑材料或其他补贴材料没有及时到位。对于农村住房问题，国家以及云南省各级政府都给予了高度重视，出台了各种有关住房的政策，如住房拆迁补贴政策、自建住房补贴政策、宅基地相关管理政策等，但在执行中存在种种问题，且没有得到彻底解决。第三，住房补助没有体现出足够的差异性，因而对于一些极度贫困的家庭，即使他们得到了政府的部分补助，但仍旧无法承担由自己负担的那一部分。第四，盖房资金来源主要为银行贷款，其次为自己存款、亲友借钱、政府资助等。云南边境农村地处中国边疆，地缘上的遥远和地理生态资源的特殊性使得国家在开发利用边疆民族地区资源时，需要负担更多的社会资本。经济发展的鲜明差异使边疆民族缺失了应有的社会机会，因此，云南边境地区的经济发展阻碍重重。边境农民经济收入微薄，扣除生活支出外，剩余的钱不多，这就直接导致不能一次性支付盖房资金的农民，只能通过政府提供的贷款渠道来建房。第五，云南边境少数民族聚居的地方很多村寨的住房仍为干栏式建筑。例如，基诺族住房一般为干栏式竹楼，尽管竹楼是基诺族的传统居住方式，但随着社会的变迁，他们需要更加适宜的居住条件以满足其生存生活需要；滇西北怒族等民族还有很多家庭的住房依然是几十年前的老房子或仍居住在由田茅草、木楞组成的房子中，居住条件有待改善。第六，公共基础设施落后，生活环境差。

一、政府补助建房不能"一刀切"

云南边境农村住房改造主要有危旧房改造、地震安居工程等。地震安居工程是为《云南省农村民居地震安全工程项目管理办法》所确定的补助区域范围的农户实施的农村民居地震安全工程，重点补助农村特困户和低收入贫困户。

进行农村危旧房改造时，应坚决禁止出现"一刀切"现象，确保公平、公开、公正。建议政府帮助农民进行危旧房改造时，一要根据农户的家庭人数考虑其实际需要；二要结合农民的经济实力充分考虑农民的自筹能力和承受能力；三要对确实存在困难的低保户、五保户、残疾人等弱势群体给予特殊对待，以安全、经济、实用为原则，为这部分人数少、无力自建的特殊群体联合建成连体户型。这样既可降低人均帮扶成本，又可以集中安置这些鳏寡孤独的特殊群体；既方便他们相互照应，又便于他们共情。①

二、提供建房贷款，放宽贷款限制

对于改善住房条件的贷款，各大银行及农村信用合作社等金融机构，应该减少贷款限制，降低贷款利息，以帮助村民改善居住条件。银行等金融机构可以把钱投资到农村地区，帮助农民解决住房问题，这样做既可以帮助银行盈利，又可以改善农村地区的住房条件。而发放贷款可以以小额贷款为主，还款利息可以适当降低，还款年限可以适当延长。农民本身就有土地作为保障，贷款额度也不大，不会形成“呆账”“烂账”，而建房又是为了满足自身的家庭居住需求，更不会形成“泡沫”。农民可以集体为单位进行贷款，也可以个人为单位进行贷款。而银行等金融机构，可以与集体或者农民个人合作，农民要获得贷款必须到贷款机构开设账户，存钱取钱，这样也有利银行等金融机构回收资金。②

三、改善公共基础设施，推进个人与政府合作

对于公共基础设施落后的问题，可以采取个人与政府合作的方式，个人出力、政府出资，改善公共基础设施。这样，政府可以减少一部分投入，而个人也不需要因为资金问题而头疼。同时，也要制定规范，主要交通路口及房屋等周围不允许堆放牛、马以及家禽粪便，每家每户都应该自建一个粪便处理池，这样既可以防止粪便、粪水污染生活环境，还可以堆放生活垃圾。如果发现有人乱堆、乱放、乱扔垃圾，村委会要出面制止，对其进行批评教育。还可以利用现有条件，大力推广家庭沼气建设，这样既可以充分利用家畜粪便，又可以给家庭提供生活所需的燃料。②

① 王俊程，胡红霞：《边境民族地区新农村建设持续推动机制研究——基于滇东南的实地考察》，北京：人民出版社，2012 年，第 141 页。

② 董磊磊：《边境民族社区民生问题研究——以云南省文山县小街镇者底村为例》，云南师范大学硕士学位论文，2013 年。

四、优化农村住房结构布局，加强规划指导

乡政府、村委会要主动承担本区域内农民建房的指导和协调工作。农民住房问题，始终是农民世世代代生存和发展的重要问题。改善农村住房条件，一要优化村落布局、促进人口集聚和土地节约利用；二要优化住房结构布局，房屋结构要与当前农民建房实际需求相结合，要充分尊重和体现广大农民的意愿，在此基础上最大限度地做到科学规划；三要加强宅基地规划和管理，向农民免费提供经济、安全、适用，节地、节能、节材的住宅设计图样。这样一来，既便于村内基础设施的建设管理，又便于村民改善居住条件，节约成本。①

① 董磊磊：《边境民族社区民生问题研究——以云南省文山县小街镇者底村为例》，云南师范大学硕士学位论文，2013年。

附　录

附录一　云南边境少数民族民生改善调查问卷

亲爱的朋友：

您好！

为了全面了解近几年来云南边境少数民族在收入、教育、就业、医疗、养老、住房、社会环境、生态环境等方面的民生改善状况，我们通过科学的抽样方式选中了您家作为调查对象，您的合作将对云南边境少数民族的民生建设具有重要的意义。请根据您的实际情况和真实想法进行填写，您的回答只用于统计分析，我们会严格遵守保密原则，保证不会用于其他用途，请您放心。真诚感谢您的支持与合作！

云南师范大学　云南边境少数民族民生改善的问题与对策研究课题组

年　月

问卷编号："县"声母+"村小组"声母+001开始。(　　　　　　　)

调查地点：_____县______乡（镇）_____村委会____小组

调查时间：_______年______月______日

您的姓名：________手机号码：___________________。

填答说明：请在符合您情况的选项后面画√，或者在画横线的地方及有关表格中填入相关信息。

一、基本情况

A1. 您的性别？（单选）

①男 ②女

A2. 您的年龄？________岁

A3. 您的户口类型？（单选）

①农业户口 ②非农户口

A4. 您的文化程度？（单选）

①没接受任何教育 ②扫盲班 ③小学 ④初中 ⑤高中
⑥中专、技校或职高 ⑦大学专科 ⑧大学本科
⑨硕士研究生 ⑩博士研究生

A5. 您的政治面貌？（单选）

①共产党员 ②民主党派 ③团员 ④普通群众

A6. 您目前是否担任村内职务？（单选）

①未担任任何职务 ②村小组长 ③村支部书记 ④村支部成员
⑤其他（请注明）__________

A7. 您的婚姻状况？（单选）

①已婚 ②单身 ③丧偶 ④离异

A8. 您的民族？（请在符合您情况的选项下画√）

汉族	傈僳族	傣族	彝族	景颇族	阿昌族	德昂族
哈尼族	苗族	壮族	拉祜族	怒族	瑶族	独龙族
佤族	布朗族	布依族	基诺族	藏族	纳西族	白族
普米族	水族	蒙古族	满族			

二、家庭情况

B1. 您家有几口人？（单选）

①1 人　②2 人　③3 人　④4 人　⑤5 人

⑥其他（请注明）__________人

B2. 您家有没有残疾人？（单选）

①有　②没有

B3. 您家长期生病人员有几个？（单选）

①没有　②1 个　③2 个及以上

三、收入情况

C1. 您家_____年的收入情况。

项目	收入（元）
种植业	
养殖业	
本地做生意	
本地建筑业	
外出务工	
运输业	
固定工资	
其他	
总计	

C2. 您觉得您家一年多少收入会让您感觉满意？______元

C3. 您家______年的家庭支出情况。

医疗支出	元	人情往来支出	元
教育支出	元	交通、通信支出	元
投资生意支出	元	建房、维修房屋支出	元
农业生产支出	元	自家婚丧嫁娶支出	元
宗教祭祀活动支出	元	其他支出	元
吃饭、水电气等支出	元	总支出	元
服装支出	元		

C4. 您对家里一年收入开支情况的满意度？（单选）

①无法承担支出，生活负担重，不满意
②略有结余，勉勉强强过日子，一般
③可以承担支出，比较满意　④生活越过越好，很满意
⑤其他（请注明）__________

C5. 您认为制约家庭收入的主要困难有哪些方面？（可多选）

①缺少致富项目　②工作难找，钱难挣
③缺少生产技术与资金　④信息来源少
⑤自己学历低，不好找工作　⑥自然环境条件的限制
⑦其他（请注明）________

C6. 当您的收入状况有明显改善后，您最想做的是什么？（可多选，不得超过三项）

①盖房子　②用于投资做生意　③扩大生产规模，赚更多的钱
④买车　⑤旅游　⑥存到银行　⑦用于孩子的教育
⑧其他（请注明）__________

C7. 您现在是否有向亲友或者银行借款？（单选）

①有　②没有（跳过 C7a ~ C7b）

C7a. 您欠款的主要原因？（单选）

①看病　②婚丧花费　③建房　④做生意
⑤发展农业　⑥遭受自然灾害　⑦孩子读书
⑧其他（请注明）__________

C7b. 您打算多久还清欠款？（单选）

①不打算还　② 1～3 年　③ 4～6 年
④什么时候有，什么时候还　⑤不知道

C8. 家庭耐用消费品情况（请在符合您情况的选项下画 √）

物品名称	没有	一台（个 / 辆）	两台（个 / 辆）及以上
电视机			
VCD/DVD（影碟机）			
数码相机			
洗衣机			

续表

物品名称	没有	一台（个 / 辆）	两台（个 / 辆）及以上
电风扇			
电饭煲			
冰箱			
座机电话			
手机			
空调			
自行车			
摩托车			
拖拉机			
面包车			
皮卡			
大货车			
挖掘机			
小轿车			
耕田机			

C9. 您家有没有开通有线电视？（单选）

①开通了　②没开通　③村村通

四、教育情况

D1. 您家 18 周岁及以下的小孩有几个？（单选）

①没有　② 1 个　③ 2 个　④ 3 个及以上

D2. 您家正在读书的小孩有几个？（单选）

①没有（跳过 D2a ～ D2i）　②一个　③ 2 个　④ 3 个及以上

D2a. 家里对孩子的教育费用负担情况？（单选）

①负担很重，需要借款读书　②能支付，但占家里收入的比例大
③能支付，占家里收入比例小

D2b. 其中正在接受九年义务教育的小孩有几个？（单选）

①没有（跳过 D2c）　②一个　③ 2 个　④ 3 个及以上

D2c. 小学生、初中生教育费用主要有哪些？（可多选，不得超过三项）

①住宿费　②课外辅导费　③作业本费　④伙食费
⑤交通费　⑥资料费　⑦其他（请注明）__________

D2d. 其中正在接受高中教育的小孩有几个？（单选）

①没有（跳过 D2e）　② 1 个　③ 2 个　④ 3 个及以上

D2e. 高中生的教育费用主要有哪些？（可多选，不得超过三项）

①学费　②择校费　③住宿费　④课外辅导费　⑤交通费
⑥伙食费　⑦资料费　⑧其他（请注明）__________

D2f. 其中正在接受大学教育的小孩有几个？（单选）

①没有（跳过 D2g）　② 1 个　③ 2 个　④ 3 个及以上

D2g. 大学生的教育费用主要有哪些？（可多选）

①学费　②住宿费　③生活费　④学习资料费
⑤其他（请注明）________

D2h. 您希望您的孩子读到什么时候？（单选）

①识字就行　②初中　③高中　④大学　⑤读到哪里算哪里

D2i. 您希望您的小孩以后从事什么工作？（可多选，不得超过三项）

①农民　②建筑工　③司机　④公务员　⑤老师　⑥医生
⑦做生意　⑧随便，只要不当农民就行　⑨其他（请注明）_______

D3. 您家有没有辍学的小孩？（单选）

①有　②没有（跳过 D3a～D3b）

D3a. 什么时候辍学的？（单选）

①小学　②初中　③高中

D3b. 辍学的原因是什么？（单选）

①小孩自己不想读　②没有钱，供养不起
③读书无用，不如早点出去打工　④其他（请注明）__________

D4. 您对目前义务教育的综合评价是？（单选）

①满意　②比较满意　③不满意　④不清楚

五、就业情况

E1. 您或您的家人是否接受过相关技能培训？（单选）

①有　②没有（跳过 E1a～E1b）

E1a. 接受何种技能培训？（可多选）

①农业种植方面的培训　②养殖方面的培训

③建筑、装潢、修理等方面的专业技能培训

④其他（请注明）__________

E1b. 您或您的家人接受的培训是免费的还是自费的？（单选）

①政府组织，免费的　②培训机构，自费培训

E2. 您或您的家人是否愿意外出务工？（单选）

①愿意　②不愿意

E3. 您家是否有人在外务工？（单选）

①有　②没有（跳过 E3a～E3f）

E3a. 您家有几个人在外务工？（单选）

① 1 人　② 2 人　③ 3 人　④ 4 人　⑤ 5 人

E3b. 外出务工从事何种行业？（可多选）

①农业、林业、牧业、渔业　②采矿业　③制造业　④建筑业

⑤餐饮、住宿业　⑥交通运输业　⑦保安　⑧保姆

⑨送水送货　⑩经营小买卖　⑪ 其他（请注明）__________

E3c. 外出务工的时间有多长？（单选）

① 1～3 个月　② 4～6 个月　③ 7～12 个月　④常年外出务工

E3d. 外出务工在哪里？（单选）

①大城市（省会城市、直辖市）②中小城市　③县城　④乡镇或就近

E3e. 外出务工对减轻家庭生活负担的作用？（单选）

①是主要的收入来源　②较大地减轻了家庭生活的负担

③有一定的帮补作用　④只够自己生活

E3f. 您家小孩目前在哪里抚养和接受教育？（单选）

①在务工所在地抚养和教育

②交给家里的老人照看

③委托亲戚照看　④辍学在家　⑤其他（请注明）________

六、医疗状况

F1. 您和您的家人是否全部参加了新型农村合作医疗？（单选）

①是（跳过 F1a～F1b）　②不是

F1a. 有几人没有参加？（单选）

①1 人　②2 人　③3 人　④4 人　⑤5 人

F1b. 没有参加的原因是什么？（单选）

①从没听说过　②自己身体健康，没有必要参加合作医疗

③报销比例太低　④不划算　⑤其他（请注明）________

F2. 您是否能负担现在的医疗费用？（单选）

①能　②勉强能　③完全不能

F3. 您觉得新型农村合作医疗达到什么程度才合理？（单选）

①政府全部承担　②目前的水平挺好　③不知道

F4. 您家人生病时一般选择什么样的治疗方式？（单选）

①请法师给病人做法事　②到医院治疗

③先到医院，治不好再请法师给病人做法事

④先给病人做法事，治不好再到医院治疗

F5. 您觉得现在看病方便吗？（单选）

①很方便　②比较方便　③不方便

F6. 您对目前的医疗条件满不满意？（单选）

①很满意（跳过 F6a）　②比较满意　③不满意　④很不满意

F6a. 您觉得医疗条件方面存在的主要问题是？（可多选）

①离看病的地方太远　②医疗设备及药品缺乏

③医疗人员技术水平差　④服务人员态度差

⑤医疗卫生环境差　⑥其他（请注明）________

F7. 您觉得新型农村合作医疗是否减轻了您的负担？（单选）

①减轻很多　②减轻不多　③没有减轻

F8. 您在参加新型农村合作医疗中感受到最突出的问题是什么？（可多选）

①对新型农村合作医疗政策不清楚
②报销比例低　③就医程序不够方便
④对医疗机构不信任　⑤没问题　⑥其他（请注明）________

七、养老状况

G1. 您对新型农村社会养老保险政策的了解程度？（单选）

①很了解　②比较了解　③了解一点　④不了解（跳过 G1a）

G1a. 如果了解，您是通过何种渠道了解新型农村社会养老保险政策的？（可多选）

①电视　②网络　③村干部宣传
④亲人朋友讲解　⑤其他（请注明）__________

G2. 您家 60 周岁及以上的老人有几人？（单选）

①没有（跳过 G2a～G2d）②1 人　③2 人　④3 人及以上

G2a. 您家的老人是否正在享受新型农村社会养老保险？（单选）

①正在享受　②没有享受（跳过 G2b）

G2b. 您家中老人每月领取的养老金是否能满足他的日常开销？（单选）

①完全能满足　②刚好能满足　③不能满足

G2c. 您家供养老人一个月要支出多少钱？（单选）

①不用供养　② 100～500 元　③ 501～1000 元　④ 1000 元以上

G2d. 您家是否能够承担养老义务？（单选）

①完全能负担　②勉强能负担　③不能负担，压力很大

G3. 您家 16 周岁以上交了新型农村社会养老保险费的有几人？（单选）

①都参加了（跳过 G3a）②都没有参加（跳过 G3b～G3c）
③1 人　④2 人　⑤3 人　⑥4 人　⑦5 人

G3a. 您或您的家人没有参加新型农村社会养老保险的原因是？（可多选）

①生活困难无力支付参保费 ②不知道有这项政策
③有子女赡养无需参保 ④基础养老金太低，起不到作用
⑤不信任 ⑥家里没有老人 ⑦其他（请注明）__________

G3b. 您家每个参保人的投保金额是多少？（单选）

① 100 元 ② 200 元 ③ 300 元 ④ 400 元
⑤ 500 元 ⑥ 600 元及以上

G3c. 您或您的家人参加新型农村社会养老保险的原因是什么？（可多选）

①政府的大力宣传 ②为自己的养老准备一份保障
③亲人朋友的建议 ④看别人都参加 ⑤其他（请注明）__________

G4. 您希望将来养老的主要方式是？（单选）

①依靠子女 ②依靠自身 ③依靠养老保险 ④不知道

G5. 您对政府推行新型农村社会养老保险政策的看法？（单选）

①解决了农民养老问题 ②在一定程度上缓解了养老压力，但仍需完善
③没有实质性的效果 ④不清楚

八、住房状况

H1. 您家近 10 年来是否盖过新房？（单选）

①是 ②没有（跳过 H1a～H1d）

H1a. 您家盖新房的主要原因是什么？（单选）

①房屋拆迁 ②搬家 ③改善居住条件 ④结婚娶媳妇
⑤政府有补贴 ⑥分家，没有房子住 ⑦其他（请注明）__________

H1b. 您家盖房是否得到过任何形式的政府资助？（单选）

①有 ②没有（跳过 H1c）

H1c. 资助方式是什么？（可多选）

①现金补助 ②提供免息或低息贷款 ③提供建筑材料
④免费建房 ⑤其他（请注明）__________

H1d. 您家盖房的资金主要来源于？（可多选）

①自己存款 ②向亲友借钱 ③银行贷款 ④政府资助

H2. 您家的房屋类型？（单选）

①土木结构 ②砖混结构 ③混凝土楼房 ④其他（请注明）______

H3. 您家的居住面积一共有多少？（单选）

① 50 平方米以下 ② 50～100 平方米

③ 101～200 平方米 ④ 200 平方米以上

H4. 您对您的住房情况是否满意？（单选）

①满意 ②一般 ③不满意 ④很不满意

H5. 未来五年您家是否打算盖新房？（单选）

①打算 ②不打算 ③没想过

H6. 城镇和农村，您更愿意在哪里居住？（单选）

①城市 ②农村 ③随便，在哪住都一样

九、社会环境

I1. 您对下列情况满意吗？（请在符合您情况的选项下画 √）

项目	很满意	比较满意	一般	不太满意	很不满意
社会治安					
邻里关系					
干部工作					
干部选举					
集体活动					

I2. 您平时的人际交往情况？（请在符合您情况的选项下画 √）

项目	从不	偶尔	经常
您平时是否与周围的人打麻将、玩扑克？			
您平时是否串门聊天？			
您平时是否参加红白喜事？			
您平时是否参加亲朋聚会？			

I3. 在您居住的村子，村民生活中是否有过冲突？（单选）

①从来没有（跳过 I3a） ②偶尔发生冲突 ③经常发生冲突

I3a. 发生冲突的原因有哪些？（可多选）

①土地纠纷 ②流言是非 ③家庭内部纠纷 ④小孩打架斗殴
⑤赌博输钱 ⑥村干部处事不公 ⑦其他（请注明）__________

I4. 相比以前，您觉得现代社会的人好相处吗？（单选）

①和以前一样 ②相比以前，更好相处 ③相比以前，更难相处

I5. 相比以前，您觉得您的生活压力变大了还是变小了？（单选）

①一样，没什么变化 ②相比以前，生活压力越来越大
③相比以前，生活压力越来越小

十、生态环境

J1. 您觉得下列情况属实吗？（请在符合您情况的选项下画 √）

项目	是的	不是的
1. 村里的自然环境越来越好了		
2. 自然环境变差的主要原因在于政府没有管理好		
3. 治理环境问题需要大家一起努力		
4. 我愿意为改善自然环境参加义务劳动		

J2. 以下哪些污染对您的生活质量影响比较明显？（可多选）

①道路上乱堆乱放的垃圾 ②空气污染 ③水污染
④噪声污染 ⑤农药化肥污染 ⑥其他（请注明）__________

J3. 目前，您觉得所遭受的环境污染对您的健康危害大吗？（单选）

①危害非常大 ②危害比较大 ③危害不大
④不知道 ⑤没有遭受环境污染

J4. 您觉得当地政府在环境保护方面的工作做得如何？（单选）

①很好 ②比较好 ③一般 ④比较差 ⑤很差

J5. 总体而言，您对您所在地方的生态环境评价如何？（单选）

①非常好 ②比较好 ③一般 ④比较差 ⑤非常差

J6. 平常您是否会注意节约用水、用电？（单选）

①很注意 ②有时会注意 ③从来都不注意

J7. 您平时购物通常使用什么装东西？（单选）

①塑料袋 ②背篓 ③布袋 ④很随意

附录二　访谈提纲

一、宏观情况

1. 您觉得在民生改善方面（如教育、收入、医疗、养老、住房、贫困、安全、环境等）主要存在什么问题？您觉得应该怎么进一步改善？

2. 政府为了增加农民收入，出台了很多支农惠农政策，您家享受了哪些支农惠农政策（如种粮农民农资综合补贴，水稻、玉米、小麦、油菜等良种补贴，母猪补贴，奶牛良种补贴，母猪保险费补贴，奶牛保险费补贴，农机购置补贴等）？补贴的方式和标准是什么？您希望还有哪些地方得到改进？

3. 您觉得我国政府与邻国政府在改善老百姓生活方面采取的措施有什么区别？您有什么建议？

4. 贵村人平时的主要娱乐方式有哪些？有什么主要的民俗活动和节日？你觉得这些活动有没有意思？

二、教育情况（“学有所教”）

1. 贵村的“两免一补”教育政策实施情况怎样？

2. 贵村有没有幼儿园？

3. 您家（村）有没有到境外读书的孩子？如果有，那么到境外读书的原因是什么？现在在读哪年级？境外教学的效果怎么样？

4. 您家（村）有几名在读大学生？在哪所大学？学什么专业？村里有没有对他们进行一些资助？家庭能否供得起？有没有毕业的大学生？就业情况怎样？

5. 您觉得我们国家的教育政策好吗？您家的小孩是否准备继续读书？

6. 您孩子有没有接受双语教育？您觉得有什么好处？

7. 您认为农村义务教育主要存在哪些问题？为了更好地推进农村义务教育的发展，您有什么意见和建议？

三、收入、就业情况（“劳有所得”）

1. 您家（村）收入来源情况如何？主要依靠什么获得收入？

2. 您家（村）主要种植什么农作物？产量如何？收入如何？

3. 您觉得在增加收入方面政府应该做什么？

4. 您家（村）有外出务工人员吗？如果有，是长期务工还是短期务工？都到哪些地方务工？

5. 您家（村）是通过什么渠道外出务工的？为何要外出务工？

四、医疗状况（“病有所医”）

1. 您家（村）是否有人免交参加新型农村合作医疗需要缴纳的费用（简称“参合费”）（边境政策）？

2. 您知道本来应该交多少参合费吗？贵村的参合率是多少？有没有自己民族的医药品牌（如三七、傣族医药、彝族医药、藏族医药）？

3. 在新型农村合作医疗中，中央财政对参合农民的补助标准每人每年多少钱？云南省地方财政补助多少钱？农民缴纳参合费多少钱（或者由于边境的特殊政策不必缴纳）？

4. 住院农民每年可报销的比例为________%。在门诊看病能否在统筹基金中给予减免？村卫生室每次减免门诊总额的______%，乡镇卫生院每次减免门诊总额的______%，每人每年门诊统筹基金补助封顶为_____元。在乡镇卫生院住院起付线是_______元，补助比例为_______%；县级医院起付线是______元，补助比例为_______%；州级医院起付线是______元，补助比例为______%；省级以上医院起付线是________元，补助比例为______%。

5. 您觉得目前的新型农村合作医疗政策好吗？有没有减轻看病负担？

6. 您觉得目前的新型农村合作医疗还有哪些地方存在问题？还有哪些不便？

7. 有重病的人参加新型农村合作医疗前后医疗费用支出的情况是否有变化？

五、养老状况（“老有所养”）

1. 贵村的传统养老方法，如由小儿子养老，有什么好处？

2. 贵村有老年人的娱乐设施吗？老年人的娱乐活动有些什么？

3. 贵村有敬老院吗？在敬老院的老人有多少？进入敬老院的条件是什么？老人们在敬老院生活得怎样？

4. 贵村 60 周岁及以上的老人领取的基础养老金是多少？

5. 您觉得新型农村社会养老保险政策怎么样？是否准备参加？

6. 您家的养老负担重不重？您担心自己以后的养老问题吗？

7. 您认为新型农村社会养老保险政策存在哪些问题？为了更好地推进新型农村社会养老保险政策，您有什么意见和建议？

六、住房状况（“住有所居”）

1. 您家住房有保障吗？

2. 您家盖房时有没有得到政府的资助？资助方式是什么？现金补助有多少？

七、贫困问题（“贫有所助”）

1. 贵村的贫困问题严重吗？贫困家庭的特点是什么？

2. 造成贵村贫困的原因有哪些？

八、安全问题（“安有所保”）

1. 贵村的食品、药品安全状况怎么样？

2. 贵村存在边疆安全问题吗？表现在哪些地方？

九、环境问题（“境有所宜”）

1. 您对周围的生活环境感到满意吗？哪些地方感觉还需要改善？

2. 您对村里的基础设施建设感觉如何？哪些地方感觉不方便？

3. 您觉得村委会还有乡镇政府的工作做得如何？

4. 您认为信仰宗教对生态环境有没有影响？如果有，有何影响？

后记

本书是在国家社会科学基金项目“云南边境少数民族民生改善的问题与对策研究”（12BMZ079）结题成果的基础上修改而成的，书中的部分内容曾以单篇论文的形式在学术期刊上发表。

本书通过问卷调查，收集、整理、分析了大量的原始数据；文献研究为本书提供了重要的理论研究基础；通过个案访谈，收集了重要的典型案例。我们选择了11个村或村小组作为调查对象，共开展了7次正式的田野调查，调查范围覆盖了滇缅、滇老、滇越三大边境区，回收有效问卷共计686份。为了突出云南边境少数民族的主体性，本书在分析云南边境少数民族民生状况时，都以民族为分类依据，收集典型案例共达五六十个，经过筛选后，书中保留了30余个，这些个案涉及云南边境少数民族的收入来源、边境待遇、边境安全、外出务工、生活压力、住房改善、养老保险、教育状况、医疗卫生、基础设施、政府资助及培训等方面。通过对这些案例的“浅描”“深描”，并将其与文献资料、问卷数据相结合，立体展示了云南边境少数民族民生改善状况，分析了其中存在的问题及其成因，并积极思索和提出了一系列相应的对策措施。

在此，我要深深感谢与我共赴田野调查的课题组成员，我们在田野调查中一起克服了环境、生活、语言、体力不适等困难，正是课题组成员的一心一意、团结协作、不畏艰难，才使本书的形成成为可能，可以说本书凝聚着每一位成员的心力。

尤其要感谢我的爱人张媚玲，作为课题组的重要参与人员，她不辞辛劳，与我共同进退，一起进行田野调查，共同探讨研究方案、写作计划，同时参与了部分章节的撰写。在课题面临困境时，她及时给予我提醒和鼓励，正是她的积极参与和不畏困难的态度鼓舞我最终完成了课题的研究和书稿的出版。

同时要感谢在调查过程中给我提供帮助、提供信息的地方政府机构有关工作人员及地方学者，尤其要感谢西双版纳州景洪市基诺乡司土村回鲁村小组（基诺族），西双版纳州勐腊县尚勇镇尚勇村（傣族）、尚勇镇尚岗村王四龙克木寨（布朗族），保山腾冲市猴桥镇猴桥村长塘村（傈僳族），德宏州盈江县铜壁关乡三合村诗别村（景颇族）、陇川县户撒乡芒炳村委会芒旦村（阿昌族）、瑞丽市户育乡户育村雷贡村（德昂族），镇康县军赛乡佤族拉祜族傈僳族德昂族乡忙吉利村新半山小组（佤族），文山富宁县木贵村（壮族）、文山麻栗坡县猛硐乡铜塔村小坪寨（瑶族），怒江州福贡县匹河怒族乡托坪村五湖小组（怒族）村委会、村小组成员及当地村民，没有他们的无私帮助，不可能有本书的问世。

还要感谢云南师范大学哲学与政法学院社会学系的部分研究生、本科生所付出的辛劳。他们凭借扎实的科研训练素养，帮助收集了与本课题有关的一些文献资料，认真地进行了 SPSS 录入、统计及数据表格完善的工作，为本书的量化分析奠定了坚实基础。

感谢云南师范大学一流学科建设经费的资助。

最后，真诚感谢科学出版社的卢淼、黄雪雯编辑！两位编辑为本书的修改提出了很多宝贵意见，为本书的出版付出了大量心血！

由于云南边境少数民族众多，边境线长，各个地区发展程度及水平不尽相同，本书虽然以 11 个边境少数民族村为例，详细分析了边境少数民族的民生问题，但仍不可能达到全面、深刻反映云南边境少数民族民生状况的目标。虽然已尽力针对云南边境少数民族的民生改善实际状况，提出了比较有针对性的对策及建议，但有些对策和建议可能太过于理想化，并且有些对策建议对云南边境几千个村委会发展和民生改善不是全都适用的。因此，在以后的研究中，还需要进一步总结和提升云南边境少数民族民生改善的理论探讨，尚需对政府改善民生的政策措施的执行及适应性、针对性进行深入研究。边境地区民生改善的基础弱、底子薄、维度广、面积大，不同时空的民生问题交织在一起，因此，应该对边境少数民族民生问题开展追踪性、历时性的调查研究。

2019年9月28日